国家社科基金后期资助项目研究成果

世博会在中国近代百年传播研究
（1851—1949）

魏殿林　著

国家图书馆出版社

图书在版编目(CIP)数据

世博会在中国近代百年传播研究:1851—1949 / 魏殿林著 . —北京:
国家图书馆出版社,2020.9
ISBN 978 - 7 - 5013 - 7056 - 6

Ⅰ.①世… Ⅱ.①魏… Ⅲ.①博览会—传播—研究—中国—
1851—1949 Ⅳ.①G245 ②G206

中国版本图书馆 CIP 数据核字(2020)第 173387 号

书　　名 世博会在中国近代百年传播研究(1851—1949)
著　　者 魏殿林 著
责任编辑 高　爽
封面设计 耕者设计工作室

出版发行 国家图书馆出版社(北京市西城区文津街7号　100034)
　　　　　(原书目文献出版社　北京图书馆出版社)
　　　　　010 - 66114536　63802249　nlcpress@ nlc. cn(邮购)
网　　址 http://www. nlcpress. com
排　　版 北京金书堂文化发展有限公司
印　　装 河北鲁汇荣彩印刷有限公司
版次印次 2020 年 9 月第 1 版　2020 年 9 月第 1 次印刷

开　　本 710×1000(毫米)　1/16
印　　张 14. 75
字　　数 240 千字
书　　号 ISBN 978 - 7 - 5013 - 7056 - 6
定　　价 80. 00 元

版权所有　侵权必究
本书如有印装质量问题,请与读者服务部(010 -66126156)联系调换。

国家社科基金后期资助项目
出版说明

后期资助项目是国家社科基金设立的一类重要项目,旨在鼓励广大社科研究者潜心治学,支持基础研究多出优秀成果。它是经过严格评审,从接近完成的科研成果中遴选立项的。为扩大后期资助项目的影响,更好地推动学术发展,促进成果转化,全国哲学社会科学工作办公室按照"统一设计、统一标识、统一版式、形成系列"的总体要求,组织出版国家社科基金后期资助项目成果。

全国哲学社会科学工作办公室

序

2020 年，同样是庚子之岁，可以称之为世界百年之大变局的起点，但这一年并非理想中的样子：今日的国际局势风云诡谲，以美国为首的逆全球化思潮暗流涌动，建立在国际规则之上的开放贸易体系岌岌可危……如此背景下，各种国际性的大型会展活动对于维系和发展当下国际体系承担着愈发重要的时代使命。可以说，大型会展活动是拼接世界舞台的重要元素，以世博会、奥运会、G20 峰会、世界杯等为代表的大型活动（mega-event）隶属于国际性会展活动，这些举世瞩目的大型活动是主办和参与方对外树立国家形象、增进国际交流、建立全球规则或谋取话语权的工具；同时对内也发挥了凝聚人心、成果共享、促进社会整合与转型发展的现实功能。

毋庸置疑，旨在加强国际经贸、文化交流的大型会展活动，在构建"人类命运共同体"过程中发挥着重要的纽带作用，而这也成为今日中国努力成为全球化主要建构者、体现大国担当的关键一环。当下的中国正在以不可阻挡或逆转的趋势回归世界舞台中央，我们以制造业见长并大进大出的经济发展路径，以及重视多元与创新、兼容并包的科技文化发展模式，都离不开对大型会展活动的充分利用和深入研究，如何有效发挥出大型会展活动沟通载体和交流平台的功能，是我们学界须从历史和现实中充分汲取经验、潜心思考谋划的重要课题。

值得欣慰的是，门生殿林博士在上海大学会展研究院的五年求学与实践基础之上，从文化传播的视角对以近代世博会为代表的大型会展活动进行了长跨度、多视角的系统研究：

首先，世博会不仅是大国间的沟通平台和综合国力的竞技场，也是一种集策划营销、设计创意、组织宣传于一体的公众性大型活动。尽管近代中国未曾有机会主办，但仍派员积极参与，这使世博会备受政府、官员、士商民众的关注。在资讯和媒介并不发达的近代社会，从前期筹办到后期成效，都被主流刊物大量报道，这些报道具有较高的文化传播价值。因此，该书所聚焦的世博会近代报刊报道，成为我们回溯和再现这一举世瞩目的会展活动和媒介事件所不可或缺的研究样本。

其次,作为舶来品的世博会在近代东西方文化加速碰撞、融合的过程中,在长达近170年的周期性举办历史上,涌现出如繁星般的、推动人类进步的科技发明与创新成果,这无疑给那些正从传统桎梏中艰难转型的国人带来了观念上的巨大冲击和深远影响。作者通过史料搜集、分类梳理和量化研究,最终总结出前人未曾关注的世博会在近代中国百年的传播与变迁规律。立足扎实的传播学研究功底,作者充分运用了会展学研究的特有方法,向我们全面解析了大型会展活动如何在组织过程与大众传媒的"共谋"中得以实现助力社会转型的现实功能与历史使命。

再次,世博会虽在近代未曾由中国主办,但并不妨碍其对中国社会转型与发展产生巨大影响:商贸文化领域,中国借参加世博会的契机推动了对外贸易的发展、学习了西方的先进技术与管理经验,近代博览会这种新的组织化沟通方式极大地促进了东西方的经济、科技、文化交流;政治和外交上,它增进了中国同西方工业强国的相互了解和外交关系,让中华符号和中国元素走上世界舞台;更深远的影响则是体现在观念和制度层面,当时聚集在报业的开明士绅、精英阶层人物纷纷对世博会所引发的现代化转型话题进行剖析与评述,这些报道与阐释启迪了中国士商民众的国际化思想与"实业救国"的竞争意识,甚至掀起了三次近代博览会热潮。可以说,无论是报道中呈现的那些剖析社会转型的宏大叙事,抑或聚焦于微观个体展品新奇技术的记录评述,都多元地呈现和折射出当时的"网红"或者说热点话题——世博会给国人带来的多重、深远的影响,使之在近代中国的现代化进程中落下了浓墨重彩的一笔。

综上,该部著作通过世博会这一重大会展活动的历史变迁,证明了重大事件与大众媒介报道所发生的纠缠与共生。正如约翰·杜威所言:与其说文化存在于传播之中,毋宁说文化因传播而存在。而究竟是什么样的文化活动与组织形态能适应近代逐渐加速全球化的需求?其文化内核及其所传播的内容如何在穿梭于不同的文化圈层时克服"文明的冲突"?中国近代史上舶来的世博会及其报刊传播现象无疑带给我们一个很好的启发和研究方向,我期待作者持续、深入地关注,也期望能够借此著作进一步夯实、推进会展学与会展传播等相关领域的研究。

2020 年 7 月

于上海大学会展研究院

前　言

自近代报刊诞生以来，如果说能有某个事件性的话题可以持续中国近代①百年可以说唯一保留当属世界博览会，它是 1851 年由英国首先创立的国际性大型会展活动，由欧美等工业强国的鼎力支持和全球范围的多国参与而延续至今。国际博览局对世博会的定义是，由一国政府主办，多国或国际组织参加，以展现人类在社会、经济、文化和科技领域取得的成就为目的的国际性大型展会。创办伊始，它就被定位为一个"非商业性质的博览会"，强调以国家身份参与、以成果展示与文化交流为主要形式的国际沟通平台性质；在过去的近 170 年里，"倡导文明进步的理念、展示各国文明成就一直是贯穿世博会各项活动的一条主线"②。作为全球瞩目的文化盛典，它已举办 41 届，近代阶段（1840—1949）共举办了28 届。

可以说，世博会长达近 170 年的举办历史，及其涌现出如繁星般的、推动人类进步的科技发明与创新成果，足以证明这种特定时空内集聚进行的文化展示与交流活动取得了巨大的成功；即使对于在现代化道路上踯躅前行的近代中国（1840—1949）而言，其示范与促动作用也毋庸置疑。

一、缘起：世博会之于近代中国

世博会是西方舶来的一种现代形态的文化活动。中国以民间或官方

---

① 关于近代史划分标准，史学界近年来有两种提法：一种是根据胡绳等学者 1954 年在《中国近代史分期问题》中提出的以五四运动为界的近代和现当代划分法。本书结合世博会自身的阶段性发展特征，采取另一种现今较为主流的划分方法，即以高等教育出版社 1999 年组织出版的《中国近代史》一书中以新中国成立为界的近代和现代划分：1840 年鸦片战争为界划分古代与近代；近代史从 1840 年至 1949 年，其中以 1919 年五四运动为界划分旧民主主义革命和新民主主义革命时期；1949 年新中国成立为现代；1978 年十一届三中全会为当代。本书从首届世博会（1851）的史料记载开始，梳理绵延近代史百年（到 1949 年新中国成立前）的世博会传播历程。

② 吴建中.世博文化解读：进步创新交流[M].上海：上海大学出版社，2009：序 1.

的身份一直不同程度地卷入它的发展进程之中;世博会虽未在近代中国境内举办,能够亲身参与的国人也凤毛麟角,但这并不妨碍它在中国产生的巨大影响:

从清末到民国,政府对世博会的社会关注、组织动员、派团参与和形式模仿掀起了至少三次"博览会"热潮,有力推动了我国近代的对外经济文化交流、刺激实业发展乃至国民意识的觉醒等现代化进程;单就报刊的宣传报道而言,从国内 1873 年最早一则世博会新闻(载于《中西闻见录》),到二战期间被国内广泛报道的 1939—1940 年美国纽约—旧金山世博会,历经 70 余年;可以说,世博会的近代传播与近代中国报刊媒介的成长几乎同步,以其丰富的内涵、周期性的召开方式、从政要精英拓展到士商民众的广泛影响力而获得了持久的媒体关注度。

无论是宏观的社会转型,抑或微观层面的中国人的现代化问题,各种史实都清晰地表明,世博会给近代中国带来了多重的积极影响,归结为一点,就是它有力地推动了中国的现代化进程:①商贸文化领域,中国借参加世博会推动了对外贸易的发展、学习了西方的先进技术与管理经验,近代博览会这种新的组织化沟通方式极大促进了中外间的经济、科技、文化交流;②政治和外交方面,则增进了中国同西方工业强国的相互了解和外交关系,让中华符号和中国元素走上世界舞台;③在观念和制度层面的现代化转型方面体现得尤为明显,从最初少数开明志士的"睁开眼"到士商阶层知耻后勇的"习新知",再到后来"国货运动"中市民们踊跃支持参与国际竞争的国家身份意识塑造,每一次世博会的报道中我们都欣喜地看到这种接轨世界的国际化思维与文化自觉在国人头脑中的不断生长与蔓延。可以说,近代世博会对社会发展与现代化转型的促动乃至国民现代精神的塑造是其文化传播效果的最终呈现,大量的史料典籍和学界的专题研究均已有了详细地阐证。本书所关注的是实现该效果的文化传播过程及其运作方式。

在近代东西方文化日益加速碰撞、融合的过程中,世博会作为舶来品无疑是备受关注的媒体话题和重要载体;杜威曾说:与其说文化存在于传播之中,毋宁说文化因传播而存在。而究竟是什么样的文化形态才能适应近代加速全球化的时代要求、并被广泛传播? 其传播内容在经历不同的文化圈时如何克服"文明的冲突"或各种交流障碍? 历史给了我们答案。至少有三个成功要件可以确定:一是文化内容本身的吸引力和生命力要足够强大,能适应时代发展需求,具有现实价值;二是文化传播的动力要足够持久,能调动充足的社会资源作为支撑;三是文化传播的载体要充分发挥社会影响力、引起足够的关注。上述标准有助于我们更深刻地理解世博会在近代中国的文化传播史。

其一，世博会来自现代化发源地的西方世界，其丰富的内涵对近代国人而言是异质的、新鲜的，每隔几年都会周期性地出现在新闻报道中，这使国内精英、民众愈发"惊奇"，愿意借此"睁眼看世界"；其二，当时国人感知和解读世博会更多是借助新闻报道、个人传记等间接渠道。就近代以报刊为主的社会媒介环境而言，与世博会直接相关的、以此为标题的文字报道近 2000 篇，含有相关内容的报道 2 万余篇，这些媒体评述相当程度上影响了主导社会转型进程的政府官员、士商阶层，他们在世博会的筹备参展过程中，进行全国范围的组织动员、资源调配和奔走宣传，这也进一步引发了广大民众的后续关注；其三，世博会召开前后，在当时不甚发达的大众媒体上，相关主题的报道覆盖《申报》《大公报》《东方杂志》等数十种主流刊物，持续数日，且伴随世博会发展壮大，绵延几乎整个中国的近代史，我们可视之为发生于电视直播时代之前的一个重大的"媒介事件"①。这一内容"新奇"、持续百年的近代报道专题，以及相关的书籍、传记等有力推动了国人对世博会的认知与实践过程。因此，我们可以判定：世博会具备了在近代中国成功进行文化传播的基本要件。

而其历史过程背后折射出大型活动的一种独特社会功能：以世博会、奥运会、G20 峰会、APEC 等为代表的大型活动（mega-event）通常被定义为国家级的会展活动②，这些举世瞩目的大型活动是主办国、参与国对外树立国家形象、加强国际交流、争夺全球话语权的文化工具，对内具有凝聚人心、推动经济发展与社会转型的现实意义。近代以来，我们越来越频繁地接触到各种西方舶来品，对它们的认知过程在中国文化转型历程中时刻都在进行；直至今日，身边来自西方的众多文化事件或行为方式仍在不断涌现，借助大众传媒等一直在冲击、熏染并潜移默化地改变着我们，而世博会正是近代史上最具代表性、影响最广泛的一例。从传播功能上看，大型活动作为一种大国间的沟通平台和综合国力的竞技场而备受政府重视、民众瞩目，因而具备了较高的传播价值，通常成为各大媒体关注的焦点；同时，大型活动也因大众媒体的引介、报道及其引发的舆论效应，进一步强化了

---

① 戴扬,卡茨.媒介事件:历史的现场直播[M].麻争旗,译.北京:北京广播学院出版社,2000.

② 会展相对广义的界定,包括展览、会议、节庆、赛事演出等大型活动及奖励旅游（MICEE,Meetings,Incentives,Conventions,Exhibitions,Events）

议程设置能力,在与大众传媒机构的"共谋"中充分实现了促进国际交流、构建"人类文明共同体"的历史使命。因此,围绕世博会的大量近代报刊报道,成为见证该"媒介事件"的演进过程,乃至折射中国近代报刊发展与社会、文化转型的独特截面。

从媒介事件的传播效果上看,世博会所带来的是一种国际化思维的巨大震撼和异质文化的持久冲击,在长达近170年的过程中,它以具象的、大众化的展示符号载体进行以科技、文化为主的现代思想传播,其意义正如葛兆光先生所言:"和依赖著述而传播的经典思想不同,这些一般知识、思想与信仰的传播并不在精英之间的互相阅读、书信往来、共同讨论,而是通过各种最普遍的途径,比如观看娱乐性演出中的潜移默化(如宗教的仪式法会、商业集市中的演剧说唱)、知识教育中的直接指示(如学校、父母与亲友的教导、对经典的世俗化演绎)、文本阅读(如小说、善本以及口头文学)等等。这种传播的范围远远超过经典系统,而其传播途径正是任何一个文化精英都会经历的,所以它可以成为精英与经典思想发生的、真正的、直接的土壤与背景。"①我们可以推论,世博会正是通过大型活动的组织过程以及大众印刷媒介在近代中国的"事件化"传播方式,达到了单纯的典籍传播无法比拟的广泛性和渗透性,它将世界带入中国,也将中国引向世界,国人从"新奇"到"熟识"的认知变化也反映出集体心智的成长与成熟过程,其演进史及背后的运作规律仍具有当代的普适性和参照意义。

二、思路与框架:聚焦近代报刊史上"媒介事件"的文化传播过程

本书将世博会视为西方工业文明扩张背景下产生的文化"舶来品",重在分析近代国人借助以报刊为主的印刷媒介对其长达百年的认知、理解与接受的过程,实质上是纵向地考察世博会在近代中国的文化传播史。研究样本是我国近代报刊上与世博会相关的各类新闻报道,借助最新的近代报刊数据库平台(包括申报数据库、东方杂志数据库等),通过相应的报道关键词搜索和海关档案、人物传记等相关记述史料考证,基于"媒介事件"的视角,运用文献研究法和内容分析法,从报道量变化、媒体来源、叙事框架、内容侧重点、舆论态度、新闻生产动力及传播效果等方面,对这些一手新闻史料进行梳理与归纳,从而提炼世博会在清末、民国北洋政府、南京国民政府不同历史阶段的文化传播表征、规律及演进趋势。因此,本书

---

① 葛兆光.一般知识、思想与信仰世界的历史思想史[J].读书,1998(1):102-113.

并不局限于新闻史研究传统上按历史分期的方法来组织框架,而是从世博会作为大型活动的本体特征出发,跳出"就世博论世博""就新闻论新闻"的视野局限,在传播现象与事件本体之间架设更紧密的内在逻辑,注重史论结合、以论为纲、以史带论;将世博会置于仪式传播的理论分析框架下,从其报刊传播现象入手,将它在举办地万里之外的近代国内报刊上"媒介仪式化"的新闻呈现方式,同其自身的历史发展过程结合起来进行研究。

解析该历史现象时,作者拟围绕三个层次的问题展开探讨:第一层问题是本体研究,即从世博会自身的特征及演进史出发,厘清它作为一种国际交往活动的文化目的、性质与功能,为评估大型活动/事件(events)在文化传播中的效能和机制研究奠定基础;第二层问题是传播现象研究,即考查世博会这一新兴文化载体在近代中国的传播表征与形式,解释它在现代媒介技术环境下如何借助大众传媒的力量,以"媒介事件"的形态来强化其传播效能的具体表现,从而揭示隐藏在世博会报道现象背后的新闻生产动力与传播机制;第三层问题是传播规律研究,将世博会百余年的文化传播过程置于近代中国社会转型的大背景下来解读,分析报刊上呈现的近代政要、士商阶层如何理解、参与和表述世博会,并与大众媒体在"共谋"中推动中国文化转型的历程。通过以上三个层次、逐级递构的问题解析,期望能深度发掘世博会在近代文化传播史上的重要价值,并尝试以史为鉴,提炼西方舶来的大型活动在面对传统与现代、东方与西方迥异的文化环境时,其传播模式、动力机制与文化效能等历史经验,从而加深对我国当代文化冲突与融合、国民认知规律与接受习惯等问题的理解。

本书在明线上是梳理有关世博会话题的报刊传播过程及其阶段性特征,在暗线上则紧紧围绕世博会自身的组织方式及其独特的文化传播模式展开解析,两条线索交织起来旨在考察近代国人认知、理解世博会所蕴含的多重文化价值并用之指导实践的历史过程。尝试透过这些媒介"镜像"来发掘延续中国近代史百年的报刊传播背后的新闻生产动力与话语建构过程;将世博会的报刊传播视为由媒介事件形塑的,在国家主体与大众媒体的"共谋"下被驱动的文化传播过程。

本书共分为八章,除第八章外,前七章的具体内容及其逻辑关系如图0-1所示:

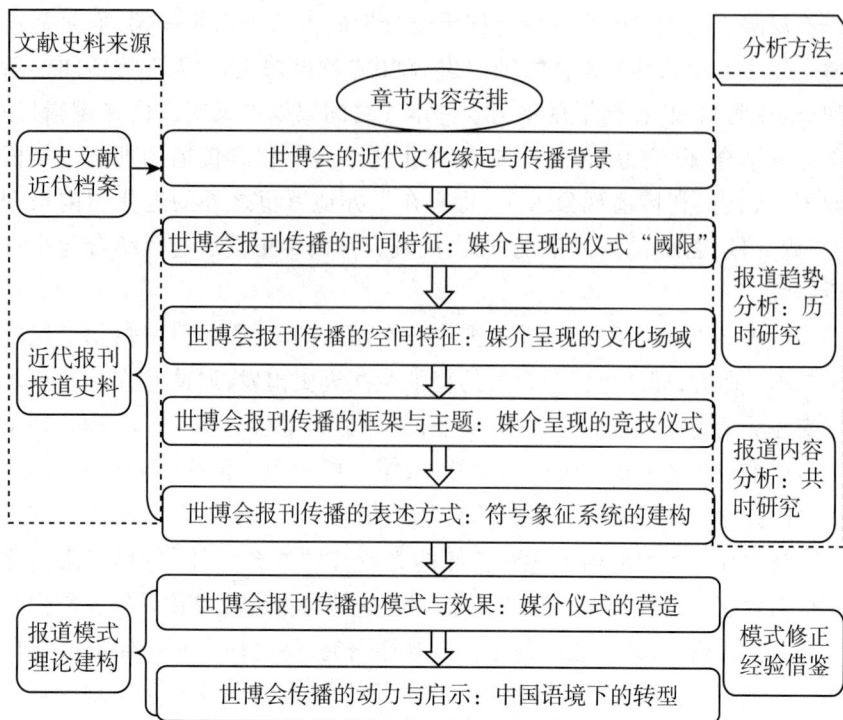

图 0 - 1　本书章节内容及逻辑关系图

　　第一章的主要目标是对此类大型活动,即媒介事件本体进行总体勾勒与特征描述,回溯到历史场景中来解析世博会的创办目标及其文化传播动力。具体梳理世博会的近代缘起、发展阶段、文化传播环境等,揭示世博会作为一种国家间的文化交往方式与关系建构平台的本质。重点是结合世博会的自身发展史,考察其于近代文化转型大背景下的报刊传播过程,为后续的世博会报道方式、叙事视角等设定分析前提与论证基础,也有助于厘清世博会报道所面对的传统与现代、东方与西方等不同文化环境的冲突,分析其通过文化传播想要达成的历史使命。

　　第二章是报刊传播的现象分析起点,主要从世博会报道的传播时空特征切入,量化分析我国近代报刊的世博会主题新闻报道变化趋势,采用历史分期的方法归纳近代报刊对其新闻报道的强度变化,从总体上把握世博会报刊传播的阶段性发展特点。重点从传播的历时性特点归纳国人对此“文化舶来品”的认知、理解与接受过程;并从具体届次的世博会召开前后时段内报道量的起伏变化来推导大众媒体的造势过程,尝试从仪式传播的核心特征——时间阈限方面,分析世博会作为媒介仪式的“阈限化”呈现方式,为后续世博会文化传播的机制与效能分析奠定基础。

第三章是传播现象研究的基础部分,主要从世博会报道的传播空间性特征出发,探讨世博会被大众媒介构建的文化场域及其阶段性变化。在近代尚不发达的大众传播环境下,报刊媒介是公共文化场域的传播载体和主要构成,也对舆论环境、文化场域的发展变化具有重要导向作用。因此,本章的重点是分析构建世博会文化场域的各类报刊媒体,从媒体研究的角度,解析世博会被近代报刊构建的文化场域的形成与演进,评估世博会话题在舆论场中的影响力,也力求明晰近代世博报道所产生的事件传播效果。

第四章是报刊传播的内容分析部分,从世博会报刊传播的内容主题出发,归纳世博会报道的媒介呈现侧重点及其新闻框架,聚焦媒介事件的本体研究,分析世博会作为一种现代类型的、国家竞争仪式的文化功能,将其文化传播界定为一种借助大众报刊媒介完成的、被媒介仪式化的传播过程。具体分析近代国内报刊如何解读其被媒介仪式化的传播内涵,并将传播内涵在新闻报道框架和内容主题方面怎样呈现和传播全球化、现代化的理念。

第五章是报道内容与表述方式的文本研究,从世博会报道的话语生产与表述方式出发,对世博会进行媒介仪式的结构分析。重点围绕世博会文化传播所建构的符号象征体系,运用文化人类学、符号学等学科,进行仪式结构研究的方法,从世博会展品、展馆、展示主题、展示规制四个方面分析符号能指、象征隐喻等内涵,为提炼世博会特有的文化传播形式奠定基础。

第六章是理论阐释部分,基于前述报道时空特征、报道框架、内容主题、表述方式等方面的系统论证,从结构功能主义角度归纳与提炼世博会借助近代报刊文化传播的基本特征。

第七章是理论创新部分,主要基于世博会传播的社会背景来分析其新闻生产的动力,阐释世博会被大众媒体长期关注和广泛报道背后的规律和机制;在此基础上解析其特有的仪式化传播中呈现的文化制度化、场域化、媒介化等具体策略,进而提出适合中国文化转型语境和国际化战略需求的文化传播形式及其产业发展路径。

第八章是总结与启示部分,总结世博会这类具有仪式性质的、文化展会形态的"全球性媒介事件",借助其特有的文化传播机制发挥社会功能的规律与经验借鉴,并对世博会等大型活动面向新的时代发展需求,如何运用文化传播提升效能及未来趋向等提出建议。

总体上,本书期望系统地揭示世博会在近代中国漫长的文化传播史背后所展现出的文化生命力及其表征,揭示其作为一种现代类型的国力竞技仪式能够引领世界加速全球化、迈向工业文明时代的文化传播机制。

三、创新价值:以世博会为典型样本的大型活动传播史研究

本书不仅全面梳理国内以世博会为新闻主题的近代报刊媒介"镜

像"，总结其报道特征、阶段性的趋势变化等，也注意从世博会本体的活动组织方式、文化功能、媒介环境等若干内外部要素出发，结合近代各种人物传记、海关档案等进行系统地文本阐释，以更全面地归纳其文化传播过程在不同历史时期的新闻呈现和演进趋势，从而厘清世博会在近代中国历史语境下发挥社会效能的内在机制，尤其是蕴含其间的社会力量博弈、文化思潮变迁等时代背景，将其视为一种在异域文化环境中以媒介事件的形式演进的仪式传播过程。通过解析其文化传播机制与内容生产动力，尝试为今天正在筹办的会展类大型活动提升社会影响力提供历史借鉴。学术创新与研究价值具体归结为以下两点。

首先，本书旨在梳理形成一部较为系统的世博会在近代中国的文化传播史。以世博会为典型样本的大型活动是近代史上具有国际影响的重大文化事件，借助于国家力量与大众媒介的宣传配合提升了其文化传播的影响力与范围，成为媒体报道的热点话题；但重大事件的报道研究目前多聚焦于突发性的社会事件或体育传播领域的奥运会等专题上，从报刊史及文化传播史角度分析世博会的近代媒介呈现是一个相对新的领域，因其在历史上空前的国际影响力和持续近代百余年的国内报刊传播过程，笔者将其置于中西文化交流、中国近代文化转型的宏大叙事背景下来梳理大型活动与媒介事件的相互关系及表征，以期丰富和拓展报刊史、跨文化传播、仪式传播等相关领域的研究；在现实上也对今天中国正在筹办的进博会、亚运会、冬奥会等国际大型活动的文化传播战略提供历史经验。

其次，本书尝试建构一种适应跨文化传播语境与社会转型需求的、基于现代大型活动的文化传播模式。目前，从传播学视角考察会展活动本体与媒介镜像之间的关系多聚焦于现当代的会展对象，较少涉及大型活动的历史研究，仅有少量以奥运会为对象的传播史梳理。因此，在会展传播史领域存在一个亟待充实与理论系统化建构的学术空间。本书以世博会的文化传播表征、机制、动力为核心，从历史演进的视角梳理其文化传播的仪式阈限、文化场域、符号象征结构、新闻叙事框架等基本特征，从而提出了基于大型活动的"媒介仪式化"传播模式，有助于推进该领域的典型案例解读、理论模式建构等学术研究。

魏殿林

2019 年 8 月于杭州

目　　录

图 表 目 录

导　论

第一节　研究问题与方法

世博会是近代工业化国家发起的、以文化交流为主要形式的展会类大型活动,国际展览局对它的定义是:由一个国家的政府主办,有多个国家或国际组织参加,以展现人类在社会、经济、文化和科技领域取得的成就为目的的国际性大型展会①。世博会诞生于率先完成工业革命的英国,首届于1851年在伦敦召开,至今已举办41届,近代阶段共举办了28届(1851—1940年)②(见表0-1)。它在不断发展中被欧美各国广泛关注和竞相申办,是近代工业强国主导下将人类社会逐步引向全球化时代的重要载体与成功典范,延续至今已成为一种惯例性的国际交往平台。

对当时中国等落后的传统东方国家而言,它是一场舶来的"强者的游戏"。近代中国从未有机会举办世博会,面对西方主办者1851年以来的数次参会邀约,中国官方1873年才同意参加奥匈帝国主办的维也纳世博会。而直到1904年美国圣路易斯世博会时,清政府才首次派出官方代表团正式参会,但是中国人的身影自首届伦敦世博会就从未缺席现场③,一直以民间或官方的身份在不同程度地参与到其进程之中。

---

① 国际展览局官方网站刊载了明确的世博会定义,引自:http://www.bie-paris.org/site/en/.

② 历史上各国召开的世博会认定上存在不同说法,1928年国际展览局成立前很多冠以"国际博览会"名义的展会并不被公认为具有世博会的综合性、国际性,因此本书采取国际上主流意见所认可的世博会进行统计,共计41届;我国公认的一种历史分期为1840—1949年,按这一时段统计,共召开28届。参考:国际展览局[EB/OL].[2019-06-10]. http://www.bie-paris.org/site/en/world-expo-museum;周秀琴.世博会简史[M].上海:上海教育出版社,2010;俞力.历史的回眸——中国参加世博会的故事[M].上海:东方出版中心,2009:218-222.

③ 据史料所载,首届世博会全景图中就出现了一位身着清朝官服的中国人,有考证认为是一名随英国货船出访的广东商人"广东希生老爷";首届世博会代表中方参展的展品是徐荣春送展的"荣记湖丝"。

表0-1 我国近代阶段参加的世博会届次信息统计

届数	年份	国别	名称	性质	会期	入场人次(万)	特点/主题	中国参与世博会形式
1	1851	英国	伦敦万国工业产品大博览会	综合	4月1日—10月11日	604	万国工业;展馆"水晶宫"获特别奖	以个人名义
2	1855	法国	巴黎世界工农业和艺术博览会	综合	5月15日—11月15日	516	农业、工业和艺术;法国第一届世博会	以个人名义
3	1862	英国	伦敦世界博览会	专业	5月1日—11月1日	610	工艺类专业世博会	以个人名义
4	1867	法国	第二届巴黎世界博览会	综合	4月1日—11月3日	1500	农业、工业和艺术;首次增加文化内容	晓谕商民参加
5	1873	奥地利	维也纳万国博览会	综合	5月1日—10月31日	725	文化和教育;亚洲国家日本首次参展	官民组团参加,包括海关外籍官员
6	1876	美国	费城美国独立百年博览会	综合	5月10日—11月10日	1000	纪念美国独立100周年	官民组团参加,包括海关外籍官员
7	1878	法国	第三届巴黎世界博览会	综合	5月20日—11月10日	1616	展出汽车、爱迪生发明的留声机等新产品	官民组团参加,包括海关外籍官员

届数	年份	国别	名称	性质	会期	入场人次（万）	特点/主题	中国参与世博会形式
8	1880	澳大利亚	墨尔本：万国工农业、制造业与艺术博览会	综合	1880年10月1日—1881年4月30日	1200	主题：万国工农业、制造业与艺术博览会	晓谕商民参加
9	1883	荷兰	阿姆斯特丹国际博览会	专业	5月1日—10月31日	880	园艺、花卉展出	官民组团参加，包括海关外籍官员
10	1888	西班牙	巴塞罗那世界博览会	综合	4月8日—12月10日	230	工业艺术；庆祝巴塞罗那的城市化，巴塞罗那成为工商业、文化中心	未参加
11	1889	法国	第四届巴黎世界博览会	综合	5月5日—10月31日	3225	纪念法国革命100周年	海关寄物参加
12	1893	美国	芝加哥哥伦布纪念博览会	综合	5月1日—10月3日	2750	纪念哥伦布发现新大陆100周年；亚洲国家韩国首次参展	晓谕商民参加；使馆派员参加
13	1897	比利时	布鲁塞尔世界博览会	综合	5月10日—11月8日	780	殖民地展览	晓谕商民参加；使馆派员参加
14	1900	法国	第五届巴黎世界博览会	综合	4月15日—11月12日	5086	"世纪回眸"——展示十九世纪的科技成就	官民组团参加，包括海关外籍官员

续表

届数	年份	国别	名称	性质	会期	入场人次（万）	特点/主题	中国参与世博会形式
15	1904	美国	圣路易斯百年纪念博览会	综合	4月30日—12月1日	1969	庆祝圣路易斯建市百年；同期举行第三届奥运会	官民组团参加，包括海关外籍官员
16	1905	比利时	列日世博会	综合	4月27日—11月6日	700	庆祝比利时独立75周年	政府组织参赛，包括海关外籍官员
17	1906	意大利	米兰渔业国际博览会	综合	4月28日—11月11日	1000	庆祝辛普朗隧道开通	政府组织参赛并派员参加
18	1908	英国	伦敦世界博览会	综合	4月30日—10月31日	1200	世博会与第四届奥运会同时举行	未参加
19	1910	比利时	布鲁塞尔世界博览会	专业	4月23日—11月7日	1300	国际展览	官民组团参加，包括海关外籍官员
20	1911	意大利	都灵万国制造工艺博览会	综合	4—10月都灵；2—10月罗马	740	庆祝意大利统一50周年	使馆派员参加
21	1915	美国	旧金山巴拿马太平洋博览会	综合	2月20日—12月4日	1883	庆祝巴拿马运河通航	政府组织参赛并派员参加
22	1925	法国	巴黎国际装饰美术博览会	专业	4月30日—10月15日	1500	宣扬"文艺新风尚"	未参加

届数	年份	国别	名称	性质	会期	入场人次（万）	特点/主题	中国参与世博会形式
23	1926	美国	费城建国150周年世界博览会	综合	5月31日—11月30日	640	庆祝美国建国150周年，建10万人体育场	政府组织参赛并派员参加
24	1930	比利时	列日产业、科学和应用艺术国际世博会；安特卫普殖民地、海运和艺术博览会	专业	5月3日—11月3日列日；4月26日—11月5日安特卫普	不详	庆祝脱离西班牙统治独立百年	政府组织参赛并派员参加
25	1933	美国	芝加哥万国博览会	综合	5月27日—11月12日	2257	首次提出主题："进步的世纪"	政府组织参赛，后改为民间参加
26	1935	比利时	布鲁塞尔世界博览会	综合	4月27日—11月6日	2000	主题："通过竞争获取和平"	政府组织参赛并派员参加
27	1937	法国	巴黎现代生活艺术世界博览会	专业	5月25日—11月25日	870	主题："现代世界的艺术和技术"	未参加
28	1939—1940	美国	纽约—旧金山世界博览会	综合	4月30日—10月31日纽约；5月11日—10月27日旧金山	4500	主题："建设明天的世界"	未参加

　　尽管近代大多数国人无缘亲赴世博会的展览现场，只能通过大众报刊等印刷媒介"管中窥豹"，但这并未阻碍世博会在国内引起举世关注：从清末到民国，对世博会的媒体宣传、组织动员、派团参与和形式模仿掀起了至

少三次"博览会热"①,有力推动了我国近代的对外经济文化交流,刺激实业发展乃至国民意识的觉醒等现代化进程;单就报刊的宣传报道而言,从国内 1873 年最早一则世博会新闻(载于《中西闻见录》),到二战期间被国内广泛报道的 1939—1940 年美国纽约—旧金山世博会,历经 70 余年(1873—1943)且数量较大(各类报道 2 万余篇,标题直接相关的近 2000篇),涉及多种报刊(包括《申报》《大公报》《东方杂志》等主流媒体 79种),仅就《申报》而言,据笔者统计,直接相关的报道数量约 670 篇。可以说,这些宣传报道实质上呼应了近代中国通过世博会学习西方、接轨国际、发展实业、拓展邦交的社会发展需求。

因此,我们对世博会的理解不应停留在仅视之为单纯的综合性展会或展示国家形象的文化舞台等表象,因为它是在西方工业文明及同步兴起的大众媒介"共谋"下的时代产物,是对中国近代以降急剧演进的社会现代化与文化转型产生了深远影响的一种"事件"(event)②,尤其是报刊媒体普遍地、持续地、周期性地跟踪报道,使之转化为一种有较高社会关注度的、仪式化的"媒介事件"。而我们对基于大型活动生成的这类"文化事件"的本质及其"游戏规则",有一个认知、理解与实践的过程,且该过程与中国近代文化转型是同步的;与此同时,世博会也借媒介聚焦的仪式传播实现了其文化目标——通过高度组织化、制度化的国际交往互动及其文化影响,推动西方制定的国际规则建构与全球化体系的扩张。

一、问题的提出

基于传播学角度,笔者认为世博会在近代中国引发的一系列文化影响

---

① 罗靖在《近代中国与世博会》的博士论文中提出了清末、民初、南京政府初期三次国内"博览会热"。笔者认同该提法。根据近代博览会事业发展史,本书认为具体的三次热潮是1906—1910 年以清末南京"劝业博览会"(1910)为顶峰,1913—1915 年以民初北洋政府筹备参加美国巴拿马世博会(1915)的系列展会为顶峰,1928—1933 年以西湖博览会(1929)为顶峰,皆源于且表征为中国参博会前后的国内组织筹备行动。

② WATT D C. Event management in leisure and tourism[M]. Harlow, England : Addison Wesley Longman, 1998:2. 瓦特(David C. Watt)认为"事件是任何发生的不同于日常存在的事情,或是发生的有重要意义的事情。它的范围可以从一个村庄中的事件到来自全世界都参与其中的国际性事件";约翰·菲斯克、丹尼尔·戴扬、伊莱尔·卡茨等将事件进一步界定为"媒介事件":通常是媒体聚焦的大型活动,"表现出对时间、空间、一国、数国乃至全世界的'征服'";事件在《现代汉语词典》中被解释为"历史上或社会上发生的不平常的大事情";而从会展角度讲,事件本体隶属于广义的会展概念范畴之一,即 MICEE(Meeting, Incentives, Conventions ,Exhibitions & Events)。

源于一个尚待廓清的前提,也是本书力图阐释的关键:世博会何以被同步兴起、成长的报刊媒体持续关注近百年的过程中被转化为"媒介事件"? 在文化转型的历史背景下,它与媒介呈现的"镜像"关系又是怎样? 在世博会的报刊传播过程中是否形成了一种基于大型活动的独特文化传播模式?

基于上述问题,本书力图围绕以下思路展开现象梳理与逻辑分析:世博会作为一种国家间的文化沟通平台持续了近170年,这种形成国际惯例的、制度化的文化交往与传播方式何以维系并在全球范围内成功推广? 尤其在遭遇了东西方迥异的社会环境时,发生了哪些文化冲突与融合的现象? 其外在表征、内在机制与演进规律是怎样的?

因此,本书的研究切入点是对其报刊传播史进行长跨度、多视角地考察,从产生于西方近代工业文明背景下的世博会的文化目标与本质属性出发,聚焦于它如何被举办地万里之外的、不同文化背景的中国民众所认知、理解、接受的过程,以期对我国正在筹办的冬奥会等国际大型活动提供历史借鉴,让这些重大媒介事件充分发挥出提升国际形象和影响力、助力大国崛起的文化功能和时代使命。

二、研究对象、理论与方法

(一)总体思路与核心概念

世博会作为一种国际交往与国力竞技平台,它在推动全球化过程中充分运用了现场传播与印刷媒介传播相结合的文化传播方式,本书拟从文化人类学中的仪式研究视角,借助仪式传播的相关理论工具解析其文化传播过程。这种视角有助于揭示世博会的活动本质及其文化功能:

1. 作为仪式的世博会

仪式几乎与人类文明同时诞生,是历史上最古老且普遍的社会文化现象。我们对仪式的认知和理解正如它古老的历史一样悠久而丰富,罗兰布勒提出了一个具有代表性的观点,即仪式与社会秩序的关系问题:"仪式被视为社会秩序的反映,也是构建社会秩序的力量,在创造、维系、适应和改变社会秩序中发挥作用。"[①]在人类学文化功能主义的视角下,仪式自原始社会起就作为一种文化形态的、非暴力的社会整合工具存在:传统仪式往往通过祭祀、祈福、受洗或剧场表演等文化展演方式,力图达成人与神之间

---

① ROTHENBUHLER E W. Ritual communication: from everyday conversation to mediated ceremony[M]. Los Angeles: Sage Publications Inc., 1998: 54 – 55.

的沟通与对话,最终目标是满足人们对现实欲求的心理安慰,在认同中建立与强化人与人之间的关系;现代仪式则继承了其象征符号体系,同样有着程序化、规范化的一套行动规则,但精神追求上进一步"祛魅"了,更强调对社会行为的一种现实认同,如婚礼、就职仪式、各类纪念日庆典等;而且在现代社会的日常情境中,仪式往往借助大众传媒逐渐嵌入人们的日常生活,如电视直播的奥运会、世博会开幕典礼等媒介仪式就是大众传媒和受众对特定情境的文化共享活动,是对某种象征资源或符号价值系统的分享过程。基于这种理解,笔者认为虽然古往今来的各种仪式行为类型不断更迭,但其行为动机与文化内核始终是不变的:它满足了人们寻求身份、情感、社会关系等精神需求并借此实现社会整合,这也是仪式历久弥新的文化生命力所在。而它发挥文化认同与社会整合功能的过程实质上就是一种文化传播。

从这个意义上讲,世博会具有与集体仪式活动相同的行动目标、功能机制等构成要件:举办世博会的具体目的往往是为了庆祝重大的历史事件或某个国家、地区的重要纪念活动,是一种具有纪念意义的仪式活动(见表0-2),并在活动方式上具有周期性举办、国家日庆典、开闭幕典礼等一系列仪式化的程序与规则;而且,从根本目的和社会功能上看,它着眼于全球范围的国家整合,是近代伊始率先进入工业时代的、最强大的现代国家努力构建具有竞争、征服、加冕功能的国际交往平台,它们希望借助这种和平的、全方位的文化交流方式来引导、推广、建构以西方为中心的国际体系。我们从首届伦敦世博会上维多利亚女王的开幕致辞中就可见端倪:"在上帝的祝福下,我诚挚地与诸位一起祝祷,此次盛会能增进吾国人民之福祉与全体人群之利益;能激发和平与工业的巧艺;能凝聚世界各国间的关系。"因此,笔者认为从世博会的文化功能、组织方式和行为规制以及具体的周期性举办、固定的仪式程序、节庆活动内容等核心特征上看,它都符合仪式概念的基本要件,据此可将世博会视为一种现代意义上的仪式活动:从内容上看,它是一种隶属于会展范畴的、以展览为主、辅以表演活动的节庆仪式活动;在文化功能方面,它是人类进入工业文明时代、在西方工业强国主导下的国际沟通平台,通过仪式传播旨在实现国家层面的全球化整合、构建"地球村";从文化传播的载体和方式上看,借助同步发展起来的大众传媒,使世博会超越了传统仪式在现场传播的时空局限性,将文化影响力拓展至全球,获得了空前的社会关注。其传播过程造就了一种全新意义上的"媒介仪式":它经由大众媒介的事件传播俨然成为一种现代媒介景观,从传播内容到传播方式、符号系统均已媒介仪式化,可视为一种现代类型的仪式活动。

表 0 - 2　以纪念日、庆典或标志性的象征意义为主题召开的近代世博会

时间(年)	国别	名称	特点/主题
1876	美国	费城美国独立百年博览会	纪念美国独立 100 周年
1889	法国	第四届巴黎世界博览会	纪念法国革命 100 周年
1893	美国	芝加哥哥伦布纪念博览会	纪念哥伦布发现新大陆 100 周年;亚洲国家韩国首次参展
1900	法国	第五届巴黎世界博览会	"世纪回眸"——展示十九世纪的科技成就
1904	美国	圣路易斯百年纪念博览会	庆祝圣路易斯建市百年;同期举行第三届奥运会
1915	美国	旧金山巴拿马太平洋博览会	庆祝巴拿马运河通航
1926	美国	费城建国 150 周年世界博览会	庆祝美国建国 150 周年,建 10 万人体育场
1933	美国	芝加哥万国博览会	首次提出主题:"进步的世纪"
1935	比利时	布鲁塞尔世界博览会	主题:"通过竞争获取和平"
1937	法国	巴黎现代生活艺术世界博览会	主题:"现代世界的艺术和技术"
1939—1940	美国	纽约旧金山世界博览会	主题:"建设明天的世界"

此外,世博会作为全球规模的、以综合国力为基础的竞争舞台,不仅通过发挥"竞争、征服与加冕"的仪式功能以促进全球化,它还具有超越传统仪式的一系列现代性特征:通过规模空前的世界级现场展演与科技文化互动,将有形的展品符号和创新成果、无形的理性主义精神建构起一个宏大叙事的仪式空间,其文化场域借助展示现场及大众媒体所"共谋"的事件传播不断延伸至全球范围。据此,我们可以视之为一种现代意义上的新型仪式。

从跨文化传播的角度看,世博会在历史发展方向上适应了近代中国的

社会转型需求,推动了传统文化的现代转型,同时也为倡导人本主义、科学主义的现代大型活动提供了实践范例,有助于中国当下的文化全球化战略。它与传统仪式在文化功能上的共同点最显著地体现在观念引导与推动文化认同,一方面它继承了传统仪式的文化目标,通过传播实现认同与关系整合,并具有"竞争、征服、加冕"的竞技仪式典型特征,可视为一种依托物质形态展品等具象符号进行的特殊沟通形式,并具有推广工业化、科学观念的一套文化象征系统,通过成果展示的"奇观"效应与展区内外的交流与传播来实现主办方的目标,但是这种行为并非强制性的劝服,而是以创新来调动人们的好奇天性,通过描绘一幅人类命运共同体的美好愿景来激活人类最深层次的情感,进而实现价值认同。另一方面,它又产生于工业文明时代的文化语境,具有鲜明的现代仪式特征,即借助大众传媒的力量将文化影响力拓展至全球范围;它还可以帮助我们分析古老的仪式随着近现代社会的文化变迁而发生的形态变化与演进趋势。作为文化类国际展会,世博会的生命力源于文化的力量,它满足了国际沟通与和平竞争的需求,目的是实现鼓励创新、推动全球合作及文化整合的效果,而这种文化功能是借助了仪式的力量才得以顺利发挥。可以说,近乎宗教仪式的文化号召力是世博会最具生命力的价值所在,它通过器物层面、技术层面、制度层面的各种创新成果来吸引各国参与和民众关注;其具象的符号展示效果要远好于纸面上抽象的文字表达或空洞的说教宣传;反之,节庆仪式活动也借助世博会的文化传播实现了从传统到现代的形态演化。因此,从仪式角度研究世博会,有助于从本质上把握其文化传播的根本目标与形态特征。

2. 作为媒介事件的世博会

"媒介事件"的概念自20世纪中叶被提出后在传播学界引起了巨大反响,目前被学界大致概括为两类定义:一种是由丹尼尔·戴扬和伊莱尔·卡茨在1992年的著作《媒介事件:历史的现场直播》中提出的"真实事件—媒介化(编码聚焦、放大、删减、扭曲)—媒介事件(奇观)",主要是指现代媒体直播条件下的"国家级的这些事件。包括划时代的政治和体育竞赛;表现超凡魅力的政治使命;以及大人物们所经历的过渡仪式"[1]。另一种则是丹尼尔·波尔斯丁·布尔斯廷所理解的"媒介化的动机(个人、社会组织、媒介、政府)—导演事件(预编码:人为安排、表演)—媒介化—媒介

---

[1] 戴扬,卡茨.媒介事件:历史的现场直播[M].麻争旗,译.北京:北京广播学院出版社,2000:1

事件(伪事件)"，即"经过设计而刻意制造出来的新闻"①。两种界定虽然侧重点不尽相同，前者强调引发受众关注的传播效应，后者则强调传播主体的策划过程，但两种解释的共识在于：它们都认为大众媒体环境中社会关注话题的可垄断性、可聚焦性与作为话题的重大事件直接相关。基于上述定义，我们认为形成"媒介事件"的最关键判定要件就是在大众媒介的助力下使某类事件获得普遍关注，是"以一种收视状态为表征"②。无疑现代世博会是"电视直播的历史事件""国家级的事件"，"使极其庞大的观众群体为之激动——一国、数国乃至全世界。它们扣人心弦、令人神往"③。这些表征符合戴扬和卡茨的前一种定义，他们认为这些事件具有"竞赛""征服""加冕"④的性质。

而近代世博会虽没有电视直播环境下的即时传播效应，但也符合构成媒介事件的基本要件——在媒体助力下获得较高的社会关注度：在尚不发达的大众媒介环境下，经当时各大报刊的集中报道与持续跟踪而在展会前后成为举世瞩目的新闻热点话题(相比学界研究的《申报》策划下的近代媒介事件——杨乃武与小白菜案件的系列报道，世博会的专题报道更近似于第一种界定)；而且，近代世博会作为"国家级的事件"，在报道主题中含有"竞赛""征服""加冕"——这三项构成媒介事件的"基本叙述形式"⑤，以及"干扰性、垄断性、直播性和远地点性这些要素"⑥。因此，这可被视为电视直播技术出现之前的近代"媒介事件"。

其判定要件可从三个角度考量：一是与奥运会、世界杯等"国家级的事件"一样，在文化主题中包含有"媒介仪式"的"竞赛""征服""加冕"的典型特征，如世博会报道普遍采取了节庆仪式的叙事框架，视之为国际竞技舞台和具有隆重纪念意义的国家庆典；报道内容重点描述了象征各个国家、民族特色的代表性展品，强调这种展示与竞技活动给国家形象带来的荣耀或现实利益等。二是历届世博会在召开之际，都得到各大报刊媒体预先的、策划性的协同报道与持续关注：由于世博会活动内容的可预知性，诸如展品征集、专员出国、国家日表演、现场盛况、获奖成绩，或是围绕这些具体环节的综述与时评等，都成为各大报社津津乐道的新闻话题，世博会召

①　BOORSTIN D. The image：a guide to pseudo—events in America[M]. New York：Atheneum，1985：11 – 12.

②③　戴扬，卡茨. 媒介事件[M]. 麻争旗，译. 北京：北京广播学院出版社，2000：9.

④　戴扬，卡茨. 媒介事件[M]. 麻争旗，译. 北京：北京广播学院出版社，2000：1

⑤　戴扬，卡茨. 媒介事件[M]. 麻争旗，译. 北京：北京广播学院出版社，2000：30.

⑥　戴扬，卡茨. 媒介事件[M]. 麻争旗，译. 北京：北京广播学院出版社，2000：11.

开前后甚至派出专门的记者或新闻团队进行全方位的跟踪报道,如《申报》《东方杂志》等很多报刊都有世博专题的系列报道或开辟专版。三是世博会的报刊传播过程及其效果具备了干扰性、垄断性和远地点性等媒介事件的核心特征:由于世博会召开前后的集中宣传报道,一定程度上把人们的视线聚焦到该话题上来,创造出区别于日常生活状态、有更强参与感的新闻阅读体验,这正反映了事件传播的干扰性、垄断性的典型特征。此外由于近代世博会举办地基本设在某国的一城一地,在当时不甚发达的交通条件下有机会亲身与会的观众占比极少,因而非主办地的公众对世博会的感知更多依赖于新闻所呈现的碎片化信息拼凑而成,这种"不在场"的远程观展基本依赖于经媒介筛选、编辑加工的新闻报道来实现,所以媒介事件对活动本体的呈现是其文化传播的主要方式,即反映出事件传播的"远地点性"特征。

基于上述相关概念的界定和现象解析,世博会可被视为一种"媒介化"的、具有文化仪式功能的新闻事件,亦可称之为"媒介仪式"。即"经由大众传播媒介记录并传达着仪式以及那些经由大众传媒'包装'之后具有仪式意味的'新闻事件'。这种经由传媒记录并传达的仪式和那些未经传媒记录和传达的仪式有着较大的区别"①。在文化传播表征上包含有构成媒介事件的"竞赛""征服""加冕"三项基本要素②。需要说明的是,"加冕"一类的媒介事件是一种典型的媒介仪式;而在"征服""竞赛"类媒介事件中,也包含了仪式方面的内容,如开幕式、闭幕式、颁奖典礼等;戴扬、卡茨使用"媒介仪式"概念时,"试图引入仪式人类学的理论来阐释大众传播过程"③,对"媒介仪式"的界定已超越了具体的仪式内容,而是从文化功能主义的视角将整个"媒介事件"及其传播过程都纳入到此概念范畴当中,并试图对"媒介事件这样一种特定的仪式做出过程分析"④。循着此路径推导,本书也将世博会视为一种"媒介事件",但需要说明的一点是,从严格意义上说,媒介事件是伴随着此类文化仪式活动同步进行并传播的一种"镜像",必须与活动本体结合起来研究,才能让我们清晰、完整地提炼其内在的文化机制与传播规律。

(二)历史资料的选取与分析视角

之所以选择研究近代阶段而非现代的世博会,主要基于两点考虑:一

---

①④ 郭建斌.如何理解"媒介事件"和"传播的仪式观"——兼评《媒介事件》和《作为文化的传播》[J].国际新闻界,2014(4):6 – 19.

② 戴扬,卡茨.媒介事件[M].麻争旗,译.北京:北京广播学院出版社,2000:1.

③ 戴扬,卡茨.媒介事件[M].麻争旗,译.北京:北京广播学院出版社,2000:2.

是从世博会自身的发展史来看,近代阶段(1851 年创办至二战结束前)的世博会在当时的全球文化影响力无出其右(奥运会初创阶段也仅作为世博会的一个子项目存在),可以说是大众传媒兴起阶段受到世界关注最多的国际性大型文化活动,也是当时为数不多、形式较为单一的国际交往形式中的一个创举,各国的重视程度最高;二是其近代报刊传播过程也具有强烈的价值导向性和"媒介仪式"特征,对它的文化目标、内容主题、功能与表征手段的历史考察,旨在概括与提炼以世博会为代表的、西方舶来的大型活动,如何在异域文化环境的传统中国(新中国成立前)成功进行报刊传播的历史特征及其文化传播规律。

借助于最新的近代报刊数据库平台(包括申报数据库、东方杂志数据库等),笔者通过相应的报道关键词搜索和海关、传记、书籍等史料考证发现,从"媒介事件"的角度对世博会进行系统地历史考察的可行性与必要性:其一是近代围绕世博会的新闻报道历时 70 年(1873—1943),且数量较大(各类报道 3000 余篇)、涉及多种报刊(包括《申报》《大公报》《东方杂志》等主流媒体 79 种);其二,历届世博会召开之际,均被各大报刊媒体预先地、策划性地协同报道与持续性地关注,其报道量的时间变化能够明显地呈现该趋势;其三,近代世博会的现场传播基本局限在欧美国家的一城一地,在当时不甚发达的交通条件下,能够有机会亲身与会的中国观众数量占中国大众的比例极少,因而国内公众对世博会的感知更多是依赖书籍报刊等大众印刷媒介所呈现的碎片化信息拼凑而成的,"不在场"的远程观展尤其依赖于经当时的主流报刊媒介所筛选、加工的世博会报道实现,故报刊媒介对大型活动的"媒介事件化"呈现在世博会的近代文化传播过程中发挥了决定性影响。而根据丹尼尔·戴扬和伊莱尔·卡茨的定义,"媒介事件"通常是指现代媒体直播条件下的"国家级事件",包括"划时代的政治和体育竞赛;表现超凡魅力的政治使命;以及大人物们所经历的过渡仪式"①。其最关键的判定要件就是在大众媒介的助力下某类事件获得了社会公众的普遍关注,世博会无疑是符合这一判定的。

从文化传播史的研究意义上讲,人们对某种媒介事件的关注与反馈是考察该时期社会文化动态的"切片":这是由于大众媒介对于社会文化

---

① 戴扬,卡茨.媒介事件[M].麻争旗,译.北京:北京广播学院出版社,2000:1.另有一种定义是丹尼尔·波尔斯丁、布尔斯廷认为的经过设计而刻意制造出来的新闻。前者强调轰动的传播效应,后者强调传播主体的策划过程,但却有基础的共识:都认识到大众媒体环境中社会关注的可垄断性、聚焦性是与重大事件密切联系的。

环境动向和文化发展趋势的捕捉往往是敏锐的，并具有舆论导向性的建构功能。媒介事件不仅仅是大众媒体根据社会需求所挑选和加工的信息产品，而且它们也是与发挥主导力量的各类组织团体、社会阶层、公众在意识形态导向与文化兴趣等方面相互建构的结果。因此，聚焦于世博会这一具有广泛社会影响的媒介事件是我们考察以之为代表的大型活动如何助推中国近代社会转型的合适切入点；分析其传播方式、特征与规律也是我们梳理近代文化转型背景下报刊的新闻生产及其演进史的独特路径。

1. 人际与组织传播方面

关于世博会的人际传播分为现场性的即时传播和非现场性的延时传播两类。近代世博会因年代久远，已难觅现场的对话记录或现场交流情境。因此，主要以考察延时性的文字记录为主。国际展览局的档案提供了丰富的历届世博会活动史料，这些史料和数据可以相当程度上还原当时现场及其传播过程；中国的近代史料中也有丰富的参会经历记载，尤其是中国近代一些参与世博会的核心人物的传记最为丰富。他们是世博会仪式现场的参与者，自身的感知记录以及转述都能通过近代社会的层层信息网络来传播近代文化观念，这些"意见领袖"观念的传播是我们研究的重点。这方面的研究样本包括：参观者留下的游记，如李圭的《环游地球新录》、陈琪的《新大陆圣路易斯博览会游记》、屠坤华的《万国博览会游记》、冯自由的《巴拿马太平洋万国大赛会游记》等，还有主办者事后编辑的资料，这部分资料非常庞杂，如《巴拿马赛会直隶观会丛编》《中国参与巴拿马太平洋博览会纪实》《中华民国参加比利时博览会特刊》等；官方档案、民间文集、游记等，如清末海关档案、《约章分类辑要》《北洋公牍类纂续篇》《通商约章类纂》等史料。这些文字记录了近代世博会的组织形式、文化交往等详细情况及其历史演进过程。

2. 大众传播方面

大众传媒时代，大型活动往往会受到社会各界的关注而演变为"媒介事件"。大众媒介往往通过内容把关、议程设置等来放大影响，或者弱化某些环节。19世纪中叶，近代中国的各类报刊陆续创办，成为具有主要社会影响力的大众媒体，当时关于世博会的报道记载是非常丰富的：仅就《申报》而言，据笔者统计直接相关的报道数量约670篇；各类报纸、期刊上直接相关的报道总计约1500余篇，涉及79种报刊，相应的报刊研究样本包括《申报》《东方杂志》《商务官报》《中国实业杂志》《商业杂志》《外交》《万国公报》《时事月报》《实业杂志》《外交公报》《时务报》《商业月报》《中华实业界》《时兆月报》《中华全国商会联合会会报》《政府公报》《新民丛报》等,这些报道成为本书系统研究世博会传播的主要史料来源。

　　本书对大众传播的研究是重点,由于现代传播环境下世博会是国家力量、社会团体与行业组织以及大众媒介所"共谋"的行为,能够引起广泛的社会关注和持续热情,对此重大事件进程的可预知性、热点关注度与报道广覆盖面等特征,我们可视之为报刊传播时代的一种"媒介事件";而且,由于近代中国能现场参与世博"仪式"的人数比例极小,在这种信息来源渠道较为单一的传播环境下,印刷媒介对重大事件的传播起决定性作用。因此,选题以近代世博会的新闻报道为主要研究样本,运用新闻框架理论等工具展开内容分析,传播效果上通过解读国人对世博会的认知规律,能够比较系统地还原当时的传播概况与情境。而且,报刊等印刷媒介对事件本体的塑造不同于电视媒介的直播特征:虽然无法即时地营造仪式"现场感",但各大媒体相对集中的广泛报道仍能唤起社会公众对此话题的普遍关注;而且,当时的报刊媒介同样具有强大的议程设置效果,舆论话语权往往掌握在主导媒体新闻生产、社会文化价值取向的精英阶层手中,以官商为主的精英阶层越来越习惯于通过报刊来表达对国际事件的思想态度并形成集体意志。基于上述推理,关于世博会的报刊新闻报道在近代尚不发达的媒介环境下已是所能依赖和运用的最高水平的文化传播形式;各类报刊新闻生产者和意见领袖等的助力也是近代最具舆论效果的、塑造与强化公众认知的有效手段,通过对这些报刊媒体上的世博会新闻报道的系统解读,可以使我们相对清晰、完整地回溯和还原当时的文化传播状态及其效果。

　　(三)理论工具与方法的选择

　　本书注重史论结合、以论为纲、以史带论:基于世博会自身的组织营运、展览表演、竞赛颁奖等事件本体,将其置于仪式传播的理论框架下,分析其报刊传播现象,对其在近代中国的文化传播过程进行历史分期与阶段性特征的概括,并采取个案分析的现象解读与宏大叙事的社会发展研究相结合的方法,系统归纳中国社会对其内涵与价值的认知、理解与接受过程,提炼此类大型活动的文化传播机制及演进规律。

　　具体采用文献研究法全面搜集、梳理世博会在近代中国报刊传播的第一手报道资料,运用内容分析法设置9项指标,从报道数量变化、叙事框架、主题设置、媒体态度等方面系统地进行量化分析与文本解读。本书着眼于透过世博会看中国社会的变迁。世博会作为舶来的西方事物,对于传统的中国而言,最初更像是"他者"的历史;其在近代中国的文化传播过程则是由历史的"他者"逐渐融入"自我"的历史。本书试图从文化转型的大背景下发掘国人对西方文化事件的认知规律与存在的认知缺陷,将世博史研究拓展为它与社会的相关性研究。因此,本书尽可能地借鉴除史学与传播学之外的文化人类学、跨文化研究、会展研究等领域的理论工具,使论证更加多元而系统。

1. 文献研究

文献分析法主要指通过搜集、辨析、分析、梳理各种文献资料,确认、验证、再现某些基本的历史事实和现状,总结文献的内在逻辑,概括对某一问题的主要观点和看法,为进一步的深入研究提供背景资料、案例借鉴、理论知识和研究启发。本书将使用文献分析法对媒体报道、海关档案、参展游记、重点人物传记等进行系统分析来了解世博会历史面貌,分析组织机构或个人对世博会的感知与评价及其活动产生的社会影响等,并将同一时期的这些史料罗列起来进行比对,放在当时的历史社会境遇下解读,试图发掘一种新思想、新观念的扩散轨迹,再现中国参与近代世博会的历史演进过程。

2. 内容分析

新闻传播领域的内容分析通常指对媒体的产品或传播的内容进行定量描述和定性评价。本书将借助系统的报道数量统计与内容分析,考查近代国内媒体对巴黎、维也纳、圣路易斯、巴拿马、费城、旧金山、纽约等地举办的历届世博会的媒介呈现,结合世博会自身的组织、营运方式重点解读社会公众对它的认知深化过程及其历史影响,目前选定的报刊媒体是《申报》《东方杂志》《万国公报》《时兆月报》《中国实业杂志》等这些世博报道量较大的主流报刊,具体对报道文本按以下步骤处理:第一,确定分析单位,包括报道数量、篇幅、题材、来源、主题、态度倾向等指标;第二,建立编码框架和统计量表;第三,对统计结果进行数据分析,尝试从中归纳并提炼世博会报刊传播的演进趋势。

3. 比较研究

本书将在内容分析的基础上,对比近代不同时期国内报刊对各国参与世博会的报道数量变化与内容倾向性,分析政治制度、国家利益、意识形态、历史渊源对世博会文化传播过程的影响;强调比较研究是由于世博会是一个国际性的竞技舞台,适合运用比较的方法考察各国对其的认知与行动差异,从而得出不同环境下的文化差异;在比较时注重结合当时社会历史环境及媒介报道语境,对比不同性质、类型的近代报刊对世博会的报道框架特点及内涵解读的差异性,从这些表述的共性与差异中勾勒出世博会本体在不同角度的文化呈现,以期更系统全面地考察其在近代中国的文化传播特征与影响。

三、研究样本价值与学术意义

本书是以世博会为对象的文化传播研究,将其具有竞技仪式特征的展会活动视为文化传播的事件载体,分析它在近代中国文化转型过程中的传播形式、阶段性变化及社会影响等,主要涉及世博会的活动组织方式及其内容传播过程,是属于传播学、史学、文化人类学等学科的交叉研究。

之所以选择世博会为研究对象,源于它是近代兴起的首个国际性大型展会,具有"竞争""征服""加冕"等仪式活动的典型特征,不仅传承着西方现代工业文明的核心价值与创新理念,甚至历经近 170 年的洗礼依旧有着近乎宗教的文化号召力与顽强生命力,成为象征现代西方工业文明的一面旗帜;而且它也是工业化强国借此争夺文明话语权、引领人类社会迈入全球化时代的助推器;对近代中国而言,此类仪式形态的文化传播载体对我们的社会转型产生了广泛而深远的影响,不仅带动了举国上下的三次博览会热潮,促进了民族产业的发展,还在现代国家意识、外交理念、国际贸易观、科技与文化教育体系等方面产生了积极影响,故可谓之近代文化传播史上乃至仪式传播研究领域不可忽视的典型样本。

从仪式角度研究世博会也具有重要的理论价值和现实意义:仪式是表征人类精神世界、体现思维与文化特质的行为方式,是文化传播的重要载体,在人类文化活动中居于核心地位。文化人类学、民俗学、宗教学、社会学、传播学等众多学科领域对仪式现象均有关注,其具有多学科交叉性。仪式在当代的社会生活场景中仍随处可见。可以说,对仪式的研究是帮助我们系统阐释人类文化行为之深层原因所必须的,也是预测社会文化发展趋向的一种长跨度图谱。本书主要从传播学的角度来解读世博会这种具有仪式特征的大型文化活动的多重影响,也顺应了从传统社会形态向信息化社会的转型中仪式活动日益与大众媒介相结合的演进趋势;历史证明了以世博会为典型代表的大型活动,恰恰是通过仪式的运作方式保持了其外在组织形式与内在包容性之间的相对平衡,使这些古老的文化行为在不断适应时代需求过程中自我革新,保持旺盛的文化生命力。

姑且不论世博会带来的经济效益、科技创新示范效应,选择从仪式研究的视角至少能够解答:近代世博会何以为中国文化的现代化转型提供持久的推动力,其组织与文化传播方式为我们今天的国际交往提供了哪些可资借鉴的经验和范例?理论上的解析将有助于指导当代节庆仪式活动的运作与革新;帮助我们更全面地理解和评估那些符合时代需求和人本主义精神的仪式及展会活动,助力我国文化产业核心竞争力的提升,满足人们不断升级的文化消费需求。具体研究价值体现如下:

(一)世博会作为仪式活动的特殊研究价值

世博会是具有仪式特征的会展活动。它不同于传统仪式的文化功能,最显著之处在于其仪式形式的特殊性,而这种特殊性源于其现代性。其现代性体现在三个方面:

(1)不同于祭祀、庆典等传统仪式的创办目的,也不同于同为现代仪式的奥运会对古希腊的人文传统重拾之意,创办近代世博会仪式的动力主要源于世界开始步入全球化时代的经济竞争、文化交往、科技创新等需求,这一点从前述维多利亚女王在首届世博会召开时的致辞内容就可窥见一斑。

(2)世博会的仪式是以静态展示为主,在现代媒介的环境下,较少地依赖于奥运会等非现场性的"仪式表演"。它的仪式过程更多需要传统式的亲身参与及现场体验,但是这种强调展示的功能赋予了仪式传播的受众更多的主动性和互动空间,而不仅仅是被动地观赏。

(3)最重要而独特之处是世博会在全球范围内超越传统仪式所具有的文化维系与传承功能,而更多地偏重于"创新"与"重构"。纵观近170年的世博史,众多重大科技发明、技术方法、制度规范乃至生活理念都在世博会上首次亮相。可以说,"创新"是世博会吸引各国参与并推动历史发展的最大魅力所在。

(二)近代中国语境下世博会传播研究的借鉴意义

(1)近代世博会的发展(1851—1940)恰好与中国近代化的进程基本同步,这一周期性举办的盛大仪式对中国国内的社会与文化影响是持久而广泛的,中国的"世博情结"在梁启超1902年的小说《新中国未来记》中就有提及,这是一部中国最早描述"万国博览会"的小说,表达了国人对举办象征民族强盛、文化繁荣的世博会的向往。时隔百余年,2010年5月1日至10月31日,中国上海成功举办了第41届综合性世界博览会,标志着世博会首次在发展中国家举办。这时距离1851年伦敦首届世博会已近160年,在横跨近代史的漫长过程中,世博会的身影一直与中国现代化历程相伴而行。因此,对其历时性的考察可以全面考量仪式传播的过程与形态变化以及长跨度的历史影响和传播效果。

由于世博会是多国参与的全球性文化活动,"进步、创新和交流"的活动主旨是其文化生命力的源泉。除了促进国际贸易带来巨大的经济收益外,世博会更深层的价值在于通过集中展示创新成果而将先进科技、文化、制度、理念向全球扩散,将工业文明和各种文化的"奇观"通过一种创新性示范形式加速传播至世界。这一逻辑也符合当代以学习、创新、复兴为主要目标的我国文化战略需求。因此,中国参与世博会的历史及其社会影响是我们研究近代文化传播时不可忽略的考查对象,它能为我们从宏观层面提供一种考量社会转型过程的历史参照及其效果评估,对于我们掌握文化发展规律和趋向具有时代价值。

(2)在近代中国文化语境下研究世博会的仪式传播,延续了仪式研究的悠久渊源,可在深厚的理论积淀上继续推进仪式研究领域中的中国专题。审视仪式研究的历程,许多人类学家都曾受到古代中国礼仪思想的启发:拉德克里夫－布朗最早论述仪式的文章,引用的首先是荀子的话语;格鲁特关于仪式的论著《中国宗教系统》,是以他在厦门观看的葬礼为样本;葛兰言以《诗经》和中国上古舞蹈为仪式研究的样本。西方学者从中国文明史的角度出发,通过仪式考察帝制时期文化秩序的基础。国内也有学者认为中国文化秩序的基础应为仪式,而非宗教的观念形态。因为中国"并不是一个宗教文明体,而是一个仪式文明体,这个文明体的主要行动纲领来自行为的规范,而非宗教的正统性"①。因此,要全面解析中国文化近代以降的演进规律,礼仪、仪式的对象考察是不可或缺的。

推进中国的仪式研究也有利于解决当下中国各种仪式活动的发展困境。目前,国内仪式更多地局限于恢复传统礼仪文化的精神内核,在现代语境下的简单复古无疑面临很大难度;或照搬西方,导致与时代脱节、与国情和国民实际需求脱节的山寨版节日庆典层出不穷,形式上喧哗热闹之后却无法留存有价值、能传承的文化印记。这些粗放式的仪式节庆活动误区皆因我们不明就里、仅求经济创收或政绩包装的浮躁心态,虽然当下的仪式活动热闹异常,但均缺乏与时俱进的持久生命力,对比西方诸国一个半世纪前孜孜不倦地推广和坚持,反衬我们的文化主体意识尚未充分"自觉",未能真正深刻地理解和掌控人类仪式文化传承与发展的历史脉搏。特别是在当代构建"人类文明共同体"的文化战略目标指引下,应将仪式文化研究做得扎实、理得清楚,服务于适合中国当代语境与人类社会发展需求的文化创新,真正实现从"文化自觉"到"文化自信"。但最大的困难

---

① 戴扬,卡茨.媒介事件[M].麻争旗,译.北京:北京广播学院出版社,2000:3.

在于解决文化价值的普适性与传播话语权问题,在仪式传播领域仍缺乏体现当代中国特色并能引起全球共鸣的本土文化仪式。而这源于仪式文化的创新力缺失:国人期待的"文化自信"还缺乏具有足够全球吸引力的理念和内容,近代中国参加世博会所遭遇的文化瓶颈仍在造成我们当代的困境。因此,笔者期望该研究能去芜存真,更有效地激励当下大型仪式活动的文化创新。

此外,在与仪式活动密切相关的会展业、文化产业领域,世博会也可视为最大规模、最受关注的综合性展会,是会展业、文化产业发展的一支重要力量,从仪式传播的角度构建适合于中国文化的会展传播规律,也有助于当今新兴的会展业、文化产业发展。

第二节　相关研究回顾

一、世博会研究

(一)世博会研究综述

世界博览会自 1851 年伦敦开始举办,至今已有近 170 年的历史。对于世博会的记载与研究几乎与此同步,从史料档案到人物传记,从政治、外交、法律视野到经济、技术、制度领域都有涉猎,从通史到专题研究,从面到点,可谓系统而全面,为本书的推进提供了丰富的研究基础。从国际展览局(Bureau of International Exposition,简称 BIE)官方网站的网络图书馆文献信息中,我们可以了解到从首届伦敦世博会至今的详细文字资料。

首先,从世博图书著作上看,内容包罗万象,种类全面丰富,从历史、科技、文化、建筑等方面进行知识介绍,再到各类信息资讯、游览商务、文明礼仪等方面的培养教育。20 世纪 70 年代关于世博会研究的著作开始集中出现,其中比较有代表性的包括:1973 年哈罗德与理查德(Harold M. Mayer,Richard C. Wade)合著的 *Chicago:Growth of a Metropolis*[①] 以及卡尔(Carl W.)1974 年出版的 *Chicago 1930 - 1970:Building, Planning, and Urban Technology*,两本著作以城市规划设计和城市建筑的视角着力探讨了

---

① MAYER H M,Wade R C. Chicago:growth of a metropolis[M]. Chicago:Chicago University Press,1973.

世博会与芝加哥城市发展的关系问题①；而世博史及其文化研究的著作则以约翰·阿尔伍德 1977 年撰写的《伟大的世博会》(*The Great Exhibitions*)为代表,有学者考证这是第一部以世博会为专题的历史性著作②,该书通过详细阐释世博会在世界文化发展中的作用和意义,推动了世博专题研究领域的形成③。

发展到 20 世纪 80 年代,世博会的文化研究视野进一步拓展,研究问题也更加细化:伯顿·本尼迪克特等 1983 年所著的 *The Anthropology of World's Fairs* 将世博会视为一种重大的社会文化现象,从文化人类学的视角审视世博会推动文明传播、演化的功能④;罗伯特·W.里德(Robert W. Rydell)1984 年出版的 *All the World's Fairs：Visions of Empire at American International Expositions, 1876—1916*,专题阐释了美国世博会中存在种族主义歧视的现象⑤,后来他又编撰了 *The Books of the Fairs：Materials about World's Fairs, 1834—1916*,系统梳理了从 1834—1916 年间世博会所有的内容⑥,并成立了史密森研究院图书馆(Smithsonian Institute Library),为后续世博会研究的系统化奠定了坚实的基础;1988 年 S. L. 高顿伯格与 F. B. 史密斯(S. L. Goldberg, F. B. Smith)合著的关于世博会对国家文化宏观影响的专题研究,深入分析了世博会对现代民族国家意识的建构功能⑦。

20 世纪 90 年代的世博会相关著作进一步拓宽了理论视野,注重将世博会与宏观的社会文化背景或历史变迁相联系。较有代表性的如保罗·

①　CARL W. Chicago 1930 - 1970：building, planning, and urban technology [M]. Chicago：University of Chicago Press, 1974.

②　张敏,翁婷瑾. 为中国学派探索学术路径——世博会交往研究综述[C]//中国会展经济研究会论文集,2012;潘海林. "一个世纪的进步"——1933 年芝加哥世博会主题表达的研究. 上海:华东师范大学,2007.

③　潘海林. "一个世纪的进步"——1933 年芝加哥世博会主题表达的研究[D]. 上海:华东师范大学,2007.

④　BENEDICT B. The anthropology of world's fairs—San Francisco's Panama Pacific international exposition of 1915[J]. Winter thur Portfolio, 1983, 64(1).

⑤　RYDELL R W. All the world's fairs：visions of empire at American international exposition, 1876 - 1916[M]. Chicago：University of Chicago Press, 1984.

⑥　RYDELL R W. The books of the fairs：materials about world's fairs, 1834 - 1916 [M]. Chicago：American Library Association, 1992.

⑦　GOLDBERG S L, SMITH F B. Festivals of nationhood, Australian cultural history[M]. Cambridge：Cambridge University Press, 1988.

格林翰(Paul Greenhalgh)所著的《瞬间回望——世界博览会(1851—1939)》,该书以英、法、美三个工业强国举办的世博会为中心,从文化社会学的视角,展开横向和纵向的比较,对世博会的起源和发展、世博会与大众社会、帝国主义、国家形象等的关系问题进行了专题讨论。其研究超越了对事实现象的描述,深入考察博览会所涉及的种族、民族主义、艺术潮流等方面,是国外世博研究著作中较有深度的代表作①。而约翰·E.菲德林与金伯利·D.彼勒等1998年合著的 Historical Dictionary of World's Fairs and Expositions,1851 - 1988,更是跨越了近代史和现代史,完整地介绍了94届世博会的详细发展历程,是介绍世博史最为完整的著作②。在世博会的具体文化表达与传播手段研究上,1999年出版的 E.E.赫曼(Elsbeth E. Heaman)所著的 The Inglorious Arts of Peace:Exhibitions in Canadian Society during the Nineteenth Century③、朱利·E.布朗的 Contesting Images:Photography and the World Columbian Exposition 和埃里克·布赖特巴特 A World on display:Photography from the St. Louis World Fair 1904 等书,都从文化人类学的角度分析世博会展品的展示目标及其重视具象的视觉传播的表达方式④。在皮特·沃格(Peter Vergo)1989年编撰的论文集中"Education, Entertainment and Politics:Lessons from the Great International Exhibitions"一文则将当代博物馆的功能同世博会的教育使命联系起来,讨论了美国为筹办1893年芝加哥世博会建设的"白色之城"和"米德街"对美国文化史的深远影响⑤。

近年来,有关世博史研究的中译本著作逐渐增多,较有代表性的是阿尔弗雷德·海勒的《文明的进程——世博会的发展与思考》。该著作系统梳理了20世纪世博会的发展史,并提炼了它展示人类科学、工业发展的成

---

① GREENHALGH P. Ephemeral vistas:the expositions universelles,great exhibitions and world's fairs,1851 - 1939 [M]. Manchester:Manchester University Press,1991.

② FINDING J E, PELLE K D. Historical dictionary of world's fairs and expositions,1851 - 1988 [M]. New York:Greenwood Press,1998.

③ HEAMAN E E. The inglorious arts of peace:exhibitions in Canadian society during the nineteenth century[M]. London: University of Toronto Press, 1999.

④ MAYER H M,WADE R C. Chicago: growth of a metropolis [M]. Chicago:Chicago University Press,1973.

⑤ VERGO P. The new museology[M]. London:Reaktion Books,1989:74 - 98.

就,以及促进各国文化交流、利于世界和平的历史使命①;还有曾任国际展览局主席的加洛潘所著的《20 世纪世界博览会与国际展览局》一书,叙述了 20 世纪各大世博会的主题概念和表达形式的演变,并阐释了这种演变背后的根源,表明了世博会并不仅承载着科教的功能,而且在 20 世纪上半期以后愈发展现出商业娱乐化色彩②。

我国申办 2010 年上海世博会前后,政府的大力宣传使此类图书大量涌现,这些成为国内世博会研究的最大资料来源。国内早期著作始于《走近世博会》一书。2003 年,《"世博会与上海新一轮发展"大讨论纪实》出版,拉开了世博主题出版的序幕。2019 年笔者对互联网上几个重要的图书网站进行检索,如易文网、当当网、亚马逊、中国图书网等,以"世博"为关键词检索到相关图书多达 500 余种。据全国出版物发行信息网 2010 年 3 月"精品图书迎世博"的报道,不同版本、类型的有关图书已逾千种,直接关于世博主题的图书约有 500 种,主要分为普及类书籍、官方图书出版物、专业类书籍、报纸杂志类、电子出版物五大类③。其中与世博史研究有关的如"走进世博会"系列,包括《走进世博会:世博知识 150 问》《走进世博会:世博历史 150 年》《历史的回眸——中国参加世博会的故事》等书;代表人物有吴建中、陈燮君、马敏等顾问或专家,其著作如《世博文化解读》《世博主题演绎》《博览会与近代中国》等,这些学者普遍视世博会为一种文化载体,肯定了它在近代中国的文化史上发挥的积极推动作用。

其次,对世博会的文献类研究源自多种学科,主要可以归纳为经济学、建筑工程学、艺术学、信息科学、新闻传播学、会展与旅游学、行政管理学、历史档案学等领域。笔者近期以中国知网为平台进行跨库主题检索,相关文献共有 19 236 篇,其中经济管理类的世博文献数量最多(合计 13 079),占比约 68%;自然科学类研究领域的文献其次(合计 5331),占比约 28%;社会科学研究领域的文献最少(合计 3129),占比约 4%,而这其中新闻与传媒研究的只有 476 篇、历史与档案类的仅 110 篇,合计占比仅有 3%。

---

① 海勒.文明的进程——世博会的发展与思考[M].吴惠族,译.上海:上海科学技术文献出版社,2003.

② 加洛潘.20 世纪世界博览会与国际展览局[M].钱培鑫,译.上海:上海科学技术文献出版社,2005.

③ 田利,王莉莉.纸上观世博——世博出版物综览及世博建筑文化传播意义之反思[J].新建筑,2011(1):24 – 30.

（二）世博会的传播研究

总体上看,世博会的传播研究以当代世博会研究为主,主要基于现代媒体环境来考察世博新闻报道的效果。而对近代世博会的媒体报道学界关注很少,尚未发现专题的世博会传播史研究。

国外世博传播方面的研究文献也很少,反而关于奥运会的新闻传播研究比世博会、世界杯这两大国际事件要丰富得多,主要集中在对特定媒体奥运报道的描述性分析,以及从性别、种族、国家、文化等不同维度分析奥运报道。而关于世博会议题的文献目前仅搜索到如美国田纳西州大学(The University of Tennessee)的 Meissen G. J. 博士在 1980 年就 1982 年世界能源博览会的社会影响所做的社会心理学研究:《世博会的感知社会影响的差异分析》("A Differential Analysis of the Perceived Social Impacts of a World's Exposition")一文,其主要研究的是评估、比较 1982 年能源世博会对社区居民的不同群体造成的差异化的感知社会影响。

由于 2010 年上海世博会的影响,国内在其召开前后相关的传播研究数量增多。例如,高燕的《西方主流媒体关于"世博会"报道的内容分析与比较研究》一文,比较"汉诺威""爱知"和"上海"三届世博会,探讨了对世博会的报道频率和关注程度、议程设置偏好、解读框架设计特征,发现世博会作为全球性的事件,其本身并不是世界媒体关注的焦点;德国汉诺威世博会和日本爱知世博会都倾向于是"文化的世博会",而上海世博会则是一届名副其实的"经济的世博会"。西方主流媒体在构建上海世博会时总体持正面态度,这源于在全球金融危机、中国经济持续高速增长的境遇下召开的世博会具备了超越前两届世博会的基本条件,成为一次塑造国家和城市形象的良好契机。

丁晓珊在《框架理论视角下的上海世博会新闻报道研究》一文中,以《解放日报》在世博会期间的相关新闻报道为文本,运用框架理论,通过问卷调查,得出受众在接触世博会新闻报道之后,对世博的新闻框架是怎样认知的,受众框架与媒介框架的关系如何等一系列问题的答案,并提出媒介框架、受众框架与客观现实之间在世博会期间具有新特点:即受众框架丰富了媒介框架的基本内容,并形成了一个循环的动态过程①。

王芳芳在《意识形态在中美上海世博会英文报道中的语言体现》一文

---

① 丁晓珊.框架理论视角下的上海世博会新闻报道研究[D].上海:上海师范大学,2011.

中,以近两年美国主流媒体及 *China Daily* 对 2010 上海世博会的报道为样本,发现中美两国各有侧重。美国媒体主要强调对中国政府铺张浪费的批评,中国媒体则倾向于肯定组织方的努力和塑造上海世博会运营良好的形象,这反映出源于不同的政治背景、历史和文化下的两国意识形态的差异①。

周潇潇的《〈解放日报〉上海世博会会展报道研究》一文,从《解放日报》上海世博会会展报道的新闻文本出发,研究了上海世博会会展报道的六个叙事主题,突显了国家形象的宣传价值和包容多元文化的意义,但也提出国内媒体报道富有理性思考的深度报道仍较稀缺,尤其是深入游客和展方的心理体验和价值观念层面的报道相对薄弱的问题②。

廖圣清等在《上海世博传播效果研究——以上海大学生为研究对象》一文中以上海世博会作为考察"大事件"传播的案例,通过对 1209 名上海大学生的随机问卷调查,分析他们对国内媒体世博报道的接触与评价情况,以及这种接触和评价对于他们关于上海世博会的认知、情感(态度)、意愿(行为)的影响。研究发现,上海大学生平均每天获取世博信息的时间相对值不少,接触的渠道几乎涵盖了所有常见的大众传播、人际传播和组织传播渠道,接触最多的是实用信息;他们对世博报道总体上接近"比较满意",最满意其速度,最不满意其批判性;接触和评价世博报道,对于他们关于上海世博会的认知、情感(态度)和意愿(行为)均有较大影响,并就如何实现"大事件"的有效传播展开讨论③。

而近代世博会对中国的影响研究领域,多以海关档案与人物传记为文本进行历史回溯。其中,比较有代表性的是马敏教授的《中国近代博览会事业与科技、文化传播》一文。该文系统指出了近代博览会中的科技传播与文化交流形式大致可分为展陈与观摩、研究与比较、广告与宣传等。"通过报章杂志等媒体广为宣传。各地新闻报纸均做了大量舆论宣传,或介绍西方各国和日本等举办各种博览会的情况,或对即将召开的博览会做专门的介绍,提供各种建议、评说。在博览会召开期间,各新闻媒体更

---

① 王芳芳. 意识形态在中美上海世博会英文报道中的语言体现[D]. 上海:上海师范大学,2011.

② 周潇潇.《解放日报》上海世博会会展报道研究[D].保定:河北大学,2011.

③ 廖圣清.上海世博传播效果研究——以上海大学生为研究对象[J]. 新闻大学,2011(4):119 – 127.

是连篇累牍地加以报道,有关赛会的各种花絮亦穿插其间",同时,"专设协赞会、出张所、宣讲所分途宣讲博览会的历史、性质","汇编专书使博览会的成果长期流传。将博览会上的各种展品目录、演讲、报告、颁奖及观察汇编成专书刊行,使人们能了解科学的最新进展和新的技术发明"。该文还指出:"尽管各种形式的博览会极大地促进了近代中国科技传播与文化交流,但由于近代中国社会负面意义上的封闭性、落后性和官本位等结构特征,致使博览会的科技、文化传播功能无可避免地存在自身的局限性。"①

王水卿在《民国时期中国与世博会关系研究》一文中研究了1915年美国巴拿马世博会前后,我国新闻舆论界对世博会的大量介绍,掀起了一股空前的"博览会热",并统计了报道数量:

表0-3 民国时期重点世博会届次的新闻报道量统计②

事项 \ 世博会	1915 年巴拿马世博会	1926 年费城世博会	1930 年比利时世博会	1933 至 1934 年芝加哥世博会	1939 至 1940 年纽约、旧金山世博会
报刊	《申报》	《申报》	《申报》	《申报》	《申报》《民国日报》
起止年月	1913 年 5 月至 1916 年 5 月	1926 年 1 月至 1926 年 12 月	1929 年 10 月至 1930 年 12 月	1932 年 6 月至 1934 年 12 月	1938 年 9 月至 1940 年 12 月
相关报导次数	106 次之多	121 次之多	61 次之多	110 次之多	合计 74 次之多

从前述世博会近代报道的统计可见,世博会之于中国民众的影响多是通过媒体报道的镜像来实现的,其传播效能与近代媒介的议程设置有着直接关系。因此,研究世博会的近代报刊传播现象是我们解读它的一种直接且必要的路径。

(三)世博的会展史研究

世博会历来是会展研究的重要对象,从会展史来看已有比较丰富的积淀。

---

① 马敏. 中国近代博览会事业与科技、文化传播[J]. 历史研究,2004(2):98 - 117.

② 王水卿. 民国时期中国与世博会关系研究[D]. 长沙:湖南师范大学,2007.

（1）国外专题研究中国参与世博会的近代史文献较少，且主要出于西方中心主义的视角。例如，有学者考察1876年费城世博会中国参博问题，Henry Davenport评述近代中国与日本的参博表现，认为"中国方面，因为仅仅凭借民间的力量，虽然也拿出了瓷器、刺绣、牙雕、丝绸等传统优势展品以及学校教育研究展品，但规模和影响上都远为逊色。在大道乐园吸引观众的是，把自己打成双蝴蝶结的柔术表演和魔术戏法，还有供奉着孔子、佛像或菩萨的寺庙，玫瑰花茶饮、象棋、戏剧等游戏或娱乐，琳琅满目，让人觉得中国是多数世界运动项目和娱乐的发源地"①。"中国馆被安排在大道乐园，附近是剧场和茶馆。夹在这些娱乐设施中间，整个中国馆几乎成了娱乐场所，而非展现国家尊严和形象的展览之所"②。从仅有的两篇分析中国问题的文献可见，国际上对于世博会上的中国文化展示研究是边缘化的。

而更多国外学者关注的是世博会的文化功能研究：加拿大学者沃尔登（Keith Walden）在《近代多伦多的塑制会与晚期维多利亚文化的形成》一书中，探讨博览会与城市近代化的关系，从布展、认同、城市理念、公共空间、庆典与娱乐等文化史视角，全面讨论了工业博览会对促进多伦多城市近代化的巨大功用③。

总体上看，国外运用人类学、文化学、社会学、政治学等学科的理论方法，研究不流于现象描述，而是深入研究博览会所涉及的种族展示、性别对待、建筑、音乐、民族主义等话题，并灵活运用史料、多学科的方法进行历届博览会的纵横向比较，值得中国博览史研究借鉴；但国外较少关注边缘化的中国参博现象，亟待我们国内学者在此领域表达中国近170年参博历史的观点。

（2）国内对中国近代博览会史的研究起步较晚，20世纪80年代以前基本看不到专题研究论文。新中国成立前在中国近代博览会举办之际有

---

① ELLIOTT M H. Pictorial history of the world's columbian expostion［M］. Chicago and New York：Rand，McNally and Co，1893：580 – 592，675 – 681.

② RYDELL R W. All the world's a fair：visions of empire at American international expositions，1876 – 1916［J］. American historical review，1986，52（2）.

③ WALDEN K. Becoming modern in Toronto：the industrial exhibition and the shaping of a late victorian culture［M］. Toronto：University of Toronto Press，1997.

一些学者研究回顾并撰写相关文章,如曹慕管①、武靖翰②等,但撰文的主旨并不是历史研究。

20 世纪 80 年代伊始,随着大规模的商会档案整理和中国商会史研究的兴起,有学者开始关注商人参加博览会的问题,从而开启了中国近代博览史研究,代表学者如马敏、朱英等。随后,国内学界开始普遍认识到世博会作为人类科教文明信息交流传播的媒介功能以及助力中国走向世界的积极作用,90 年代晚期以后,博览会史的专门研究成果日渐增多。而且,自 1982 年起,中国先后参加世界博览会共 12 次,特别是 1999 年昆明举办了世界园艺博览会,2002 年上海成功获得 2010 年世界博览会的举办权,这两大盛事直接激发了学界的研究热情。

据本书统计,我国关于近代世博会的历史档案、文献报告、书籍、游记、传记等最为丰富,结集成书的约有 60 余部;紧密相关的学术论文目前至少16 篇,其中博士学位论文 2 篇、硕士学位论文 6 篇;关于近代世博会的史学研究在上海 2010 世博会前后达到高峰:上海图书馆、南京图书馆、上海档案馆、中国第一历史档案馆、苏州档案馆等机构先后组织发起了系统而翔实的中国参与世博会的近代史料编撰工作;马敏、朱英、孙乃彬、沈慧芬、潘杰、俞力、罗靖、乔兆红、赵祐志、王翔、黄锡明等为代表的会展研究学者则在近代社会转型背景下以政治外交、商贸交流、技术发展、人物传记等话题为主,从不同角度梳理了中国参博历程及其特征。

目前,研究对象共分成两大类:一是个案研究,即对某届世博会的具体研究,主要是档案的整理,如章开沅、刘望龄、马敏、祖苏、赵宁禄、陈霞飞、钟叔河、沈慧芬、宋茂萃、董增刚、梁碧莹、王水卿、郑焱、丌元等梳理了中国近代世博会的详细资料档案;二是综合研究,将历届世博会进行纵横向比较,如马敏、乔兆红、赵祐志、王翔、黄锡明、汪岳波、魏爱文等对中国"出洋参加赛会"和在国内举办博览会等事件进行了专题考察。

例如,罗靖在《近代中国与世博会》一文中,以"第一次"为关键字选择了中国近代博览会史上几次有代表性的世博会进行叙述和分析,提出世博会对于中国思想文化转型的意义:"人们把世博会视为了解世界的一个窗口,不再沉浸于'天朝上国'的莫名自负中,开始客观地认识到中国只是世

---

① 曹慕管.历届国货展览会之经过[C]//工商部中华国货展览会编辑股.工商部中华国货展览会纪念特刊,1928.

② 武靖翰.近代博览会事业与中国[J].东方杂志,1929,26(10).

界上的一个成员而已,而且开始意识到中国传统文化、经济与西方器用先进文明之间的差距。各种各样的展品成为人们接受西方文明的一个重要渠道,使人们的思想、价值观开始发生变化。"他将世博会与中国近代化发展历程的相互关系分为启蒙、提升、飞跃三个阶段,揭示出国人逐渐从展品的表层形式看到博览会的深层含意的进程,促进了国民的新思想、新观念、新意识和新价值观的形成①。

王水卿在《民国时期中国与世博会关系研究》一文中,重点阐述和分析中国与民国时期的五届世博会的关系。该文认为这一阶段我国参与世博会的历程反映出当时我国政府参与世博会时的一种"心有余而力不足"的状态。国人对世博会已经有了相当深刻的认识和了解,世博会的观念已经相当普及。每当世博会举办之际,我国的各大报纸杂志都会对其进行大量的宣传报导,以引起广大国民的注意和重视。在 1915 年美国巴拿马世博会前后,我国新闻舆论界对世博会做了大量的介绍,掀起了一股空前的"博览会热"。但是在展品内容方面,由于时局战乱,筹备仓促,经费紧张,能够代表本国时代进步的工业品很少,大都是传统的手工艺品和农产品②。

宋茂翠在《晚清海关与世博会》一文中,以 19 世纪 70 年代的三次世博会,19 世纪 80 年代的伦敦系列世博会和 20 世纪初海关承办的最后两次世博会为例,研究由晚清海关代表中国参加世博会,到外务部商部接管承办的动态过程。该文认为"晚清海关代表中国参加世博会虽然存在种种弊端,但是作为晚清参加国际性活动的重要组成部分,客观上,对近代中国社会文明的进步也产生了积极影响"。但是从中国半个世纪以来参与世博会的展品来看,最核心的也只是原始工农业材料和附加值不高的初级产品,几乎没有近代工业制成品。这是中国当时综合国力的集中反映。这像一面镜子,照出了近代中国与世界先进水平的差距,从而激发了中国学习西方强国的强烈愿望③。

张耀华在《晚清时期世博会法律规章历史研究》中则以法律史视角对自 1867 年清政府授权海关统管出国参展世博会的 38 年 29 次参展历程进行考察,对海关总税务司赫德根据总章程规定、总理衙门札文,拟订总税务

---

① 罗靖.近代中国与世博会[D].长沙:湖南师范大学,2011.
② 王水卿.民国时期中国与世博会关系研究[D].长沙:湖南师范大学,2007.
③ 宋茂翠.晚清海关与世博会[D].北京:中国人民大学,2005.

司通令或中国海关承办出国参展章程展开系统分析①。

目前,我国世博史研究存在的主要问题仍停留在以翻译西方世博资料为主和发掘、梳理国内文档的阶段。主要是由于前期翻译、整理的工作量非常大,往往导致会展史研究者的精力易被庞杂的搜集工作牵扯,大多将发掘的一些人物传记或文献考据加以简要归纳罗列,局限于史学框架中,对其他学科理论的借鉴与融汇不多,理论视野、深度亟待进一步开拓与深化。

此外,马敏等学者提出目前研究存在不平衡现象:"研究时间上的不平衡,研究晚清中国参加世博会的多,民国的较少;研究空间上的不平衡,综合研究全国参加世博会情况的较多,而研究特定地区对世博会的贡献及影响的较少"②;研究领域的不平衡,目前研究领域主要集中在博览会中的科技文化传播、文明交流、政府角色、海关及外交等方面,而且这些领域也有待深入研究;研究角度的不平衡,目前对于世博会的研究,大多是个案研究,综合性研究较少。

造成这种现象的重要原因之一是"资料发掘不够,导致所用资料比较单一,研究无法深入;第二个原因是与国外研究相比,我国会展史的研究成果借鉴不足。欧美和日本学者对博览会的研究已有相当深度,但目前中国博览会史的研究除了日本以外,借鉴国外博览会资料的偏少"③。

基于以上研究现状,本书对世博史的研究在梳理已有庞杂的史料基础上,着眼于从仪式传播的研究视角,借助媒介研究等理论工具和量化的内容分析归纳其历史呈现的诸多特征,尝试突破史学层面的理论剖析,为当代的会展业、文化产业发展及其传播策略提供历史借鉴。

二、媒介事件研究

(一)媒介事件的国内外研究概述

总体上看,媒介事件的研究兴起于大众媒体时代到来之后,国外学者关注较早,传播学的奠基人施拉姆曾将其作为产生于媒体机构运作下的大众传播现象列为著作的一章④;国内学者引入传播学时也持相似看法,如李彬在《传播学引论》中也采用了施拉姆对其的定义。但该领域成为学术

---

① 张耀华.晚清时期世博会法律规章历史研究[C]//上海市社会科学界联合会,上海市社会科学界第七届学术年会论文集.上海:上海人民出版社,2009:480-484.

②③马敏.中国近代博览会事业与科技、文化传播[J].历史研究,2004(2):98-117.

④ 施拉姆,波特.传播学概论[M].陈亮,李启,周立方,译.重庆:新华出版社,1984:目录.

热点是从丹尼尔·戴扬和伊莱尔·卡茨 1992 年所著的《媒介事件:历史的现场直播》一书开始的。该书中文版(2000 年出版)在传播学界引起了巨大反响,并强调媒介事件在大众传播环境下所发挥的构建文化价值认同与社会整合功能。受加里·惠内尔的观点启发,卡茨认为:"在电视发展的新时期,运动会成为共享的最后避难所,成为仅有的国家和家庭相聚的场所。"①这一理念与詹姆斯·凯瑞(Jams Carey) 1989 年提出的传播"仪式观"暗合:与此前学界的传播"传递观"的研究主流相对,他们都认为传播对社会具有维系功能,现代高度组织化的、发达的信息环境下,无处不在的媒介事件现象彰显了大众传播有能力"建构并维系一个有秩序、有意义、能够用来支配和容纳人类行为的文化世界"②。英国学者莫利、罗宾斯也认为:"这些技术允许人们有一个'认同的空间';不仅仅是重新唤起共同记忆,更确切地说是'体验冲突和休戚相关性'……认同是建立在记忆之上的,从而特定集体通过对共同历史的记忆来认识自我。"③国外学者将总统就职、奥运会开幕、节日游行等电视直播的各类仪式、庆典活动纳入媒介事件的研究视野,多集中于探讨电视直播时代的同步传播现象,将此类媒介事件视为"媒介仪式":利萨·泰勒、安德鲁·威利斯分析了"媒介如何协助观点和信仰的维系,从而再造现存的社会秩序和统治阶级的主导地位"问题④;戴安娜·克兰对媒介仪式的行为动机得出了"获得一种共同的体验,一种与社会'中心'的直接共鸣"的结论⑤。

而国内学者的媒介事件研究也多沿用戴扬和卡茨的仪式传播观点,集中于对各种国内媒介仪式的研讨,如春节晚会、北京奥运会和上海世博会开幕式、黄帝祭祖大典等电视直播节目。例如,邵静的《媒介仪式:媒介事件的界定与仪式化表述》一文中就以我国特殊的媒介事件——春节联欢晚会为研究范本,分析了两类媒介事件的概念界定,并指明媒介事件与媒介仪式的关系,认为"媒介事件是媒介仪式形成的前提……媒介事件强调的是事件本身,即它的呈现和播出形式;而媒介仪式则强调的是观众的参与行为和实践过程。前者是静态的陈述,而后者则是动态的实践,两者相辅

---

① KATZ E. The end of television? [J]. Annals of the American academy of political & science,2009,625(1):6.

② 凯瑞. 作为文化的传播[M]. 丁末,译. 北京:华夏出版社,2005:7.

③ 莫利,罗宾斯. 认同的空间——全球媒介、电子世界景观与文化边界[M]. 南京:南京大学出版社,2001:90,61.

④ 泰勒,威利斯. 媒介研究:文本、机构与受众[M]. 北京:北京大学出版社,2005:28.

⑤ 克兰. 文化社会学[M]. 南京:南京大学出版社,2006:38.

相成,缺一不可"①;她在《以不变应万变——试析我国春节联欢晚会的仪式化特征》一文中进一步指出媒介仪式的形成所要具备的四个条件:"第一,大众传媒的介入;第二,事件的重要性和盛大性;第三,受众广泛;第四,过程的符号性、象征性和现时性。"②张兵娟在《媒介仪式与文化传播——文化人类学视域中的电视研究》一文中对仪式与媒介事件之间的关系进行了探讨,认为现代社会的仪式形态虽然发生了"媒介化"的改变,但其功能未变:"现代化改变了社会面貌,但社会关系及其更新所需要的仪式依然存在,只要社会关系没有消失,宗教和仪式就仍然将起作用。因此以电视为代表的'媒介仪式'也仍将在我们现代生活中扮演'世俗宗教'的角色并承担'世俗神话'的功能",并从"文化认同""文化自觉""仪式与象征"三个角度对"拜祖大典""中国记忆""香港回归"等媒介仪式进行了案例考察③;孙信茹、朱凌飞的《都市中的"媒介仪式"——文化人类学视野中的媒介传播研究》一文以张国荣之死的系列报道及各种悼念活动为例,进一步提炼了现代媒介环境下传统仪式的创新形态和现实意义,认为"媒体赋予了传统仪式以新的意义。大众媒介介入生活过程,赋予了传统仪式以新的意义,同时也催生出新的仪式形式。'媒介仪式'作为一种新的媒介文化现象,改变着我们的社会生活和社会文化……是一项极具意义和价值的研究"④。

从媒介事件的角度研究世博会的文献较少,主要集中于考察世博会开幕式的新闻报道,基本是对当代世博会的研究;而对近代世博会的媒体报道现象研究极少,散见于将媒体报道作为世博历史档案的史料。笔者将世博会以及类似的奥运会、世界杯等全球性盛会作为同类媒介事件的相关研究文献进行了搜集,发现此类文献多以它们的开幕式电视直播报道作为媒介仪式的研究对象,并普遍采取一种传播"仪式观"的视角。国外关于世博会的媒介事件案例研究比起奥运会等大型国际事件要偏少,后者也主要

① 邵静.媒介仪式:媒介事件的界定与仪式化表述——以我国的春节联欢晚会为范本[J].浙江传媒学院学报,2009(4):6-9.

② 邵静.以不变应万变——试析我国春节联欢晚会的仪式化特征[C]//中国传媒大学研究生院.中国传媒大学第三届全国新闻学与传播学博士生学术研讨会论文集.北京:中国传媒大学国际传播研究中心,2009:156.

③ 张兵娟.媒介仪式与文化传播——文化人类学视域中的电视研究[J].现代传播,2007(6):18-20.

④ 孙信茹,朱凌飞.都市中的"媒介仪式"——文化人类学视野中的媒介传播研究[C]//张国良.全球信息化时代的华人传播研究:力量汇聚与学术创新——2003中国传播学论坛暨CAC/CCA中华传播学术研讨会论文集.上海:复旦大学出版社,2003:173.

集中在对奥运报道的叙事框架分析,多沿用戴扬和卡茨对媒介仪式传播的社会整合观点。在我国学界也基本趋同,这与陈力丹教授 2008 年主持的关于传播"传递观"与"仪式观"的讨论所形成的共识有关,其中较有代表性的观点认为:"传播仪式观着重分析构成仪式传播和仪式化传播的符号意义和建构,它更接近马克思主义意义上的'人性'"①,其核心是"价值认同和价值观认同"②。在这一理念影响下,学者在研究世博会等媒介事件时,普遍持有一种事件"仪式化"的结构主义分析视角,即认为"这些事件的发生遵循模式化结构,具有很强的先后逻辑性与面向公众的展示性,事件始终宣扬一种升华的人类精神或价值"③。例如,谢琰提出仪式借助媒介的技术力量实现了现代化转型的问题:"论及媒介仪式,2008 年的北京奥运会开幕式和 2010 年的上海世博会开幕式无疑是最典型的个案。凭借一幕幕宏大的画面和解说词的煽情演绎,这些媒介事件为人们带来一种情感上的融入和心理上的寄托。不仅如此,这一集体性的体验同时也让人们进入到一个神圣的仪式过程,于是,社会整合和文化认同也由此实现。值得注意的是,随着现代科学技术的发展,越来越多的媒介事件呈现出明显的仪式化特征,而其浓郁的商业化色彩和意识形态力量也开始展露无遗"④。毕一鸣在《如何报道新世纪的科学盛典——关于上海世博会"媒介仪式"的思考》一文中,将"竞赛""征服""加冕"归纳为当代社会最具有"仪式化"特征的三种重大事件的形态,认为上海世博会长达 184 天,媒介仪式的三种形态都将会得到充分展现。正是"仪式化"事件具有如此特征,所以在当代社会,"仪式化"的重大事件成为一种最为突出的塑造与强化社会记忆的手段。正是"仪式化"事件的易操作性与无与伦比的影响力,大众传媒才会全力以赴地参与其中,把它转化为"媒介事件"⑤。叶苗乐在分析上海世博会开幕式的整个组织和表演的过程时指出:这一媒介仪式中蕴藏着许多具有丰富含义的象征性符号。摄像机所做的不仅仅是记录现场,而是共同、集中地讲述一个伟大民族所拥有的光荣

---

① 陈力丹. 传播是信息的传递,还是一种仪式? [J]. 国际新闻界,2008(8):47.

② 李小军. 全球化语境下中国民族精神的危机与重构![J]. 上海行政学院学报,2006(1):65.

③ 毕一鸣. 如何报道新世纪的科学盛典——关于上海世博会"媒介仪式"的思考[J]. 中国广播,2010(6).

④ 谢琰. 论媒介事件的仪式化——以北京奥运会开幕式、上海世博会开幕式为范本[D]. 长沙:湖南师范大学,2011.

⑤ 毕一鸣. 如何报道新世纪的科学盛典——关于上海世博会"媒介仪式"的思考[J]. 中国广播,2010(6):4-8.

和梦想。这些符号在电视媒介的支持下被生产和再生产,其象征意义被不断地建造传输和强化①。关于世博会媒介仪式的专题研究在 2010 年上海世博会前后集中出现,多聚焦于世博会开幕仪式的报道,而将近代世博会从媒介事件的角度进行解读尚无专题论述,这正是本书尝试研究的重点,希望借用媒介事件的组织化传播过程以及仪式传播的相关理论能更清晰地认知世博会在近代中国进行文化传播的过程及其扮演的历史角色。

(二)媒介事件的概念表述及其研究溯源

"媒介事件"一词的提出最早产生于大众传媒的报刊时代,但鲜见直接以世博会为研究对象的论文,笔者只能从类似对象的阐述中对相关理论成果加以梳理归纳。媒介事件研究隶属于传播学的范畴,对此施拉姆在其经典著作《传播学概论》中已就媒介事件的概念及内涵进行了系统分析,把它定义为"有意安排的事件"——主要是制造来供媒介做报道的事件②。我国学者李彬在《传播学引论》中也持相似的观点,认为它专指历史学家丹尼尔·波尔斯丁所说的"伪事件"(pseudo-events),即有意安排的、非自然的人为事件,如记者招待会、公关活动、揭幕剪彩等③。按照这一概念的理解,有学者认为媒介事件主要产生于政党新闻时期④,因为政党新闻的理论来源便与这一理念有相通之处,其新闻工作的目标就是"在社会成员中传播消息、思想和意见,必须对完成预定目标具有直接或间接的效果"⑤。该时期一些报道已出现"媒介事件"的若干特征,诸如目标先行、效果预设等,但基本上是负面性的;到了大众报刊时代,所谓的纯粹客观报道理念在受到新闻界的质疑之后,深度报道等类型的新闻体裁出现对媒介事件的重现起到关键作用,最著名的就是《纽约世界报》呼吁筹款建造自由女神像基座的正面性媒介事件,对此雷维斯曾描述到:"一个报纸竟然带动了一个民族的热情,这真是奇迹……每天我都能看到募捐运动中感人的新事,这些事实反映了人民对《纽约世界报》的信任。对这种神圣的信任,

---

① 叶苗乐.媒介仪式:上海世博会开幕式及其媒介呈现探析[J].新闻传播,2011(3):206–208.

② 施拉姆,波特.传播学概论[M].陈亮,李启,周立方,译.重庆:新华出版社,1984:272.

③ 李彬.传播学引论[M].北京:新华出版社,1993:151.

④ 陈奕.媒介事件研究[D].武汉:华中科技大学,2009:50.

⑤ 埃默里·M,埃默里·E.美国新闻史——大众传播媒介解释史[M].展江,殷文,主译.8版.北京:新华出版社,2001:20.

《纽约世界报》必须努力去捍卫。"①

目前,学界对媒介事件问题更多地从它的社会影响和大众媒体的市场运作模式角度来研究,诸如丹尼尔·戴扬和伊莱尔·卡茨在1992年对媒介事件进行了重新界定:认为它是"一种特殊的电视事件",是关于那些令国人乃至世人屏息驻足的电视直播的历史事件——主要是国家级的事件,包括划时代的政治和体育竞赛、表现超凡魅力的政治使命、以及大人物们所经历的过渡仪式等②。这后一种定义充分肯定了"媒介事件"对社会的强大影响力,指明了在相对成熟与规范的现代大众传媒环境下,媒介事件(主要是直播性的电视事件)在市场化运作的大众媒体助推下的普遍性、不可忽视的社会关注度及其重大影响,例如那些全球性的电视直播"能够吸引有史以来人数最多的观众,它始终表现出对空间、时间以及对一国、数国乃至全球的'征服'"③。

从前后两种定义共有的主观性要素来讲,媒介事件的最终目的在于达到预期目标,如社会效益、经济效益等;从宏观的传播效果上看,则是通过"事件"媒介化而产生"媒介真实",如李普曼的"拟态环境"说(Pseudo-enviroment)。这种理解凸显了媒介事件在大众传播的社会建构功能中的重要地位:当今的身外世界早已远非个人所能亲历,从柏拉图的洞壁影像到李普曼的"脑海图景",显示了大众媒介把"不可触、不可见、不可思议"的实性世界投射给我们的能力,它为人们提供一个可知可感并且仿佛也能亲身经验的虚性世界,即那个间接的、人为的、虚化的"媒介环境";而麦克卢汉"媒介是人体的延伸"的理论要旨也正是说人们只有借助媒介的延伸作用,才能间接地接触实性世界④。可见,"媒介事件"现象的兴起反映了人类在步入信息化社会的进程中,媒介的隐性功能被我们开发得越来越强大,建构"媒介环境"的效果越来越显著这一趋势。

基于这种理解,本书所界定的媒介事件更倾向于戴扬和卡茨的第二种解释,并尝试将第一种施拉姆的新闻策划观点融合到单纯的事件报道中来考察这种"有意为之"的事件传播行为:笔者认为,媒介事件的本体首先应具备成为"事件"的要素,世博会、奥运会以及各类节庆仪式活动等经严密组织策划过程的大型活动理应具备这些被大众媒体关注的"传播价值",这符合戴扬和卡茨对"国家级历史事件"概念的第一层判定;其次是在现

① 陈奕.媒介事件研究[D].武汉:华中科技大学,2009:48.

②③ 戴扬,卡茨.媒介事件:历史的现场直播[M].北京:北京广播学院出版社,2000:1.

④ 李彬.传播学引论[M].北京:新华出版社,1993:150.

代大众传媒环境下的事件报道过程,一般是经大众媒体的"把关人"将事件本身的庞杂信息进行筛选、加工、放大后的新闻"产品",其加工过程往往在事件发生之前就已经预先设计、策划,并持续跟踪事件的进程,甚至介入其中主导事件的发展变化,这符合施拉姆等对媒介事件第一种定义中的事件报道预先策划标准。正如我国学者陈奕指出,媒介事件既是"媒介+事件"的组合,又绝非两者的单一相加,而是复合式、具有集聚效应、有别于其他新闻事件的特殊事件①。如果说一般的"媒介化"是对"环境再构成作业"②,那么"事件"媒介化则更为具体——它是"事件再构成作业",媒介事件正是这种"作业"的产品。③

(三)媒介事件主要特征的相关研究归纳

基于前述的概念理解,本书所界定的媒介事件曾有众多学者进行了理论归纳,以戴扬和卡茨的观点最具代表性。

首先,对于媒介事件的标志和类型,他们认为奥运会、世博会等"国家级事件"类型的媒介事件与一般重大新闻事件相比,最明显的区别在于前者具有非常规性,也被称为"媒介仪式"。"仪式性"尤其体现在电视媒体对媒介事件的报道,往往是专题性的,集中而全面的,甚至中止和抢占原本正常播出的节目和频道,直到该媒介事件结束后一切才恢复正常。这是此类媒介事件称为"媒介仪式"的一种重要标志:"这两种播出的信息不同,效果不同,播出的语调更是相去甚远。重大新闻事件讲求偶然性、突发性;重大仪式事件则崇尚秩序及其恢复。"④而此类媒介事件主要包括:"划时代的政治和体育竞赛;表现超凡魅力的政治使命;以及大人物们所经历的过渡仪式。——我们分别称之为'竞赛''征服''加冕'⑤。其报道目标往往就是仪式活动,因为它们'具有纪念的功能',这提醒我们——就像在纪念日那样——什么是值得牢记的"⑥,"这些仪式使极其庞大的观众群体为之激动——一国、数国乃至全世界。它们扣人心弦、令人神往。它们以一种收视状态为表征"⑦。

其次,对于此类"媒介事件"的报道动机上,学者们从媒介仪式所具有

---

① 陈奕.媒介事件研究[D].武汉:华中科技大学,2009:21.

② 郭庆光.传播学教程[M].北京:中国人民大学出版社,1999:214–215.

③ 陈奕.媒介事件研究[D].武汉:华中科技大学,2009:38.

④ 戴扬,卡茨.媒介事件:历史的现场直播[M].麻争旗,译.北京:北京广播学院出版社,2000:10.

⑤ 戴扬,卡茨.媒介事件:历史的现场直播[M].麻争旗,译.北京:北京广播学院出版社,2000:1.

⑥ 戴扬,卡茨.媒介事件:历史的现场直播[M].麻争旗,译.北京:北京广播学院出版社,2000:20.

⑦ 戴扬,卡茨.媒介事件:历史的现场直播[M].麻争旗,译.北京:北京广播学院出版社,2000:9.

"盛大性、神圣性、庆典性和融合性"等基本特征来推断,满足人类天生的好奇心并借此塑造情感共鸣与文化认同是根本原因。其一,媒介事件的第一构成要件就是要吸引公众的关注。鉴于媒体机构采取的叙事方式往往热衷于通过盛大华丽的场景来予以呈现,反映出媒介仪式在形式上十分讲究对"奇观"的展示,而满足公众对"奇观"的欲望源于现代媒体所提供的文化生产能力。法国学者居伊·德波(Guy Debord)在《景观社会》一书中提出了"奇观社会"(the society of spectacle)的概念后,引发了众多国内外学者的关注。德波在著作开篇就断言:"在现代生产条件无所不在的社会,生活本身展现为景观的庞大堆聚。"①目前,学界达成的共识之一是拉什对现代媒介社会中的文化产品形态的判断:"在一个形象的生产与消费所主导的社会,奇观的侵入将遍布每一个角落。"②对此,我国学者周宪也指出了所谓"奇观"的内涵:"在我看来就是非同一般的具有强烈视觉吸引力的影像和画面,或是借助各种高科技电影手段创造出来的奇幻影像和画面。"③其二,媒介仪式的主旨就是达成一种文化认同,即"对人们之间或个人同群体之间的共同文化的确认"④。借助"奇观"的展演,人们聚集在现代媒介所搭建的舞台前或同一时空场域内,在共时性的文化消费过程中经历了类似的情感体验并获得了经验分享。结果就是媒介仪式为人们建构了一个"认同的空间",这种认同是"基于他人的社会承认之上的一种自我表象,而自我表象的内容要和其他行为体对该行为体的再表象取得一致"⑤。同时,它在一定程度上"与某种通过幻想而建构的神话实体相关,与媒介形象或群体之中他人的一手经验相关"⑥。

再次,对于报道此类仪式性"媒介事件"的叙事方式方面,戴扬在有关2008年北京奥运会的研究中指出,同样作为仪式性媒介事件,北京奥运会已呈现出不同于以往媒介事件的特点。如在"Beyond Media Events: Disenchantment Derailment Disruption"一文中,他重新归纳了四个主要特征:强调与重要性;一种明确的表演性,姿态维度;忠实于事实自身定义;可获得共

① 德波. 景观社会[M]. 南京:南京大学出版社,2006:6.

② LASCH C. The culture of narcissism:American life in an age of diminishing expectations[M]. New York:Warner Books,1991:122.

③ 周宪. 论奇观电影与视觉文化[J]. 文艺研究,2005(3):36.

④ 崔新建. 文化认同及其根源[J]. 北京师范大学学报,2004(4):25.

⑤ 温特. 国际政治的社会理论[M]. 秦亚青,译. 上海:上海人民出版社,2005:285.

⑥ 费斯克. 关键概念:传播与文化研究辞典[M]. 李彬,译注. 北京:新华出版社,2004:128.

享的收视体验①。这四种特性主要体现在事件直播对原有节目安排的中断、对某些特定场景的重复、采取一种更积极构建现实而非客观性报道的叙事态度、接受事件组织方赋予的行为意义以及重在提供共享的经验等一系列报道方式上。本书认为,具有这些特征的报道方式是统一在一种主题化的叙事框架之下的,其实质上仍属于传统媒介仪式的竞争、征服、加冕的类型范畴之内。虽然在传统的挑战、征服、加冕类型外,戴扬提出了新媒体环境下"媒介事件"衍生出"鼓吹异见,甚至创造分化"的新类型:即幻想破灭、脱轨、冲突(Disenchantment,Derailment,Disruption)②,但仍认为"挑战、征服、加冕"模式的共识性媒体事件依旧存在(如奥巴马的就职礼就仍属共识类事件),只不过其类型随着时间演变而已,并与其他事件共存于同一媒体空间中③。而且,戴扬和卡茨受语言学的启发,分别从语法学、语义学、语用学三个方面界定传统媒介事件:即媒介事件中断日常生活的流向、虔诚对待神圣的事件、要求忠诚受众的回应④。

最后,对于报道这些具有仪式性质的"媒介事件"的传播效果及社会功能,戴扬和卡茨认为,它们"既能征服空间也能征服时间,所以它有能力宣布假日而扮演一种'世俗宗教'的角色。像宗教假日一样,重大媒介事件意味着对惯常活动的中断,是连续几天的假日,是礼仪庆典的参与形态,是对某种中心价值的专注……仪式的崇敬语气,聚集在电视机前的人们的着装和举止,与收视大众的融洽感觉,所有这些都激发人们对'神圣日子'的沉湎"⑤。在这种接近传统社会宗教节日的仪式报道期间,公众往往随之进入一种仪式过渡的"阈限"状态,集体地陷入一种追忆或反思的情绪中;而当媒介仪式结束后,效果上就会产生"具有医治社会创伤的恢复功能。最值得纪念的事件具有转化功能,见之于其解释说明或制定解决社会问题的办法,有时则进一步引发'改变世界'的事件。就恢复功能而言,媒

---

① DAYAN D. Beyond media events:disenchantment,derailment,disruption [M]//PRICE M, DAYAN D. Owning the Olympics:Narratives of the New China. Ann Arbor,MI:The University of Michigan Press,2008:391 – 402.

② COULDRY N,HEPP A,KROTZ F. Media Events in a Global Age[M]. Abingdon:Routledge, 2010:312.

③ 戴扬,邱林川,陈韬文."媒介事件"概念的演变[J].传播与社会学刊,2009(9):1 – 18.

④ 安平,戴扬,卡茨的新媒介事件研究[J].内蒙古大学学报(哲学社会科学版),2012(9): 117 – 120.

⑤ 戴扬,卡茨.媒介事件:历史的现场直播[M].麻争旗,译.北京:北京广播学院出版社, 2000:17.

介事件通过强调规则(如同在'竞赛'中),表扬具有超凡魅力的伟人业绩('征服'),以及庆祝共同价值(如'加冕')来解决社会冲突"①。可见,这种恢复是利用情感黏合与价值认同的方式达到的。例如,世博会、奥运会所展示的具有明显族群象征色彩的标志物或文明成果、竞技成绩,都能唤起公众对于国民身份的认知乃至所在地的"文化自觉"。媒介仪式为人们提供了这样一处情感归宿。因为正如本尼迪克特·安德森所指出:"国家、社群、民族等都是通过具体象征物(如旗帜、民族服装、仪式等)想象出来的……即使是很小的族群,其成员之间也不可能全部相互认识,但是在每个人的脑海中,却觉得与其它成员有亲密的关系,这一想象与大众传媒的传播有很大关系。"②也就是说,媒介仪式成为族群成员间共同沟通、交流的平台,人们可借此获得"一种共同的体验,一种与社会'中心'的直接共鸣"③。

三、仪式研究

(一)文化人类学视野中的仪式研究

仪式是人类历史长河中最古老和最普遍的一种社会文化现象,也是我们最常见的一种生活现象。它源于一种古老的宗教或者巫术行为,关于仪式的生成,涂尔干从社会需求的角度解释道:"任何社会都会感到,它有必要按时定期地强化和确认集体情感和集体意义,只有这种情感和意识才能使社会获得其统一性和人格性。"④文化人类学对仪式的研究可谓源远流长,"仪式"一词作为专门性词语出现在 19 世纪,它首先被限定在人类的"社会行为"这一基本表述之上,是一个庞大的话语体系,成为社会文化人类学的重要研究领域。

以前文化人类学的仪式研究沿着这样两个方向演进:"一是对古典神话和仪式的诠释,学理依据来源于古典进化论学派,将仪式放在文化的原初形态,以建立一个历时性文化发展建构机制,这方面的代表人物有泰勒、

---

① 戴扬,卡茨.媒介事件:历史的现场直播[M].北京:北京广播学院出版社,2000:20.
② 安德森.想象的共同体——民族主义的起源与散布[M].徐德林,译.上海:上海世纪出版集团,2005:26.
③ 克兰.文化社会学[M].王小章,郑震,译.南京:南京大学出版社,2006:38.
④ 涂尔干.宗教生活的基本形式[M].渠东,汲喆,译.上海:上海人民出版社,2006:15.

斯宾塞、弗雷泽等;二是对仪式的宗教渊源和社会行为的探讨。"①学者们一边审视过去的神话——仪式与宗教之间的历史纽带关系,同时还对宗教化的仪式在社会总体结构和社会组织中的指示功能进行探索,未来趋向是把仪式作为具体的社会行为来分析,进而考察它在社会结构中的位置、作用和地位。诸如杜尔凯姆、莫斯等人类学家就在仪式和社会结构之间架起了一座桥梁,后来的文化人类学家如列维斯特劳斯、利奇、特纳、道格拉斯等,在仪式的研究上承袭了这一学术传统。

之后的人类学仪式研究趋向一种仪式的功能性、物质化、技术化、符号化,特别是以马林诺夫斯基为代表的功能学派和以博厄斯为代表的历史学派。两者对进化学派持批判态度,都从社会结构与历史变迁的宏观维度下研究仪式在不同文化环境中的建构功能。例如,马林诺夫斯基在《文化论》中用了很多篇幅分析了巫术的功能,在分析特罗布利翁岛上的巫术时回应了弗雷泽在《金枝》中提出的"巫术—宗教—科学"这一著名公式,认为巫术仪式"行为的核心乃是情绪的表演"②,受制于传统规律和与神话的相联律,是"联结神话世界和现实世界的桥梁",仪式"并非他物,乃是一种制度,这种制度将人心加以安排,加以组织,并使它得到一种积极的解决方法",并通过提供这种"解决知识和技能无法解决的问题的制度"来帮助组织统一整个部落③,这一观点接近弗雷泽所认为的"就巫术成为公共职务而影响了原始社会的素质而言,它趋向于将管理权集中在最能干的人手中"④,强调"初民社会"中巫术仪式的社会整合功能;这种整合功能依赖于历史积淀下来的一种制度文化的力量,即体现在仪式行为中的所谓"文化迫力","这种迫力就是一切社会团结,文化绵续和社区生存所必须满足的条件"⑤。而这也正是本书想要延续的一种思想脉络。

中国的文化人类学在20世纪20年代出现了专门的教学研究机构,研究规范也逐渐系统化。中国早期的人类学家大多受过西方专业化的学术训练或熏陶,主要基于德国、日本的民族学体系及英美的"社会学",将所处的文化与社会定义为人类学的"被研究对象",大致分为南北两

---

① 彭兆荣.人类学仪式的理论与实践[M].北京:民族出版社,2007:11.

② 马林诺夫斯基.文化论[M].费孝通,等译.北京:中国民间文艺出版社,1987:61-70.

③ 马林诺夫斯基.文化论[M].费孝通,等译.北京:中国民间文艺出版社,1987:68-73.

④ 弗雷泽.金枝[M].西安:陕西师范大学出版社,2006:50-51.

⑤ 马林诺夫斯基.文化论[M].费孝通,等译.北京:中国民间文艺出版社,1987:96.

派①。受中央研究院资助的"南派",如蔡元培、傅斯年、李济、凌纯声等长期致力于"族源"的论说,受欧洲与美国的文化传播论影响,将研究视野基本限定于中国内部,考查中华民族内部的民族迁徙及"民族势力"之间的文化互动传播。而燕大社会学吴文藻带领的"北派",如李安宅、费孝通、林耀华等,他们将学术旨趣放在制度史研究上,重点在于对礼仪(社会制度)与法之间关系的论述,较多地涉及仪式研究。例如,李安宅将"礼"定义为文化,从社会生活体制史的角度展开对于《仪礼》与《礼记》的"社会学研究"②。再如,功能主义学派马林诺夫斯基的学生费孝通,以民族志的视角解释世界体系下中国乡村的内在社会阶层结构,提出了著名"差序格局"的理论,侧重在乡村社会的生活模式中总结规律、思考中国文化演进的未来。但王铭铭认为,无论是南派还是北派,他们都接受作为欧洲中心主义以外"他者"的身份,在此基础上又表现出高度的情境性适应以及本土化尝试等特征。在改革开放以后,我国重新建立人类学体系,该领域的研究进入了一个以社会人类学为特色的阶段,研究范围已不局限于汉人社区及少数民族。

(二)基于传播学的仪式研究

既然仪式活动的目标与功能在于社会关系的建构和价值观念的认同、维系,那么,其实现过程必然要放到社会结构中。而这一实现过程离不开人们对文化意义的共享和仪式符号、形式的理解,因此仪式的传播过程不可或缺,仪式活动的效果也依赖于文化传播的效能;反之,各种文化传播方式中的仪式活动也是其重要的载体和实现途径之一。文化人类学的传播学派、历史学派都对仪式的传播现象及其社会建构功能给予重点关注,但对于现代社会新生的大型仪式活动却由于历史原因遗憾地少有涉及。因此,对仪式传播来讲,将世博会纳入研究对象是一种必要的补充。

对于仪式传播的研究离不开传播学的支撑。美国传播学者詹姆斯·凯瑞(Jams Carey)1989 率先提出了与此前传播"传递观"的研究主流相对应的另一种模式:"仪式"模式。传播的"仪式观"强调传播在时间上对一个社会的维系功能;认为传播的意义和功能在于"建构并维系一个有秩序、有意义、能够用来支配和容纳人类行为的文化世界"③。这种观念与仪式

---

①　王铭铭.近代人类学史的另条线索[J].西北民族研究,2012(3):29-39.

②　李安宅.《仪礼》与《礼记》之社会学的研究[M].上海:上海世纪出版集团,2005.

③　凯瑞.作为文化的传播[M].丁未,译.北京:华夏出版社,2005:7.

的功能十分接近,对于研究仪式传播活动来说,是一种非常适合的理论工具。

因此,以上两种活动具有非常相似的功能,但"仪式的传播"和凯瑞提出的"传播的仪式观"原本并非同一涵义。人类学家格兰姆斯曾解释道:"凯瑞仅仅是在类比的层面上来使用仪式,并且,'传播的仪式观'(ritual view of communication)这种表述并不清楚——到底是仪式自身是一种行动,还是仅仅是在进行某种研究时的一种观点。"①我国学者郭建斌认为,传播的仪式观"并非是简单地把传播当作一种仪式活动并进而对其进行研究……(凯瑞)仅仅是采用仪式的视角来讨论传播问题,进而形成的某种关于传播的认识(或观念),简而言之,人类传播活动具有仪式的意涵"②。樊水科也认为,后者的提出"旨在抵制美国传播界过分强调'传递观'之意,更多是借用了'仪式'的隐喻含义,并通过仪式的借用来表现传播被忽视的一面"③。

但由于二者具有共同的社会功能,国外研究倾向于将其进行理论融合的尝试。1998 年,罗兰布勒对凯瑞的仪式传播思想做了较为详尽的阐述,并有一定的引申和扩展,其在《仪式传播:从日常会话到媒介庆典》一书中提出了"仪式即传播"和"传播即仪式"的观点④,以及 2007 年美国传播学者佐哈尔·卡蒙·塞拉提出"仪式传播已经不再被视为一个和传播的传递观一直相互对立的静止概念,而是被视为一个在当前我们的媒介经验中独立的、动态的、现实的"⑤观点。

就国内研究来看,2005 年 8 月集中译介凯瑞传播思想的论文集《作为文化的传播》由华夏出版社发行,收录了其 8 篇代表性的论文⑥。但时隔 3 年后陈力丹教授发表于 2008 年 8 月《国际新闻界》的《传播是信息的传递,还是一种仪式——关于传播"传递观"与"传播观"的讨论》一文,才将国内

---

① GRIMES R L. Rite out of place: ritual, media, and the arts [M]. Oxford: Oxford University Press, 2006: 8.

② 郭建斌. 如何理解"媒介事件"和"传播的仪式观"——兼评《媒介事件》和《作为文化的传播》[J]. 国际新闻界, 2014(4): 6 – 19.

③ 樊水科. 从"传播的仪式观"到"仪式传播":詹姆斯·凯瑞如何被误读[J]. 国际新闻界, 2011(11): 34 – 38.

④ ROTHENBUHLER E W. Ritual communication: from everyday conversation to mediated ceremony [M]. Thousand Oaks, CA: Sage, 1998: 53.

⑤ ZOHAR K S. The journey of ritual communication [J]. Studies in communication sciences, 2007: 117 – 138.

⑥ 凯瑞. 作为文化的传播[M]. 丁末, 译. 北京:华夏出版社, 2005: 7.

传播仪式观的讨论真正引向深入。

中国人民大学新闻学院博士生王晶提出了两个重要的问题,一个是传播仪式观的研究支点是什么;另一个是传播仪式观的研究路径应该怎样探索。其认为"以传播仪式观为取向的文化研究建构了一种新的载体,它能够使我们的研究重新审视与大众媒介有关的文化概念,并重新处理效果与功能的概念问题"①。

国内很多学者采用该理论视角分析当代的节庆仪式活动及其传播现象。例如,郭讲用分析传统节日文化的传播时提出"传播仪式观与传统节日的文化契合是一种仪式性契合;文化及其传承的契合;联结功能的契合"②。邵培仁等探讨了传播仪式与中国文化认同的重塑问题,认为"民俗展现和节日仪式传播实际就是在仪式中借助各种符号表征方式,使人们对于民族文化的种种想象落到实处,以重建文化的想象的共同体,使中国传统文化在这种建构中焕发现代意义,从而获得外部世界更多的接纳和认同"③。

陈力丹、王晶在解读广西罗城仫佬族依饭节的民俗现象时也是在民族志研究的基础上,以凯瑞的传播仪式观和格尔茨的仪式观作为理论框架,讨论节日仪式传播中的信仰构建与传播维系问题:仪式参与者怎样构建出共同信仰,而大众媒介又是如何影响其构建过程④。

陈立勇在分析"世界杯"传播现象时也是基于凯瑞的传播仪式观视阈下,提出世界杯的传播是时间上对全球共同体的构建和维系;是体育文化的创造、表征和庆典,更是文化共享的仪式⑤。

但也有学者提出分析仪式的传播不能简单套用凯瑞的"传播仪式观",提出我们所讨论的"仪式传播"是一个本土概念;更多地关注仪式本身的传播现象,是凯瑞提到的"传递观"意义上的概念,并指出米莉、朱杰、张孝翠、阎伊默等学者将两个概念简单置换的模糊性和随意性⑥。可见目

① 王晶.传播仪式观研究的支点与路径——基于我国传播仪式观研究现状的探讨[J].当代传播,2010(3):32–34.

② 郭讲用.传播仪式观中传统节日文化的传播[J].新闻爱好者,2012(12):24–26.

③ 邵培仁,范红霞.传播仪式与中国文化认同的重塑[J].当代传播,2010(3):15–18.

④ 陈力丹,王晶.节日仪式传播:共同信仰的维系与嬗变——以广西罗城仫佬族依饭节的民族志调查为例[C]//中国少数民族地区信息传播与社会发展论丛(2010年刊).北京:中国人民大学出版社,2010:87–96.

⑤ 陈立勇.仪式观视阈下的世界杯传播[D].沈阳:辽宁大学,2011:4.

⑥ 樊水科.从"传播的仪式观"到"仪式传播":詹姆斯·凯瑞如何被误读[J].国际新闻界,2011(11):34–38.

前的研究仍较多地还停留在引进和解读凯瑞的传播仪式思想上,对于这一理论工具的中国化还有待深入。

对于世博会而言,无论是仪式活动的传播研究还是从传播的仪式观来审视其仪式过程,有一点可以肯定的是,世博仪式的传播效果是多重的,不仅体现在士商阶层的国家意识、国际商贸观念上,也作用于大众的文化观念、生活方式观念当中。由于仪式本质上是一种文化活动,所以文化传播效果是世博会仪式传播的考察重点,其文化传播涉及政治文化、经营文化、科技文化、消费文化等多个方面。

(三)关于世博会的仪式研究

关于世博会的仪式界定,目前的学界尚无明确、清晰的共识。笔者仅搜索到以长江学者张涛甫为代表的 1 篇文献明确提出了这一概念;但从跨文化传播的研究视角,国内对世博会作为一种"媒介仪式"的文化传播作用方面多有论及:

张涛甫在《世博会:文化传播的竞技场——兼论 2010 年上海世博会的跨文化传播意义》一文中,将世博会视为"影响全球的文化事件,是一个世界性的文化仪式"。并从世博会的文化活动本质层面,分析该仪式的基本特征与文化功能。他认为:"在世博会演化过程中,形成了一套相对稳定的规则和意义生产机制。这一仪式打破了传统意义上的文化生产和表达方式,代之以新的文化生产和表达方式。世博会作为文化仪式,其显著的表现形式即是跨文化传播。"尤其强调了其文化创新的时代意义:提出"世博会的跨文化传播是一个文化意义的再建构、叙述以及交往的特殊过程。作为一种特殊的现代仪式,世博会的文化传播活动被限定在特定的时间与空间语境下,已是一个现代性的文化'集市'"。其宏观的文化目标是"作为人类共同体的现代文化仪式,正在实践、探索一种新的文化交往与意义分享模式。这一模式,打破了传统文化仪式的演化模式,在一个更为开放的文化场域,进行迥异于传统的文化交往与生产"①。

毕一鸣在《如何报道新世纪的科学盛典——关于上海世博会"媒介仪式"的思考》一文中,将"竞赛""征服""加冕"归纳为当代社会最具有"仪式化"特征的三种重大事件的形态。所谓的"仪式化",就是这些事件的发生遵循模式化结构,具有很强的先后逻辑性与面向公众的展示性,事件始

---

① 张涛甫. 世博会:文化传播的竞技场——兼论 2010 年上海世博会的跨文化传播意义[J]. 新闻记者,2010(11):4-9.

终宣扬一种升华的人类精神或价值。上海世博会长达 184 天,媒介仪式的三种形态都将会得到充分展现。正是"仪式化"事件具有如此特征,所以在当代社会,"仪式化"的重大事件成为一种最为突出的塑造与强化社会记忆的手段。正是"仪式化"事件的易操作性与无与伦比的影响力,大众传媒才会全力以赴地参与其中,把它转化为"媒介事件"①。

叶苗乐在《媒介仪式:上海世博会开幕式及其媒介呈现探析》一文中分析上海世博会开幕式的整个组织和表演的过程时指出:这一媒介仪式中蕴藏着许多具有丰富含义的象征性符号。摄像机所做的不仅仅是记录现场,而且是共同、集中地讲述一个伟大民族所拥有的光荣和梦想。这些符号在电视媒介的支持下被生产和再生产,其象征意义被不断地建造传输和强化②。

而本书也从文化传播的角度,视世博会为一种以物品展示为主的仪式活动,旨在考察它以传播西方工业文明为目标的仪式过程,尤其是在中国近代"西学东渐"的社会转型当中所扮演的历史角色。

在此宏大叙事的目标设定下,世博会的国际交流恰恰发挥了传统仪式通过文化互动的形式旨在构建、巩固价值认同的功能,这正是世博会具有仪式本质属性的反映。依据前述对现代类型仪式的定义,世博会作为西方工业化国家发起的国际竞技仪式,其创办目的就是通过这样一种形式吸引各国参与竞争、加深交流,并同时向世界传播西方现代理念。因此,它是我们研究近代的仪式活动及其文化传播方式时不可忽略的对象。但据目前调研来看,国内以仪式传播为主题的文献共 93 篇,将世博会列为对象的却是鲜见,并散落于世博会文化传播的一些章节和不具系统性的观点当中,如马敏的《中国近代博览会事业与科技、文化传播》③、王水卿的《民国时期中国与世博会关系研究》④等,从文化建构的高度解析世博会报道内容、框架和功能等方面浅尝辄止。

从仪式观解读大型活动的专题文献中,比较有代表性的是陈立勇的《仪式观视阈下的世界杯传播》。他认为从仪式传播的视角解读不仅能深

① 毕一鸣.如何报道新世纪的科学盛典——关于上海世博会"媒介仪式"的思考[J].中国广播,2010(6):4-8.

② 叶苗乐.媒介仪式:上海世博会开幕式及其媒介呈现探析[J].新闻传播,2011(3):206-208.

③ 马敏.中国近代博览会事业与科技、文化传播[J].历史研究,2004(2):98-117.

④ 王水卿.民国时期中国与世博会关系研究[D].长沙:湖南师范大学,2007.

刻了解世界杯的传播,而且可以得出更多的对于仪式观的认识"……凯瑞的仪式观,避开了唯传播技术至上的观点,也避免了媒介悲观的想法。世界杯传播所构建的共同体是一个文化的共同,也可以说是'想象的共同体'。……为上万亿的观众创造了一个文化共享的过程,是共同信仰的创造、表征和庆典,使亿万观众找到了身份认同的感觉"①。

但对世博会仪式传播的专题研究仅限 2010 上海世博会前后,如高燕、丁晓珊、周潇潇、王芳芳等学者的文献,多聚焦于上海世博会开幕仪式的报道研究,从媒介事件的角度解读世博会的文化影响,而将世博会总体上作为仪式活动的考察尚无专题论述。本书拟运用的仪式传播理论可以更清晰地解读世博会所扮演的历史角色,通过此样本分析得以更全面地勾勒安德森所谓的"想象的共同体"的建构、拓展与维系过程。

四、文化传播研究

(一)文化传播史研究

所谓的"文化"一词源于拉丁语"cultura",后来演化为英语中的"culture",本意是指耕种、居住、练习、注意、敬神,到了古希腊、古罗马时代,文化一词开始内化为着重指改造和完善人的精神世界,培养人的素质之意。英国人类学家爱德华·泰勒在其《原始文化》一书中,首次将文化的内涵明确为"包括知识、信仰、艺术、道德、法律、习俗以及社会成员个人获得的其它任何能力、习惯"②,因而对后世的文化研究影响颇深。而内涵丰富的文化定义衍生出文化研究的一个复杂系统,其中的文化传播研究是聚焦于不同文化主体之间的互动交流过程。

汤因比曾指出:"全球有史以来的二十一种文明,迄今能够生存和延续下来的只有为数不多的二三种,而中国为其中之一。"③尽管历史学、社会学甚至文学研究者对于文化传播的相关现象早已有所关注,但自 20 世纪 70 年代末西方传播学被引入国内以来,国内学者才开始尝试以传播学的角度探讨中国文化传播的历程④。从著作方面看,1988 年出版了吴予敏的

---

① 陈立勇.仪式观视阈下的世界杯传播[D].沈阳:辽宁大学,2011.

② 泰勒.原始文化[M].连树声,译.上海:上海文艺出版社,1992:1.

③ 汤因比.历史研究[M].郭小凌,王皖强,译.上海:上海人民出版社,2005.

④ 雷晓彤.新时期以来中国文化传播史研究综述——从传播学的视域试论[J].辽宁行政学院学报,2010(7):172-174.

《无形的网络——从传播学角度看中国传统文化》①一书,堪称国内最早从传播学角度进行这一课题研究的尝试之一。关于近代中国的文化传播研究,国内学界多从明清之际传教士来华的宗教传播研究开始,以科技传播为主要对象。学界普遍认为传教士来华成为输入西方科技知识的主体,在近代早期也一直扮演了相同的角色。但事实上,世博会的科技传播与创新示范作用也是不可忽视的。

世博会是一种国际性的文化交流活动,可视为大型活动形态的文化传播媒介,而关于它作为跨文化交流与传播平台的研究已有多篇论著。原上海世博会主题演绎顾问、上海图书馆原馆长吴建中认为:"世博会从一开始就把自己定位于文化而不是商业的博览会,从一开始就确立起有别于其他任何博览会的文化性格。"②祁晓娣、李挺则认为,世博会是"多样文化集中展示的场所,因其传播内容之丰富、传播时间之集中、传播范围之广、影响力之久被认为是跨文化传播的最大平台。每当举办博览会之前,各地新闻报纸均做了大量舆论宣传,或介绍西方各国和日本等举办各种博览会的情况,或对即将召开的博览会做专门的介绍,提供各种建议、评说。在博览会召开期间,各新闻媒体更是连篇累牍地加以报道,有关赛会的各种花絮亦穿插其间,使得异域文化得到更大范围的传播"③。

总的来看,从文化传播角度解读世博会的文献多集中于当代的媒介研究,近代阶段的研究数量相对较少。其中比较有代表性的是会展史专家马敏,他认为:"在电视这种大众传播媒介尚未发明之前,博览会通过展陈、观摩所起的大规模科技传播和文化交流作用,是任何其他形式都不能替代的。"④他将近代朝野对以世博会为代表的中国近代博览的认知过程归纳为"经历了一个由'炫奇'、'邦交'到'商利'、'文明'(科技进步)的过程"⑤。世博初期有人曾谓之:"吾国旧时于赛会二字,不求本意,谬译曰赛珍,遂若赛会为炫奇斗异之举者。"而在20世纪初的"赛会热"当中,国

① 吴予敏.无形的网络——从传播学角度看中国传统文化[M].北京:国际文化出版社,1988.
② 吴建中.世博会主题演绎[M].上海:上海科学技术文献出版社,2008.5.
③ 祁晓娣,李挺.接触、融合与扩展:上海世博会的跨文化传播解读[J].新闻世界,2011(6):276-277.
④⑤ 马敏.中国近代博览会事业与科技、文化传播[J].历史研究,2004:98-117.

人逐渐视之为"振兴工商实业、挽救中国于危亡的灵丹妙药"①。

传播学者张涛甫认为:"世博会举办 159 年以来,从西方走向世界,已成为影响全球的文化事件,是一个世界性的文化仪式。作为人类共同体的现代文化仪式,其显著的表现形式是跨文化传播。世博会的跨文化传播是一个文化意义的再建构、叙述以及交往的特殊过程。"②

国内外对世博会的大量报道内容和新闻评论通常作为一种史料来源使用,散见于世博史研究的庞杂论据之中,却尚未形成专题性的世博会近代传播研究论著;国内仅有部分学者曾对这些印刷媒体上的史料文本进行过一定程度的梳理,较有代表性的学术论文有马敏的《中国近代博览会事业与科技、文化传播》、吴松弟的《走向世界:中国参加早期世界博览会的历史研究—以中国旧海关出版物为中心》、王水卿的《民国时期中国与世博会关系研究》等。这些学者普遍将近代世博会的文字描述与新闻评论视为促进我国精英群体乃至广大民众认知、理解西方文化的重要渠道;并认为世博会能够获得前所未有的世界影响力,同步兴起的近代大众报刊媒体的引介与宣传功不可没。但目前的研究多集中于对现代阶段世博会的传播效果考察等专题,却始终未见聚焦于近代世博会的系统性报道研究。对中国历史上持续如此之久、影响广泛而深远的此项重大"媒介事件"来说,这不得不说是一种研究上的缺憾,当然它与以往此类新闻报道多散布于海量、庞杂的近代报刊之中、难于梳理有直接关系,这种遗憾正是本书所力图弥补的。

据笔者借助最新的近代报刊数据库平台(包括申报数据库、东方杂志数据库、中国近代报刊数据库等),通过设置近代世博会报道常用的关键词进行搜索,各类近代报刊如《申报》《万国公报》《大公报》《外交报》《北洋官报》《时报》《时事月报》《时务报》《中央日报》《国闻周报》《政府公报》《东方杂志》《实业杂志》《中国实业杂志》《商业杂志》等都大量、长期地刊载了世博会的相关新闻,约有 2 万余篇。其中,以《申报》《东方杂志》这一报一刊报道数量为最,其中申报 600 余篇,时间跨度从 1875 年一直到 1947 年,历时 72 年,报道视角从参会筹备到展会盛况、赛会观感皆有涵盖,体现

---

① 光绪三十一年十月十七日收留欧学生、商人公禀[A].1905.台北:"中央研究院"近代史研究所图书馆.档案号:02 - 20 - 18 - 2.

② 张涛甫.世博会:文化传播的竞技场——兼论 2010 年上海世博会的跨文化传播意义[J].新闻记者,2010(11):4 - 9.

了世博会作为重大媒介事件的一种举国关注的境况,也成为本研究的主要史料来源。

本书聚焦于世博会借助报刊媒体的文化传播历程,相比传统节庆、仪式等文化活动,它面向社会精英乃至普通民众的传播具有得天独厚的优越条件:19世纪中叶以后,基本同步发展兴起的中国近代报刊成为世博会迅速面向大众文化传播的载体,这些报道与记载详尽的传记出版物一道,共同构建了世博会的文化专题和近代舆论空间。世博会作为一个重要的全球性文化事件,成为近代报刊在一段时期内集中报道的媒介焦点,这些印刷媒体上的新闻呈现也成为当时国民文化生活的一个中心话题,进一步助推了报刊媒体有益社会进步的文化功能。"多种印刷媒介并存的传播格局,特别是使用报刊媒介的人口比例增加,不仅从政治文化制度方面加速了中国社会的转型,也对普通大众的日常生活方式、知识视野等产生了深刻影响。"[①]当时的中国民众经其窥见世界先进经济、技术、文化的动态与发展情况,也在这种观摩当中"自省""自觉",逐步加快追赶世界潮流。例如,1915年巴拿马博览会后,东京《时事新报》发表评论说:"从前美国所开之赛会,最形不振者,则中国之出品也,即任何馆之出品均杂然乱投,绝无头绪可言,而此次与赛则大异其趣……其计划及陈列等颇形阔大,使由此以进,殆未可轻视。"[②]从此新闻表述中,可以充分印证国民心态、组织水平的进步。

(二)文化转型研究

本书将世博会的文化传播置于中国近代社会转型的历史背景下进行解读,从社会发展视角展开学术探讨,而中国近代史的研究主线之一即是文化转型。文化转型的最基本含义是"文化改变了自己的前进和发展的方向,从而也改变自己的性质和表现形式"[③]。从帕森斯的现代化理论的视角来看,世博会创办、发展于19世纪中叶,对中国而言,该时期最为显著的特征就是传统社会的近代化(笼统地也被称为"现代化")。而以工业化、全球化为目标的近代文化转型主题,恰恰生成于中国社会从传统农业文明转向工业文明的过程。因此,对世博会的文化传播考察也自然离不开这一

---

① 许建平.明清消费文化的传播与城市文化的兴盛[J].江南大学学报(人文社会科学版),2011(4):55-56.

② 陈琪.中国参与巴拿马太平洋博览会纪实[M].[出版地不详]:[出版者不详],1916:270.

③ 耿云志.近代中国的文化转型:问题与趋向[J].广东社会科学,2008(3):106-115.

大的历史背景。

学术界对中国近代文化转型研究成果颇丰,史学、社会学、文化研究等领域都有鸿篇巨著,此处不再赘述。这些学术成果的共识之一就是认为近代中国的文化转型是该时期经济基础、政治制度发生剧烈变化的反映,反之也在引导和推动着社会转型,具有显著的革新性、过渡性、复杂性等特征,既有传统的批判与继承,又有中西文化的冲突与融合。外在原因是1840年以后,中国被强制性地纳入世界市场体系,期间所发生的社会变迁,都具有转型的烙印。而文化上的转型是长期、曲折、复杂、渐进的过程,趋势上有欧洲文化、西方现代工业文明向东方文化圈渗透、替代的特点,"西风东渐""西风压倒东风"等描述是精辟的概括。龚书铎概括了中国近代文化转型的具体内容:"文化构成的变化(由单一的封建文化转变为包括有封建文化、西方文化、民主主义文化、无产阶级文化的新文化),文化内在结构的变化(指文化本体发生的变化,包括民权、平等思想观念的传播),文化部门结构的变化(包括原有的学科内容、体系的变革,新领域、新学科的兴起和发展)。"①其动力源于生产力水平的提高、社会关系的重构和生产实践的需要,它滥觞于明清之际,有学者概括为如下四个方面的特征:"一、中国近代主流文化的转型是在学术蜕变、儒学瓦解的过程中逐渐发生的;二、中国近代主流文化转型是在中西文化碰撞、交流和融合的过程中曲折进行的;三、中国近代主流文化转型是在思想启蒙与救亡图存的历史和时代主题下完成的;四、中国近代主流文化的转型并没有终止传统。"②

从世博会的文化研究上看,马敏、张涛甫、罗靖等学者在《中国近代博览会事业与科技、文化传播》《世博会:文化传播的竞技场》《近代中国与世博会》等文章中,均认识到它作为一种中外交往平台和先进文化载体,1851年创办伊始,世博会就把自己"定位为一个非商业性质的博览会",它更加注重展示和传播具有科学、技术、理念价值的文化功能的具象符号。因此,它在"西风东渐"的转型当中必然扮演一种积极的建构角色,尤其在"近代科学传播和文化交流中有着不可替代的作用"③。乔兆红也提出:"世界博

---

① 龚书铎.社会变革与文化趋向——中国近代文化研究[M].北京:北京师范大学出版社,2005:48-49.

② 张允熠,张瑞涛.论中国近代主流文化转型的几个特征[J].安徽史学,2003(1):37-41.

③ 马敏.中国近代博览会事业与科技、文化传播[J].历史研究,2004(2):98-117.

览会是全景式地反映世界各国政治、经济、社会、文化和当代科技成就与发展前景的全球性盛会,是体现世界文化相互交流与融和、反映人类思想最新结晶与发展方向、记录全球文明发展轨迹与成就的历史性坐标。世博会的真正基础一直建立在'时代的希望与欲望之上',它代表着观众的热情,能折射出一个世纪的历史动态。"①对人本主义精神、科学主义的传播与全球化理念的启发,是它在近代文化转型的过程中最核心的主题,但这些在欧洲已成常识的理念被万里之外的近代国人所认知、理解并达成共识却需要一段漫长、曲折的过程,也能充分"揭示近代思想开放和中西文化交流的演进历程"②。

①　乔兆红.世界博览会与世界历史整体发展[J].社会科学,2011(4):158－167.

②　马敏.中国近代博览会事业与科技、文化传播[J].历史研究,2004(2):98－117.

第一章　世博会的近代文化缘起与传播背景

第一节　世博会的缘起——服务于全球化时代的交往需求

一、世博会创办的历史背景

世博会创办于 19 世纪的英国是具备了充分的历史条件的：在经济基础方面，号称"日不落帝国"的英国在 19 世纪中叶已完成了第一次工业革命，无论是工业水平还是综合国力都超过了其他工业化国家；英国的城市化率达到了 60%；钢铁产量超过其他国家的总和；煤炭产量占世界总量的2/3；交通运输上已拥有 22 个铁路网络，铁路总长约 1.3 万公里；而且，国内急剧增长的产品输出能力使之迫切地希望拓宽对外贸易渠道，打开海欧洲大陆市场。可见，强大的经济基础以及市场扩张的原始动力使英国最有意愿也最有能力成为筹办首届世博会的国家。

在文化与制度条件上，欧洲古老的集市活动传统一直延续下来，各国在经贸利益驱动下的近代交流活动日益频繁，有学者考证：自 1756 年英国举行"技术与商工业奖励协会"首创"博览会"形式后，欧洲各国竞相仿行，到 19 世纪上半叶时，举办博览会已蔚为风潮①；而且 18 世纪 60 至 80 年代的工业革命之后，英法等国的行业性、地区性展会蓬勃发展，普遍形成了相对规范的展览业协会等组织机构和相应的制度保障，从而进一步推动了近代博览业的发展，强化了展会活动在刺激经贸交流、科技创新，乃至教化士商阶层到普通民众的社会功能。

在近代博览会各方面发展条件均已成熟的情况下，随着以工业品为主的国际竞争加剧，英国人率先察觉到有必要将内国展览会推向国际，认为举办国际规模的展会将进一步拓宽外销产品渠道，提升本国产品的国际竞争力，与法国等竞争对手抗衡。于是，1847 年英国人亨利考尔（首届伦敦

---

① 冯作民.西洋全史(第十册)[M].台北:燕京出版社,1976:647-648.

世博会的主要组织者)率先向皇家艺术社团的团长、英国维多利亚女王的丈夫——埃尔伯特亲王提议,将原本的国内博览会升级为国际规模。埃尔伯特亲王采纳了他的意见,明确提出,"博览会必须是国际性的,展品要有外国产品参加",并最终定名为"万国工业品大博览会"(The Great Exhibition of the Work of Industry of All Nations)。在他的亲自督导下,首届世博会开创了一个博览业发展的新时代,邀请到了美国、巴西、土耳其、埃及等25 个国家参加,于1851 年5 月1 日在伦敦海德公园正式开幕。

二、英国创办世博会的动机与理念追求——仪式的发起者与倡导者

(一)创办动机

世博会诞生时正值欧洲第一次工业革命(18 世纪60 年代至19 世纪中期)基本完成、第二次工业革命刚刚开启(19 世纪40 年代)之际;随着资本主义世界市场体系的加速扩张,西方社会已经进入工业化国家群雄并起、国际竞争日益激烈的"战国时代":城市化进程的加快,现代科学主义与人本主义的思想也在西方迅速普及为共识;国家意识、民族意识在日益密切的国际交往过程中确立起来。因此,在经济、政治、科技、文化、制度等诸要素发生迅速变革的情况下,无论是国家层面还是社会民众,都需要制定一种新的时代规则,调整或创造一些新的国际交往与生存方式以应对全球化的挑战。

世博会正是在这种时代变革的需求中应运而生的,内容上的广博使它的展品几乎涵盖了人类文化领域所有的智慧成果:从机械动力领域的蒸汽机到电气技术,从建筑工程领域的"水晶宫"到埃菲尔铁塔,从艺术文化领域首次演奏《蓝色多瑙河》到无数名画佳作……使之成为展示人类最新科技、物产与文化成果的集大成者。而所有这些展品、展馆、演出活动乃至前沿议题,共同构建了世博会的一整套符号象征系统。这些符号在筛选、编排和希望传达的理念上都围绕一个主题:展现人类自身的无穷创造性,面向未来不断创新的主动性,以理性、自由和创新精神为核心的人本主义价值观。所以,对每个国家和城市来说,举办世博会不仅是一种荣耀,一个学习机会,更是对国家号召力、国际地位影响力的一种认证标志。当然,作为当时的新生事物,人们意识到世博会所蕴藏的多重价值需要有一个认识过程,各个国家也有时间先后、程度深浅之别。

从上述对英国各项创办条件都已成熟的分析来看,我们知道世博会之所以首届在伦敦召开并非历史偶然,而英国最初邀请世界各国来参加博览会的动机正因为它具有的宏观战略意识,以及追求实效的国民文化传统。

当时主办者旨在借此促进和平竞争、创造拓展国外市场的机会,同时也源于对自身科技经济实力的自信。可见,世博会所带来的价值远不止于当时设想的那样简单,实质上举办世博会是一种顺应全球化需求、引领工业文明迈进新时代的创新之举,具有历史开创性意义。

（二）历史意义

1. 和平竞争的理念创新

19 世纪到二战时期,西方国家主导与崇尚的是弱肉强食的"丛林法则",国家争霸往往选择的是军事手段,习惯用"硬实力"说话;而世博会注重经济、科技、文化层面的"软较量"在当时无疑是难能可贵的。这种和平竞争的理念既是人类文明进步的体现,也是国际竞争收益最优化的战略考量结果。英国维多利亚女王在首届开幕仪式上的致辞就明确提出:世博会"更能将仁慈上帝所赋予人的禀赋用于友爱与高尚的竞争,以促进全体人类的美善与幸福"①。郑寅达教授认为:"英国举办这样一届世博会,是为了炫耀国力,巩固其在世界各地的殖民化统治,同时也是出于发展需要,与其他发达国家交流最新的工业、科技成果。"②

2. 多元文明交往共存的"地球村"意识

随着资本主义市场体系在世界范围内加速扩张,以及交通、通讯技术的进步,各个国家、地区之间的联系日益紧密,全球化趋势逐渐加速,"地球村"的愿景逐渐在西方成为共识。世博会创办之时正值"人类历史上空前的、规模宏大的文明交往"时代,即"人类的现代文明,正在走向普遍的全球化"。而"全球化的根本内涵是人类各种不同文明的交往",这是"与'世界历史的转变'共生、共存和共同发展而来的人类文明交往的历史趋势"③。可以说,这个时代赋予了世博会面向全球文化传播的使命与机遇,这从首届世博会开幕式上维多利亚女王的致辞中就可见端倪:"在上帝的祝福下,我诚挚地与诸位一起祝祷,此次盛会能增进吾国人民之福祉与全体人群之利益;能激发和平与工业的巧艺;能凝聚世界各国间的关系。"④从上述表述中我们可以领会,最具国际视野的"日不落帝国"英国,正是希望借助来自不同国家、民族、文化背景的文明集聚活动,实现"万国来朝"的夙愿,通过唤醒并传播"地球村"意识,谋求建构全球参与性的、以之为

①④ Queen Elizabeth. The 1851 London World Expo[N]. Illustrated London News. 1851 – 05 – 03 (349).

② 东方早报. 世博看榜:150 年世博会精彩钩沉[M]. 上海:上海文化出版社,2010:2.

③ 彭树智. 文明交往论[M]. 西安:陕西人民出版社,2002:370,139.

主导的国际体系。

3.秉承人本主义、宣扬国际主义、科学主义精神的文化仪式

伦敦博览会开启了接下来长达近 170 年的世博会历史，在此平台上，世界各国无论强弱皆相聚于此，暂时抛开军事纠纷或政治争吵，共同观摩、分享人类文明成果以及科技进步带来的繁荣愿景，传扬科学主义、人本主义的现代理念。这正是传统仪式的一种"现代版本"：它借助强势文化的对外传播、不同文明间的交流互动，推动社会整合。从仪式的文化本质分析中我们可推断，世博会作为一种非商业属性的文化类展会，其最具影响力、生命力之处在于其仪式形式和沟通功能：它将世界各国、各民族聚集于一地，以和平竞争的方式、以展品为载体进行国际交往与文化传播，从而具有了"竞争""征服""加冕"的竞技仪式属性，而这种竞技性有助于引导、培育和强化各国民众对"人类文明共同体"的感知和国民身份的"文化自觉"；它将种种最新的科技创新成果展示出来供人们"顶礼膜拜"；进而这些展品具有一种象征符号属性，它们汇聚起来，与展馆、园区一道构成了一个巨大的符号象征体系乃至仪式文化场域；并且借助大众传媒大大拓展了其辐射力，其所构建的仪式文化场域超越了传统仪式所覆盖的范畴，因为传统仪式场域的参与者须有严格的族群身份限定和现场集聚的时空局限。而世博会所构建的文化场域，能高效地将编码好的文化内容与所倡导的价值理念在集中时段内传布于世界，更大范围地实现仪式传播所追求的文化认同与社会整合目标。因此，从文化功能主义视角来看，竞技性、符号性、媒介化三个特征形塑了世博会作为一种现代仪式的文化特质及核心功能。

三、法国与美国的参与目的及表现——仪式的积极参与者和竞争者

（一）法国对世博会的态度及参会的目标与表现

法国很早就认识到近代博览会的重要作用，早在法王路易十四时代，就有人成立了艺术培训及展览中心。作为第一个制定政策推动工业品、手工业品展览的国家，政治家们认为展会不仅可以直接促进经贸交流，还能向国内公众显示其工业品、艺术品的优良质量，刺激技术改进，以提升国际竞争力。

1798 年，在巴黎召开为期一周的第一次工业博览会被认为是近代博览会的滥觞。这一看法近代时期就有公论："溯博览会之起源，实始于

1798 年法国巴黎之工艺赛会"[1]；"赛会之出现于世界也,在西历一千七百九十八"[2]。由法皇拿破仑发起的巴黎工艺博览会缘由是庆祝拿破仑战争的胜利,设在未遭战火的巴黎郊区举行。当时展览还被视为新奇事物,除了出售产品并作为仪式庆典外,还被赋予了刺激产业竞赛与教化资产阶级的功能。此次参展商有 110 家,有 9 个审查委员对展品评分,决出奖项 32 项,只设一枚金牌,意在提醒国内的厂商注重宣传与比较,加强同行竞赛与技术交流,同英国开展产业竞争。近代有日本研究者分析,法国的办展目的"总以能破坏英国工业为第一战争,必使人认识法国之制造品,为排击英国之制造品中最强之兵器"[3]。这次展会主要包括了三类展品,即陶瓷制品、宗教专用品以及地毯。展览持续了四天,现场人气很高,在促销产品的同时还吸引了大量公众参观。政府通过此次办展的经历坚定了扩张展览业的信心,第二届改在专门的展馆举办,还增设了几项表演活动,从 1798 年到 1849 年共举办了 10 届,规模逐年扩大,展期也从最初的 4 天到 2 个月再到 6 个月,成了推动国内经济交流与产业发展、展示国家实力的重要舞台。

但相比最早完成工业革命、奠定"世界工厂"地位的英国而言,法国国内实业界的信心相对不足,未能迈出展览会国际化的关键一步。它在创办国内影响力最大的近代博览会雏形——国家工业博览会时,仍如其他各国一样,视该展会为国家最高机密,严禁他国人士观摩,以防先进技术遭窃[4]。

法国在组织近代博览会方面,借助处于欧洲大陆的地利优势,其主办次数与扶持力度同英国不相上下,甚至在欧洲大陆居于主导地位,世界两大展览会组织:国际博览会联盟和国际展览会局的总部均在法国;但它却在创办世博会问题上失去了先机,这就刺激了法国在争取后续的世博会主办权时更为积极。它的参与目的非常明确,就是扩大在这一新兴的国际舞台上的影响力、与英国争夺话语权。在法国首次提出举办 1855 年世博会时,拿破仑三世就曾明确表示,法国已经失去了举办首届万国工业博览会的机会,但将举办首届真正能展示人类文明成果的工农业和艺术博览会,并强调这将是一届真正的"世界博览会"。

法国在 1851 年至 1940 年间共举办过 11 次世博会,巴黎成为举办世

①　佚名.论参考馆之性质[N].南洋劝业会旬报,1909 - 02 - 20(3).

②　佚名.南洋劝业会说略(四续)[N].申报,1909 - 04 - 05(3).

③　金子坚太郎.论博览会之沿革功效[N].外交报,1912 - 02 - 12(2).

④　朱肇飚.论各国赛会之种类及沿革(一)[N].商务官报,1910 - 02 - 05(1).

博会次数最多的城市。英国成功举办首届世界博览会后,法国不甘示弱,决定通过举办博览会来检测国内工商业的发展程度,推行自由贸易政策以确立和巩固法国在世界上的工业强国地位。1855 年,在拿破仑的亲自督导下,法国以庆祝欧洲和平 40 周年(自 1815 年滑铁卢战役结束)的名义举办了第三届世博会。会期从 5 月 17 日到 11 月 15 日,参展者 2 万多名,观众 516 万人次。会场布置比伦敦博览会更为广阔,并增设了艺术品类奖项和更能体现法国优势的美术馆。此后,法国每隔 11 年,于 1867、1878、1889、1900 年在巴黎举办了共 5 届世博会。

积极办博使巴黎成为工业文明时代展示人类智慧成果的最盛大舞台,巴黎的城市性格中也因此融入了一种象征西方文明不断追求科技文化创新的基因。有学者统计了历届巴黎世博会上具有创新精神的展品:如 1855 年展出了新发明的混凝土、铝制品、橡胶和萨克斯管;1867 年展示了钢筋混凝土建材的"雏形";1878 年是电话机、冷冻船等新技术、新产品;1889 年则展示了爱迪生发明的留声机、柯达公司的民用胶卷;1900 年则是同步录音的环幕电影、光菌灯等展品;1937 年还专辟了历史发明馆,陈列在巴黎出现的各种原创发明,如最古老的蒸汽机、最早的电视机、首个展示血液流动和人体器官工作的玻璃模型、第一辆自行车等。电影馆则展示了电影制作全过程、印刷馆里则展示了印刷术发展的漫长历史[①]。从上述影响历史进程的诸多成果上,可更确信其在人类文明史上的"孵化器"功能。

(二)美国对世博会的态度及参会表现

美国是迄今为止举办世界博览会最多的国家,在二战以前举办了 8 次世界博览会,时间分别为:1853 年、1876 年、1893 年、1904 年、1915 年、1926年、1933 至 1934 年、1939 至 1940 年。它是近代以来最积极地参与和举办世博会的国家,主要基于其融入国际体系、参与国际竞争的目的。英国举办首届世界博览会时,美国就派出了由 5048 位企业家组成的庞大参展团,占到参展商总数的近 1/3,其展品特别是农场设备,让英国人也不得不承认更为先进[②]。许多著名的美国品牌如奥的斯电梯、麦考密克收割机等都首次在这届世博会上露面。参展的成功也激发了美国自己举办博览会的强烈愿望,虽然当时建国尚不足 80 周年,但美国的经济、科技实力特别是有关农业生产的机械化、工业化方面已走在世界前列,急欲向全球展示其

---

① 杨剑龙.科学技术与人文内涵的融会——从巴黎世博会到上海世博会[J].社会科学,2010(4):173 - 192.

② 罗靖.近代中国与世博会[D].长沙:湖南师范大学,2009.

独立后取得的巨大成就。

因此,仅在首届世博会之后两年(1853年)它就于纽约举办了第二届世界博览会。此届世博会有23个国家参展,复制了比伦敦世博会上著名的"水晶宫"更大的展馆,还开辟了伦敦博览会所没有的农业部分。1876年为了纪念开国100周年,美国在费城举办的世博会以赶超欧洲为目标,从5月10日至11月10日历时184天,吸引了近1000万观众,有来自近37个国家的6万参展商送来了3万种展品,"规模尤为宏远"[①],所体现出来的技术成就也远超1851年伦敦博览会,展示了蒸汽发动机、蒸汽发电机,尤其是留声机、电话机、电报机等全新技术成果,预示着"电器时代"的来临。到19世纪80年代美国经济总量跃居世界第一,这一时期举办的芝加哥世博会(1893年)被誉为"美国历史上的一座分水岭",向世界宣告美国成为世界第一大国,在科技与经济实力上已经与欧洲传统强国并驾齐驱。在此以后,美国又密集地举办了5次世博会,希望进一步巩固和炫耀其"工业第一强国"的地位。

美国对举办世博会的巨大热情,其一来自于拓展经贸渠道的实际利益;其二出于展示国力,进行国际竞争的意图;其三有教化民众的目标。有学者分析了19世纪下半叶美国国内同时在大规模兴建商业博物馆的热潮,认为这与积极申办世博会有同样的目的:一方面,其创办者希望能借助这些海内外搜罗汇集的成果展览使公众相信将"美国商业拓展到海外是完全可能的";另一方面,它也为美国的商人提供国际咨询服务,为其提供与欧洲同行在国际市场竞争中所需的产品信息和贸易建议;博物馆的创办者们"热情地鼓吹着美国在海外的商业拓展,将商业描述成无须殖民统治就能使人们享受到帝国所带来的一切好处的新的途径"。从这个意义上讲,"博物馆(或世博会)在关于美国帝国主义的争辩中扮演了相当重要的角色"[②]。本书认为,无论是临展性质的世博会或是固展性质的博物馆,它们都借助所陈列的、被系统分类并集聚一处的大量展品,旨在发挥信息交流、文化传播与教育民众的功能,尤其在国力上升时期能够满足国民日益增长的对外部世界的好奇感,帮助政府和工商业界开拓视野、启发思维、教化国民。世博会正是申办国实现这一目标的直接而有效的途径。

---

①　陈炽.博物开会说[M]//宜今室主人.皇朝经济文新编(四).台北:文海出版社,2005.
②　康恩.博物馆与美国的智识生活:1876—1926[M].王宇田,译.上海:上海三联书店,2012:28.

第二节　世博会在中国近代社会转型环境下的总体发展

一、文化转型的基本内涵及现代化、近代化的概念辨析

所谓文化转型的最基本含义是"文化改变了自己的前进和发展的方向,从而也改变自己的性质和表现形式"①。从历史发展观的角度来看,文化的转型通常表现为原有的所谓"传统"的文化在新形态的文化冲击下发生的一种观念转变和内涵增值的过程。这种"增值"从现代化理论的角度来讲体现为一种历史的进步性,即从"历史""传统"向"当下""现代"的转变。所谓的"现代化",其英文单词 Modern times,所表达的是"一个一直延续至今的时间概念,兼有近代与现代之意"②。译为中文"现代化"一词后,从内涵上看,现代化与近代化具有相同的所指,都隐含着某种事物从传统形态向现代形态演进、迁跃之意,但前者作为更普遍的约定俗成的用语,其意义范畴更加宽泛。我国历史学者罗荣渠曾对社会现代化的内涵有明确的表述:"从历史的角度透视,广义而言,现代化作为一个世界性的历史过程,是指人类社会从工业革命以来所经历的一场急剧变革,这一变革以工业化为推动力,导致传统的农业社会向现代工业社会的全球性的大转变过程,它使工业主义渗透到经济、政治、文化、思想各个领域,引起深刻的相应变化。"③实质上这是在阐释现代化作为一种"价值尺度"的内涵,众多中国学者对它与"近代化"在"价值尺度"上的同一指向几乎有一致的见解。李文海认为始于晚清的中国近代化,也称作"现代化",意思一样④。林家有也指出中国的近代化,亦称之为"现代化",指从 1840 至 1949 年期间的资本主义现代化⑤。基于这些学者的共识,本书出现的"近代文化转型"包含着中国近代伊始的社会现代化进程中,其文化形态的"现代化"过程这一意义指向,近代化与现代化可以通用,下文不再赘述。

无论称之为"近代化"亦或"现代化",我们认为都是一种文明形态的

---

① 耿云志.近代中国的文化转型:问题与趋向[J].广东社会科学,2008(3):106 – 115.

② 罗荣渠.现代化新论[M].北京:北京大学出版社,1998:5.

③ 罗荣渠.现代化新论[M].北京:北京大学出版社,1998:16 – 17.

④ 李文海.对中国近代化历史进程的一点看法[J].清史研究,1997(1):5 – 9.

⑤ 林家有.孙中山的革命观——兼论辛亥革命对中国近代化的影响[C]//孙中山.振兴中华思想研究,广州:广东人民出版社,1996.

演进,表现为人类社会从传统的农业文明时代迈向现代工业文明时代。这一演进过程涵盖经济、政治、社会、思想、社会心理等多方面,对中国而言即是一个"西风东渐"的过程。西方学者也很早就持有这种看法,如19世纪法国的政治思想家托克维尔曾在《论美国的民主》一书中表述:"对世界大多数国家和亚洲所有国家来说,现代化进程要求它们按照少数西方国家首先采用的技术模式和制度模式对自身进行修改和调整。现代知识造就的组织形式和生产方式,自愿接受也罢,由武力强加也罢,都在19世纪的岁月里变成了一股强大的势力。"①而西方现代文明带来的时代进步性突出表现在制度改革与文化观念上:从主流价值观看,清政府一改几千年来"重农抑商"的传统思想,转而推行重商主义,商人阶层的社会地位前所未有地提高,举国上下形成了兴办实业,重视商贸、求新求变的氛围;从制度导向上,清政府在20世纪初就不遗余力地推行发展实业、奖恤工商的经济新政,进一步营造了舆论上的开放之风,为近代博览会事业的兴盛发展奠定了思想基础。所以,从世界历史演进的视角来看,这种导向可谓一种接轨国际的文化转型与制度革新,当政者开始努力推动中国学习西方规则、融入世界工业文明体系,反映出社会正在加快现代化转型的历史趋势。

二、近代中国文化转型的内涵与主题

史学界对于中国近代社会发展的研究常聚焦于从传统农耕文明类型的社会向现代工业文明社会的转型过程,其中隐含着"进步"之意。这一转变过程是渐进而漫长的,甚至今天局部地区仍在进行;有时也会因某些历史事件的刺激而产生加速和质变,研究者将其视为界定和度量历史发展进程的标志和关键的时间节点。依据前文提到的历史时段划分,比较公认的是中国近代转型期的标志始于1840年鸦片战争,发展到1949年新中国成立结束。但从文化转型的实际情况看,我们应该清楚这种划分更多的是为了便于研究和记忆,因为文化转型往往是渐进而缓慢的。

龚书铎指出:"中国近代文化转型是由社会的构成因素发生的变化导致近代文化构成、内在结构等多方面的复杂变化。"②由于近代中国是一个急剧转型中的社会形态,"面临两千年未有之大变局",其文化的转型必然是联动近代政治制度、经济基础的剧烈变化,呈现出更显著的革命性、复杂

---

① 罗兹曼.中国的现代化[M].陶骅,译.南京:江苏人民出版社,1998:23.

② 龚书铎.社会变革与文化趋向——中国近代文化研究[M].北京:北京师范大学出版社,2005:48-49.

性和过渡性;在观念上既有对传统的批判和继承,又有与西方文化的碰撞与交融,呈现为多元互动而又西学东渐的态势;而且总体上西方现代工业文明势能更强,逐渐影响并改造着我们的传统农耕文明;其演进的主线可概括为"民主"与"科学"两大主题逐渐成为主流认同的价值观,前者侧重政治文化的演进,后者则更表征为创新的主题,而这一历史大势赋予了世博会的文化传播一种显著的特质。

三、世博会在近代中国转型境遇下的演进阶段

世博会在近代中国的推广与传播总体上也是一个缓慢渐进的过程。作为舶来的西方事物,国人对世博会有一个认知、理解与接受、行动的过程,而这种认知度的提升与中国的现代化进程密切相关:一方面表现为中国的社会转型为国人理解世博会并做出反馈提供了必要的文化氛围、制度环境和产业基础;另一方面,世博会也在国际交往理念及政治、经济、文化等多方面进一步加速了现代化的脚步,尤其在文化上加速了国人的思想进步。

首先,从世博会在近代中国所面临的历史情境看,它正处于"两千年未有之大变局"的急剧转型过程中,其发展速度与程度同当时国内能提供的必要产业基础与文化资源密切相关。有学者统计了我国近代参加的5届最具代表性的世博会,其送展展品和获奖情况,见表1-1。从总体上可以看出,中国在世博会上仍以一个传统的农业国家形象出现,大多数展品是来自沿海沿江经济发达地区的农业品和手工业品,这也折射出中外生产力水平的巨大差距。

表1-1　中国参加近代世博会送展展品及获奖情况统计①

世博会名称	中国展品	送展展品来源地	获奖情况	说明	资料来源
1851年伦敦世博会	丝绸,丝织品,茶,蜡,棉花,扇子,雨伞,木材,漆器,拐杖,烟斗,鼻烟壶	上海	"荣记湖丝"获金银奖牌各一个,还至少获得3个荣誉	"荣记湖丝"由上海商人徐荣村选送,其他的都由英国人选送	《万国工业博览会评委会关于30类展品的评审报告》,见《中国与世博》,第110至116页

① 罗靖.近代中国与世博[D].长沙:湖南师范大学,2009.

世博会名称	中国展品	送展展品来源地	获奖情况	说明	资料来源
1873年维也纳世博会	煤,生铜,锡,桐油,烟叶,柿饼,棉花,小麦,米,花生,茶,胡椒,糖,药材,烧酒,土布,动物皮毛,草帽,肥皂,竹器,木器,铁器,铜器,农屋马车等模型,绸缎,古玩,祭器,灵牌,小泥人,陶塑	十四个口岸即上海、广州、汕头、镇江、天津、宁波、福州、九江、汉口、厦门、烟台、淡水、营口、打狗	得奖情况不详,但展品获得好评,办展海关洋员都得到了奖章	展品筹集由赫德控制的洋人海关全权负责。各口岸海关中,广州海关收到最多民间展品,其次是浙海关	Port Catalogues of The Chinese Customs Collection at the Austro-Hungarian Universal Exhibition, Vienna, 187$^3/_4$.（中国第二历史档案馆藏）
1904年圣路易斯博览会	珐琅,地毯,古玩,玉器,雕刻,瓷器,金豆,翡翠,玉石,象牙,木器,丝茶,绣货;小脚女人,衙门,兵丁,小草舍,刑具,烟具,隍庙,偶像等侮辱中国之物	十四个口岸即上海、广州、汕头、镇江、天津、宁波、福州、九江、汉口、厦门、烟台、淡水、营口、打狗	头等奖16枚,金牌20枚,银牌22枚,铜牌12枚,纪念奖5枚	展品筹集由赫德控制的洋人海关全权负责。在广东、上海、浙江等地还出现了一些专为参加国际博览会而筹组的公司。如北京工艺局、广业公司、中国茶磁赛会公司等	《赛会志略》,《东方杂志》,1904年3期;汪岳波,《晚清赴美参加圣路易斯博览会史料》,《历史档案》,1987年第4期;陈琪,《美洲博览会记》,第90至117页,转引自赵祐志,《跃上国际舞台》;董增刚,《晚清赴美赛会述略》,《北京社会科学》,2000年第2期

续表

世博会名称	中国展品	送展展品来源地	获奖情况	说明	资料来源
1915年巴拿马博览会	丝绸,茶叶,瓷器,大豆,烟叶,矿产,羽毛,地毯,毛线,果脯,白蜡,桐油,察香,动物毛皮,苏绣,棉纱,香粳,罗纺,绍酒,酱油,雕木,海产品,角梳,樟脑,明矾,煤,铜,水银,葡萄酒,罐头,鱼肚,海菜粉,蜂蜜竹器类乌木家具,素绣,草席,金银装饰等	上海,黑龙江,山东,直隶,四川,山西,陕西,河南,江苏,浙江,福建,广东,广西,安徽,湖南,湖北,江西,奉天,云南,吉林商务繁盛之区	中国出品共获奖1211枚,其中大奖章57枚、名誉奖章74枚、金牌奖258枚、银牌奖337枚、铜牌奖258枚、奖词227枚。在参赛各国中居于首位	19个省成立了出品协会,有的还成立了出品协会分会,其中有17个省市举办了出品展览会。此外茶业、瓷业、丝绸业还组织了出品协会,江西景德镇和湖南醴陵的瓷业公司也成立了出品协会	屠坤华,《万国博览会游记》;冯自由,《巴拿马太平洋万国大赛会游记》;严智怡,《预会志略》;陈琪,《中国参与巴拿马太平洋博览会纪实》,第58至59页;《奉天督军转发中国参加巴拿马万国博览会简况致奉天总商会训令》,《民国档案》2003年第3期,第9至13页
1930年比利时博览会	茶叶,绸缎,瓷器,绣花,漆器,象牙雕刻,银器,花边地毯,窑古宫灯,烧品,陶器皮货玩,雕刻塑像,布,毛织品,金属器具,服饰,原料等	上海,青岛,贵州,西湖博览会,江苏,辽宁,山东,宁夏,北京,江西,浙江,广东	中国展品获最优等奖36项,优等奖61项,金牌奖116项,银牌奖90项,铜牌奖7项。共有311项获奖。获奖总数第三名	在上海组织"中国参加比利时独立百年纪念国际博览会征集物品委员会",对特别著名的精美物品,委员会派专员6名,分别前往北京、南昌、杭州、广州等地直接征集,或委托私人直接联系,收集上乘展品	田守成,《我国名列第三的一九三〇年国际博览会实况》,《江苏文史资料选辑》第九辑,江苏人民出版社1982年版,第122至123页;《中华民国参加比利时博览会特刊》,第51至75页

在世博会诞生之初的 19 世纪五六十年代,中国正处于太平天国运动时期,清政府忙于应付政权危机,对西方国家发来的参博邀请无暇顾及;经济上虽受鸦片战争后沿海口岸被迫开埠的一定影响,但仍以自给自足的传统农业经济为主,国内缺乏借助参博来开拓国际市场的经贸需求。因此,个别知晓世博会的民间商人选送的展品只能是中国传统手工业中相对发达的丝织品和种植业中最具代表性的茶叶等少数几样;当然也有驻华外籍官员或外商搜罗了一些中国原产木材、矿石等作为展品。这一时期的官方态度是清政府未理会世博会主办国的邀请,对于 1851 年和 1862 年伦敦世博会、1853 年美国纽约世博会、1855 年和 1867 年巴黎世博会"均不甚措意,视为无关宏旨的赛珍耀奇之举"[1]。

而到 19 世纪 70 年代,洋务运动开启了中国近代的工业化进程,走出国门、"师夷长技"的观念迅速普及开来,清政府 1873 年开始正式派员参加奥地利维也纳世博会,但仍将学习西方技艺视为"夷务",主要出于"有益邦交"的原因而参加世博会。因此,清政府自然地将筹办参展事务交由熟稔外交、英国人把持的中国海关具体办理,具体由担任总税务司的英国人赫德全权负责,并以海关洋员为主派出赴会。这一时期,参展品种类已有所增加,除了以传统丝织品和茶叶、中药外,也包括了一些初级原材料或工业品如棉麻、矿产等,尤其是在海关洋员眼中看起来容易引起西方观众兴趣的工艺品和手工业制成品,如 1873 年奥地利维也纳世博会上送展的纺车、手推车、沙船等首次出现,也有瓷器花瓶、雕刻屏风、木雕家具、浙江各地风物照片等,其中浙江官商胡雪岩"窥察亦备各色绸缎古玩送往,约值数万金焉"[2]。这一期间,中国官方参加的世博会有巴黎世博会(1878 年、1889 年、1900 年)、奥地利维也纳世博会(1873 年)、荷兰阿姆斯特丹世博会(1883 年)、美国费城(1876 年)和芝加哥世博会(1893 年)等。

到了 20 世纪初,在 1901 年开始的清末新政推动下,我国官方已经认识到世博会对于维护"国体"的重要外交影响,以及能够帮助国内振兴商务、拓展经贸往来等经济实利。1904 年,清政府出于修好和游说美国政府的外交目的,派出了以贝子溥伦为首的庞大代表团赴美参加圣路易斯世博会,并在会场修建了中国馆,中国首批留学生黄开甲协助操办具体事务,外国媒体将此称为是"中国政府正式登上世博会舞台的开端";但本届组展过程中发生了辱华与苛待华商事件,使国内对仍在海关洋员操控下的参博

---

① 转引自:罗靖. 近代中国与世博会[D]. 长沙:湖南师范大学,2009.

② 公桓氏. 奉劝士商百工宜赴美国赛奇会游览像广识见论[N]. 申报,1875 - 02 - 01(8).

方式抗议颇大。于是,清政府次年在驻比利时大使杨兆鋆上奏后,将赛会事务转交商部和外务部办理,并由商部派员监督,自此中国才正式收回了筹办参加世博会的自主权。而在经济动因上,19世纪末西方列强加紧了对中国的经济侵略和殖民瓜分,从原来以商品输出为主转为以资本输出为主,导致传统的封建经济结构加速解体,中国半殖民地半封建的情况进一步加重;在民族危亡的形势刺激下,甲午战争后国内形成了第一次兴办工商企业的高潮:1898年的戊戌变法中皇帝谕令设立了矿务铁路总局和农工商总局,资本主义新式企业产生并逐步发展起来,新兴资产阶级的政治改良和"实业救国"的呼声日渐高涨。在这种情境下,近代博览会促进国际经贸、刺激实业的经济功能被国人日益重视起来,清政府商部于1905年11月正式颁布了《出洋赛会通行简章》,详细规定了华商参加国际性博览会的20条具体细则,鼓励各省商家"精择物品,踊跃参赛"[1],参博事宜也由商部(后改为农工商部,1906年设立)负责承办;同年端方、戴鸿慈等5位大臣在赴欧美考察宪政之际,参观了意大利举办的米兰世博会,深受震动,回国后上奏建议学习西方博览会之举。自此,世博会才备受重视。后续在民国政府时期召开的1915年美国巴拿马世博会、1926年费城世博会、1905年和1930年比利时列日博览会、1935年巴黎世博会、1939至1940年纽约—旧金山世博会,几乎都得到政商阶层的踊跃响应和参与。送展物品开始涵盖了中国当时的大部分工农业领域,尤其在1915年巴拿马博览会上,国产的茅台酒等荣获金奖,中国还获得了奖品总数第一的佳绩,证明此时的世博会在中国才真正进入了全盛阶段。

其次,世博会反之也在国际交往理念以及政治、经济、文化等方面推动了中国的现代化进程,尤其作为一种相对先进的文化理念促进了国人观念、行动上的现代化转型。有学者统计,1851至1940年,中国共收到至少90次"万国博览会"的邀请;官方或民间以组团参展、寄物参展和派员参观等各种形式参加了近代历届世博会,其中清政府组团参加13次,寄物参展6次,派员在会11次[2]。回顾中国参与世博会的历史,我们发现它给中国带来的综合效应远不止于加强与西方经贸的往来和学习一些先进的科技成果那样简单,宏观地审视世博会影响,最为深远的是对西方工业文明理念的传播和对国民现代化、全球化意识的培育。对此,马敏曾总结道:"归

---

① 章开沅.苏州商会档案丛编:第1辑[M].武汉:华中师范大学出版社,1991:46.

② 洪振强.民族主义与近代中国博览会事业[D].武汉:华中师范大学,2006.

结而言,也就是提升城市、社会和人的整体现代化水平。"①西方工业文明所包含的工业产能、科技创新能力和国民的文明素质、教育水平几方面要素不仅是衡量一国文明水平的重要标准,也与该国的总体工业化程度成正相关关系。比拼工业、科技、文化综合实力与创新水平的世博会,在相当程度上折射出参展国的现代化水平,也是度量一个国家现代化程度的标尺。《商务官报》上有人曾撰文指出:"费府大博览会之结果,卒能变农业时代进而为工业时代。"②意思是说 1876 年,因美国独立百年庆典而举办的费城世博会,可以堪称美国近代历史上跻身世界强国的一个分水岭。从另一个侧面也反映出世博会与国家发展进步的紧密关系。例如,费城世博会作为美国国力壮大过程中的一个重要标志性事件,被视为象征国家现代化程度和国力大小的"标签"。

　　而世博会对中国来说,同样有衡量我们现代化程度的参照意义。例如,近代国人如何认知、理解博览会功能与价值的问题上就反映出这种变化过程。马敏教授总结了近代国人对世博会有着"观念调适和逐步加深了解的过程",并具体归纳为从"最初的政治、外交为主导,逐渐过渡到以商业竞争为主导,继而以文明的进化为主导",最终,国人对于世博会功能的理解表征为"科技传播和文化交流亦逐步凸显为时人至为关心的主题"③。当然认知过程不仅是缓慢的,而且也存在着地域的不平衡性,循着从沿海到内陆、从城市到乡村的逐步扩散渗透的路径,这一演进路线恰恰与中国现代化的发展变迁路径相吻合;再者,从中国参与世博会的实际行动和表现水平看,也能够反映出当时我们在经济、外交、文化等领域的国力。尽管国人对世博会在思想上的认知可能与实践活动相比具有一定的超前性,但其展品筹集乃至组织筹办能力,都无法脱离近代积弱的国力基础,无力在整体上同西方的科技展示进行较量,一般来说往往限于国力,参与世博会的重点是在促进经贸或者有益邦交等方面强化某一点功能。对此,马敏也曾推论,近代中国的第一次全国性博览会(1910 年南京召开)之所以采用"南洋劝业会"的名称,实为受限于薄弱的科技与文化的创新能力,"侧重于实现博览会奖励实业、振兴工商的近期目标,而仅仅兼及其传播科技、提升文明水平的远期目标"④。

---

①③ WALDEN K. Becoming modern in Toronto: the industrial exhibition and the shaping of a late victorian culture[J]. Toronto: University of Toronto Press, 1997:430.

② 佚名. 论日本大博览会我国之赴赛之准备事宜[N]. 商务官报: 合订本, 1908, 3(4).

④ 马敏. 中国近代博览会事业与科技、文化传播[J]. 历史研究, 2004(2): 98-117.

因此我们说,从近代国人参与世博会的观念意识与具体实践行动表现看,无法克服时代和国力基础的局限性,而通过这种局限性可以度量世博会同期的中国近代社会发展水平。世博会作为中国社会转型进程中必然要面对的重大国际事件,虽然对国内的影响力不如欧美承办国巨大,但也在潜移默化地影响着国人的观念与行动,至少间接地推动了近代中国史上的三次"博览会热"。从此角度衡量,可谓是世博会之于近代中国最显著的传播效果。

第二章　世博会报刊传播的时间特征：
媒介呈现的仪式"阈限"

第一节　仪式的"阈限"特征及其在世博会的呈现

阈限（threshold）①是文化人类学从心理学引入的概念，仪式研究学者范·盖内普在分析一种广泛存在的仪式类型——"过渡仪式"时提出了"分离"（separation）、"过渡"（margintransition）和"组合"（aggregation）三个阶段性特征，并以阈限为界划分出三种类型：过渡礼仪的完整模式在理论上包括阈限前礼仪（rites preliminaries，即分隔礼仪）；阈限礼仪（rites liminaires，即边缘礼仪）；阈限后礼仪（rites postiliminaires，即聚合礼仪）②。之后特纳将仪式研究重点放在"阈限"概念上，认为仪式过程的核心即为"阈限"，在阈限阶段，成员拥有反结构的平等身份，也即处于过渡阶段（transition）。从结构主义的观点看，阈限并非"状态"而是结构转换的交界处③，是两种社会文化结构进行转换时生成的文化空间，具有模糊性、开放性、动态性等特征。可见，特纳等学者将仪式研究"放置在伴随着地点、状态、社会地位之于年龄变化的过程中来看待；并着重于仪式过程不同阶段'阈限'的各自品质、特征以及变化关系之上"④。伊瑟尔则进一步认为阈限现象是无所不在的社会常态，提出了"阈限空间"（the liminal space）等概念。

---

① 特纳认为，阈限（亦称 communitas）概念是指通过象征而展现出的一种文化的原初基础和创造性的推动力，意味着一种文化最初的范畴，以及通过象征性建构的文化所具有的创造性灵感。维克多·特纳.仪式过程：结构与反结构[M].北京：中国人民大学出版社，2006：95.

② 范热内普.过渡礼仪[M].张举文，译.北京：商务印书馆，2012：14.

③ 特纳.象征之林：恩登布人仪式散论[M].赵玉燕，欧阳敏，徐洪峰，译.北京：商务印书馆，2006：94.

④ 彭兆荣.人类学的理论与实践[M].北京：民族出版社，2007：12.

从上述仪式研究所涉及的"阈限"概念来审视,这一关键要素突出体现了仪式行为过程的时空变化特征。仪式作为标准化的、重复的行动,如时历仪式①、通过仪式等,其时间阈限性往往成为区分仪式状态与日常生活状态的最显著标志:婚礼、就职等过渡仪式是一种社会化的见证过程,这些活动将人们暂时抽离于日常生活状态,也是仪式活动区别于普通文化行为的关键标志,而其行为的过程前后则成为仪式的"时间阈限";节日庆典类型的仪式更是如此,往往需要精心准备过程,同时唤起人们心理上的充分调试和期待。在现代"媒介仪式"中,各类"节庆氛围"的营造是现代社会的日常情境,源于仪式与传媒的"共谋":媒体需要盛大仪式活动引起社会的关注从而带来收视率的提升,仪式也借此将大众抽离日常生活结构、带入其主导的"阈限化"的文化情境之中。

世博会在不同国家的特定城市(空间)、特定时段(时间)举办(通常是间隔4年),这种周期性的组织方式事实上被人们视为一项国际性的节庆盛典。在这一盛会到来之前,它也善于借用大众媒介的配合"造势"一步步地经组织筹备过程来将观众带入一种节庆仪式般的情境氛围;最终开幕仪式、观展过程和竞赛结果发布等程序性环节令观众充分地体会作为参展国国民代表的身份及荣誉感。从上述一系列的策划运作过程来看,的确构建了世博会的周期性"时间阈限",此时此刻的每位观众都被赋予了人类共同体的成员身份,被抽离了日常的生活状态,而进入一场膜拜人类文明成果的"狂欢"时刻。在这种"狂欢"的阈限时段里,参展各国相对平等地获得了展示与竞技的参与机会,围绕世博会强调开放、包容、多元、沟通的活动主题汇聚一堂,暂时抛离了常态性的国际交往规则及其场域,不仅借助"奇观"满足了观众对日常生活之外世界的好奇,也通过全球规模的集体"文化展演"来强调每个参与国、每个参与者——观众作为人类共同体成员的身份认同。事实上,作为现代竞技仪式的世博会、奥运会、世界杯等大型活动,它们都是通过这类具有节日庆典性质的组织过程来让民众周期性地进入一种暂时脱离日常生活状态的"阈限"时刻、获得"狂欢"的乐趣,从而实现倡导全球化交往、追求构建人类共同体的组织目标。麦克卢汉就

① 罗伯特、莫菲在《文化和社会人类学》一书中提出了"时历仪式"的概念,认为这类仪式在每年差不多的时间举行,还有在特殊的环境和特殊时间需要举行的时历仪式,我们认为时间是直线的,以秒、分、时、星期、年运行,不可复始,而有些原始民族认为时间是可以重复的,时历宗教仪式是无穷无尽的周期中固定的标志,如圣诞节突出冬至,复活节和逾越节体现出春天的到来。转引自:李育红,杨永燕.仪式文化独特的外现形式——仪式[J].广西社会科学,2008(5):202-205。

曾评价类似的现代奥运会仪式:"运动员和观众共同参与就是仪式。奥林匹克更是群体仪式,远远超过一场球赛之类的普通竞技,奥林匹克有它的团体意义,它本身是在一个宏大过程中举行的仪式和积极的参与。"①

而这种组织运作过程中,大众媒介扮演了重要的助推角色:一方面它们通过媒介议程设置的功能来引导人们的舆论焦点,例如在世博会召开前后时段的集中性、系列性跟踪报道,积累该项节庆仪式的话题热度,唤起人们对它的关注、认知和兴趣;另一方面则通过各种报道方式、文化传播渠道对世博会全方位地"媒介呈现"。这种"呈现"不仅尝试再现世博会节庆仪式的本来面貌,而且加入了更多技术化表现的媒介元素和媒体机构的内容解读、报道视角,是经新闻传播过程的信息加工、放大、变形后的"文化呈现";在近代则主要依靠大众报刊的世博会新闻报道来实现,虽然不如电波媒体时代来得及时、迅速,无法借助动态影像的全景式再现,但也一定程度上因各大报刊的共谋联动而历史性地实现了对这一事件的远程传播和更大范围的全球参与。

第二节　近代国内报道对世博会"阈限"的媒介呈现

从上述世博会借助报刊等媒体报道对其节庆仪式过程的"阈限"营造来看,本书对该媒介呈现特征之一的过程与结果分析主要依据报刊的报道量时间变化,以及与仪式阈限密切相关的组织过程表述。具体方法:一种是将各年份、届次的世博会报道进行报道频次的变化统计,分析其召开前后的报道量数据,如出现显著的起伏变化则可以推断其时间阈限的到来和范围;另一种路径是深入个案研究和内容分析的层面,从代表性届次的世博会召开前后的报道主题与具体内容中,搜寻报刊表述上可能出现的"仪式阈限"的营造意味。

一、总体数量变化趋势分析

首先,从世博会报道量年份变化的总体趋势上看(如图2－1、表2－1所示),在各届次世博会召开的年份及其前后的报道量均发现有明显地变化,这种数量起伏也是世博会产生"仪式阈限"效应的一种反映。

---

① 麦克卢汉.麦克卢汉如是理解我[M].何道宽,译.北京:中国人民大学出版社,2006:171.

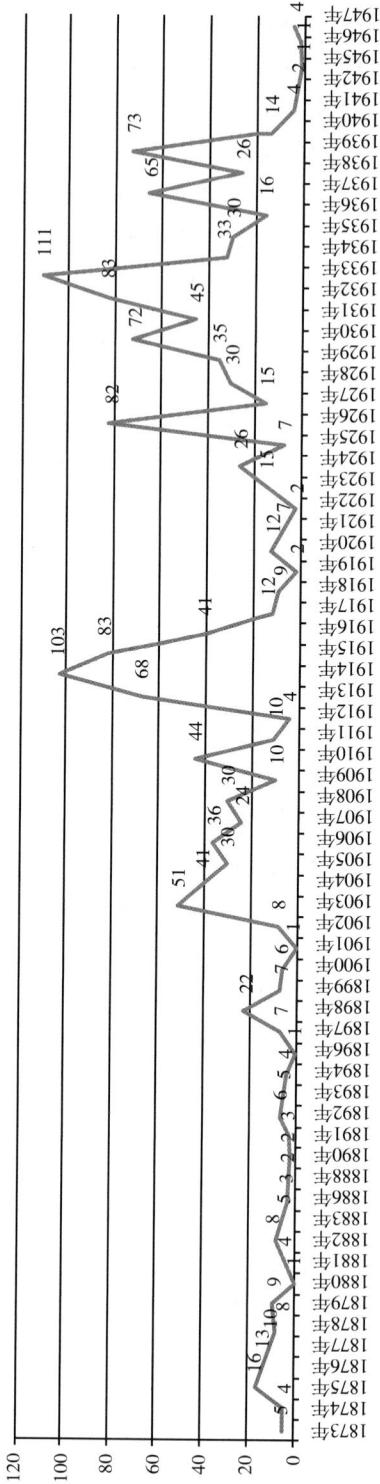

图2-1 近代国内报刊的世博会报道量按年份统计数量变化趋势图

注：本图根据笔者统计的不同年份的世博会相关报道数量编制。

　　具体来说,世博会报道数量的增长高峰均出现在各届次召开的年份或召开前1至2年的筹备阶段。其中,对比此前1年的报道量增长较为显著的有:清末的1876年美国费城世博会(1875年、1876年数量较高)、1900年法国巴黎世博会(1898年)、1904年美国圣路易斯世博会(1903年、1904年)、1910比利时布鲁塞尔世博会(1910年);民国时期的1915年美国旧金山巴拿马世博会(1913至1916年),1926年美国费城世博会(1926年),1930年比利时列日世博会(1928至1930年,期间还包括国内的1928年中华国货展会、1929年西湖博览会)、1933年的美国芝加哥世博会(1932年、1933年)、1937年法国巴黎世博会(1937年),详见表2-1。

　　这种贯穿始终的数量起伏趋势说明:无论在清末或民国时期,报刊媒体发展到何种程度,在世博会召开前夕或当年的报道量都会呈现显著增长。这种起伏变化一方面显示报刊媒体对世博会的关注度和报道频次在其筹备阶段或召开过程中有明显地增长,使世博会成为公众热议的话题,体现了近代印刷媒介在议程设置上的舆论导向作用;且该变化与世博会在中国的发展热度呈正相关:报道量呈总体上升趋势,清末到民国出现的三次博览会热潮都伴有报道增长的高峰;它与中国报业的总体发展水平有关:随着报刊的普及程度与社会信息化水平的提高,各刊物对世博会等大型活动的报道总量也相应增长。

表2-1 近代国内报刊的世博会报道数量按年份统计表

年份	报道数量	年份	报道数量	年份	报道数量
1873年	5	1883年	5	1898年	22
1874年	4	1886年	3	1899年	7
1875年	16	1888年	2	1900年	6
1876年	13	1890年	2	1901年	1
1877年	10	1891年	3	1902年	8
1878年	8	1892年	6	1903年	51
1879年	9	1893年	5	1904年	41
1880年	1	1894年	4	1905年	30
1881年	4	1896年	1	1906年	36
1882年	8	1897年	7	1907年	24

续表

年份	报道数量	年份	报道数量	年份	报道数量
1908 年	30	1921 年	7	1932 年	83
1909 年	10	1922 年	2	1933 年	111
1910 年	44	1921 年	7	1934 年	33
1911 年	10	1922 年	2	1935 年	30
1912 年	4	1923 年	15	1936 年	16
1913 年	68	1924 年	26	1937 年	65
1914 年	103	1925 年	7	1938 年	26
1915 年	83	1926 年	82	1939 年	73
1916 年	41	1927 年	15	1940 年	14
1917 年	12	1928 年	30	1941 年	4
1918 年	9	1929 年	35	1942 年	2
1919 年	2	1930 年	72	1945 年	1
1920 年	12	1931 年	45	1946 年	1
				1947 年	4

二、清末世博会受国内报刊媒体的全面关注时期

进入 20 世纪初,世博会在国内报刊媒体的全面关注下开启了第一次社会普及的高潮,中国的博览会事业才真正迎来了快速发展的阶段:从1900 年巴黎世博会到1906 年米兰世博会,在清末的十一年间,共召开了六届全球规模的国际博览会,国内媒体对这一阶段召开的世博会报道量增至274 篇(除去国内举办南洋劝业博览会等的相关报道65 篇),超过 19 世纪的 50 年来总和(100 篇)的 1.74 倍。

从具体届次的世博会报道量统计看,国内集中报道的这 6 届世博会中1904 年美国圣路易斯世博会、1910 比利时布鲁塞尔世博会、1906 年意大利米兰世博会报道量分列前三位。

以同期国内报道量最多、影响最大的美国圣路易斯世博会为例,对它的报道量高峰主要出现在召开前 1 年的筹备阶段和召开当年(1903 年、1904 年,如图 2 - 2)。这一显著增长再次反映出世博会召开前获得大量的

媒体关注,被国内各大报刊所营造出的仪式"阈限"氛围,它也因此发展成为一种"媒介事件"。该时期报刊媒体的数量及种类大大增加:报道总量高达91篇,媒体来源增至18种;《申报》《商务报》《外交报》等商业和官方报刊取代传教士刊物成为该时期世博会文化传播的首要渠道;除商业报刊外,中央官报的《商务报》(商务部)、《外交报》(外务部)、地方官报的《四川官报》、政党报刊的《新民丛报》《清议报》、专业性刊物《农学报》均有涉及,反映出舆论氛围上更加充分地营造了世博会即将到来和召开盛况的仪式场域,这种大范围、集中高频地报道自然使公众进一步卷入了对世博会的关注之中。

　　大量相关的官方公报和筹办进程的持续关注一方面对舆论热点的引导产生了显著影响,也使远隔万里的中国读者能够借助全方位的报刊报道进入一种远程参与和节庆狂欢的阈限之中,并进一步助推了世博会这一西方主导的重大国际活动在中国社会的文化传播。例如,新闻内容方面,国内媒体普遍持积极态度,通过对世博会历史的全面介绍、重点阐释参博的现实意义来唤起民众的关注与工商阶层的参与热情。《时事报》借机详细向公众普及了近代博览会的一些常识:"博物之院,萃于一区,必先筑绝后空前之会所,四通八达之市场,荡心骇目,巍然焕然,乃足以受容中外与会之人与物,及中外观会应用之物,非细故也。"①意在阐释博览会最原本的形式与展示功能:"专辟一地,集合精良物品供人观览;以及博览会的文化传播作用:增进知识,以广见闻。"上海的《中外日报》还介绍了此次赴美参会的筹办过程及其国际意义:"美会将至,窃谓宜合十八省之力,共选数人,经理其事。……赴赛之事,以将来能使本国多销出日货为要义,其珍异古物使人炫骇,则为技末之事。"②而且,该报还刊载了一则中国送展物品借机推销的广告:"中国瓷器实冠五洲,如其赴会,非顶期难获佳品。兹有家藏极好瓷器甚多,倘能够为赛品,不但可得厚利,而月与国争光,故特登报。"

---

①　佚名.论今日宜急开内国赛会以兴工献[N].时事报,1908-03-30(4).
②　佚名.论派员至美赛会之宜慎[N].中外日报,1903-08-09(3).

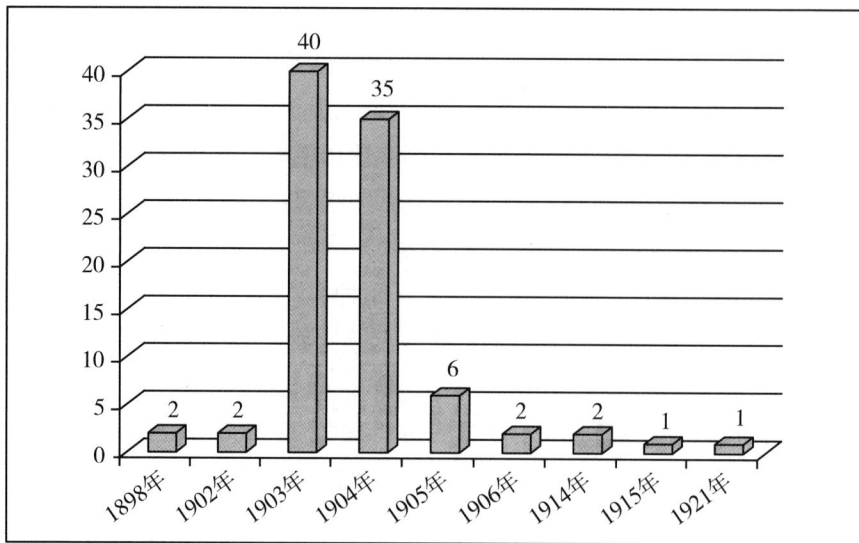

图 2 - 2　中国对美国圣路易斯世博会报道量年份分布图(单位:篇)

　　而这种报道量和报道氛围的剧烈变化反映出了媒体乃至国人对世博会的认知与理解的变迁,这是由于制度和环境的迅速转型带来的:

　　清政府在历经甲午战败、"庚子之乱"等内忧外患的形势下,开始被迫在全社会推行鼓励工商、效仿西方的各项改革政策。1903年实行"新政"的清政府设立商部,呼应了国内新兴的工商阶层推动国内改革的热情,因而,重视并积极组织参加世博会也是其接触与学习西方、加强对外交流的重要契机。官商两方面均对参加世博会促进经贸、改善国际形象的功能寄予厚望:官方赴美参会的主要目的是"内可维持商务,外可联络邦交"。外务部则明确提出:"中国物产甲于全球,徒以工艺未兴,商情涣散,比诸各国,实有不逮,现当整伤庶政之时,适美国有此大会,巫应加意讲求,期于工商诸务有所裨益。"①在各种政策利好的培育和诱导下,中国赴美参博自然成为举国关注的社会焦点,进而升格为报刊媒体普遍关注的"媒介事件"。自此,国内媒体对世博会的话题关注也成为每逢世博会召开之际的一种惯例。

　　但是,从报道类型上看,由于清末报刊媒体的发展尚不成熟,新闻的表述方式仍以传统论说形式为主,评论性报道比重在整个近代阶段是最高的(见图2-3)。这体现了报刊媒体在新闻表述方式上所习惯的较强思辨

---

　　①　佚名.外务部奏请派员赴美赛会折[N].外交报,1903 - 02 - 12(2).

性,而时效性依然相对较弱,导致对世博会仪式阈限的氛围营造还不够充分。

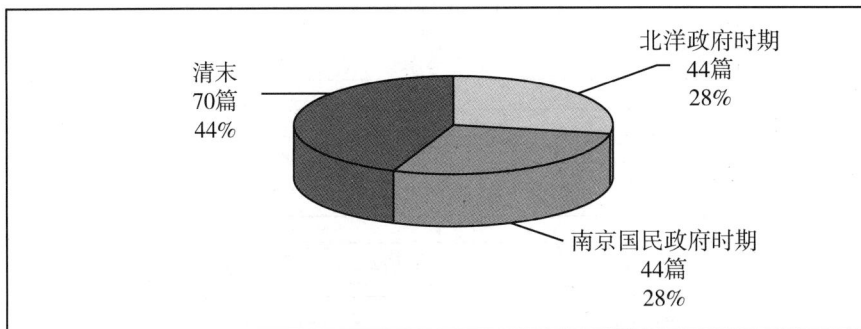

图 2 - 3　清末国内刊物对世博会的评论类报道数量及占比

三、民国政府时期世博会及近代博览会事业发展的成熟阶段

民国建立后的最初 15 年(1912 至 1926)是北洋政府执政时期,在这一阶段,世博会的社会关注度乃至中国的博览会事业发展到近代阶段的新高峰。从 1913 年比利时根特世博会到 1926 年费城世博会,共召开了四届全球规模的国际博览会,加上 20 世纪 20 年代国内筹办博览会的报道,国内媒体的相关报道量达 529 篇,创历史峰值,比清末时期总和(374 篇)多41% ,约占我国近代世博会报道总量(1571 篇)的三分之一。

从具体届次的世博会报道量统计看,国内集中报道的 1915 年美国旧金山举办的"太平洋巴拿马国际博览会"、20 世纪 20 年代国内筹办博览会、1926 年美国费城世博会的报道量分居前三位。

这一阶段,1915 年美国旧金山召开的"巴拿马太平洋国际博览会"是最受媒体关注的一届,也是中国近代阶段报道量最高的一届世博会。以此为例,我们来分析下国内报刊对它的媒介呈现情况:

首先,在各大媒体的联动下,本届世博会的新闻时效性更强,仪式阈限的营造最为成功,也引发了历史上热度最高的社会关注,且媒体的关注与组织参展工作的进展、成效形成了相互呼应、推动的局面。表现在与本届世博会议题相关的报道量在 1915 年召开前后(1913 至 1916 年期间)显著上升(见图 2 - 4);1914 年播报中国参加巴拿马世博会的政府公告和进程信息多达 89 条;在组织筹办和正式参展过程中出现了《申报》特派记者赴会、发回《参观巴拿马博览会记》①等系列报道的跟踪性新闻。这些时效性更强的报道及时、全面地介绍了世博会的筹办进程和参会动态，而组织参展工作也成为媒体普遍关注的重要话题，这也是使世博会的集中报道成为"媒介事件"的重要表征。

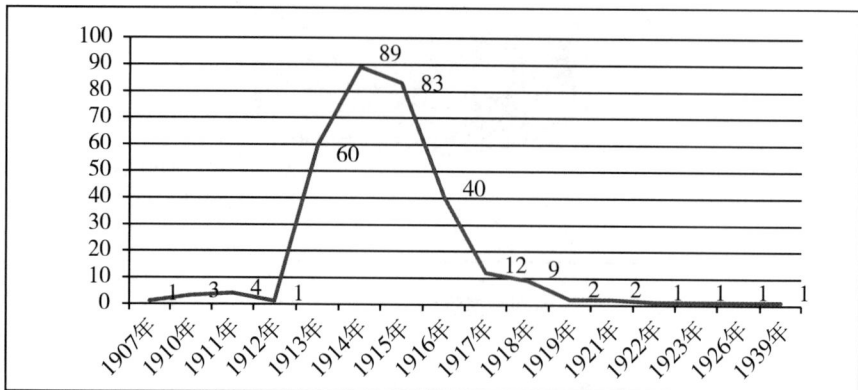

图2-4 中国对巴拿马世博会报道量的年份变化（单位：篇）

其次，在世博会报道形式和内容上也更加丰富、更有深度了，突出表现在出现了大量评述性和批判性的深度报道，仪式阈限的建构更加充分。据笔者统计，1914至1915年间世博会的现场通讯类报道、评论类报道均共计17篇，创历年之最；1915年介绍该届世博会的图文式报道和现场通讯式的深度报道分别达36篇和15篇。这与政治时局的剧烈变化导致媒介制度和舆论环境日渐放松、言论日趋活跃有直接关系，而这些大量的深度报道和专题评论进一步推高了世博会话题的舆论热度，使之成为当时一项重要的"媒介事件"和"公共议程"。

再次，官方报刊和经济类期刊成为舆论引导的先锋和宣传主力。从媒体来源方面看，前文所述的《申报》《政府公报》等商业和官方报刊成为该时期世博会文化传播的主渠道。虽然大型商业报刊《申报》的世博报道量依旧保持首位（202篇），占全国报刊相关报道量的38%；但更为显著的变化是官方报刊（如《政府公报》《江苏省公报》等）的报道量大增，总量位居第二，合计130篇，占比为25%；内容上播报筹备进程的消息也急剧增加，反映出官方媒体成为向地方商会组织和工商阶层及时传达、动员展品征集工作的喉舌功能。

---

① 范永增.参观巴拿马博览会记[N].申报,1915-09-05(11).

　　1927 年南京国民政府成立后,延续了对世博会一贯重视的官方态度,并且开始了中国自办博览会的实践过程,商会组织日益壮大,"国货运动"日渐高涨,期间召开了杭州西湖博览会(1929 年)、中华国货展销会(1928年)等一系列国内博览会。这一时期,从 1930 年比利时布鲁塞尔世博会到1939 至 1940 年纽约—旧金山世博会,共召开了五届全球规模的国际博览会,国内媒体的相关报道量达创纪录的 546 篇,超过我国近代报道总量(1571 篇)的三分之一(35%)。20 世纪 30 年代,国内媒体对世博会报道数量呈现两次高峰,分别在 1933 年和 1939 年前后;这些现象与该时期近代报业进入相对成熟的阶段、新闻信息总量扩大的媒介环境有关,而且中国参与世博会的新闻报道因国际战局的大背景而被赋予了更多的政治宣传的色彩以及宣誓主权的外交功能。

　　从具体届次的世博会报道量统计看,国内集中报道的 1933 年美国芝加哥世博会(232 篇)、1939 至 1940 年纽约—旧金山世博会(113 篇)、1930比利时列日世博会(106 篇)、1937 年法国巴黎世博会(78 篇)的报道量分居前四位。30 年代后期,二战爆发使报道量有所下降,但在国内战局日益危急、经济恶化的环境下能保持这样的媒体关注度,足以彰显世博会具有超越政治经济考量的文化价值。

　　下面我们以报道量最高的 1933 年美国芝加哥世博会为例,分析这一时期仪式阈限所反映出的当时媒体环境和社会发展的形势变化:

　　从报道量及涉及的刊物种类丰富度来看,国内报刊媒体已进入了近代以来最为成熟的阶段,虽受到战乱的影响报道量有所下降,但总体上新闻生产能力大大增强,为世博会的文化传播提供了必要的传媒业支撑。突出体现在覆盖全国的新闻通讯网初步形成:1936 年"中央社"在各地设立了11 个分社,构建了全国性网络,使各地报纸采用"中央社"的稿件来源量明显增多,到 30 年代中后期,许多地方报纸来自中央的"通稿"占 50% 以上[①];同时,"国闻通讯社""申时通讯社""新声通讯社"等大批民营通讯社纷纷成立,各类报刊的新闻来源有了更丰富的渠道,采编能力大幅提升,使得对世博会等重大事件的报道在抗战时期仍能保持新闻的及时性和较高报道量。例如,民国时期的第二次世博会报道高峰就出现在 1933 年美国芝加哥世博会前后,报道量再创历史新高,达 361 篇,且与在世博会召开时间依旧呈正相关的变化趋势(见图 2 - 5)。

---

　　① 　许正林.中国新闻史[M].上海:上海交通大学出版社,2008:265.

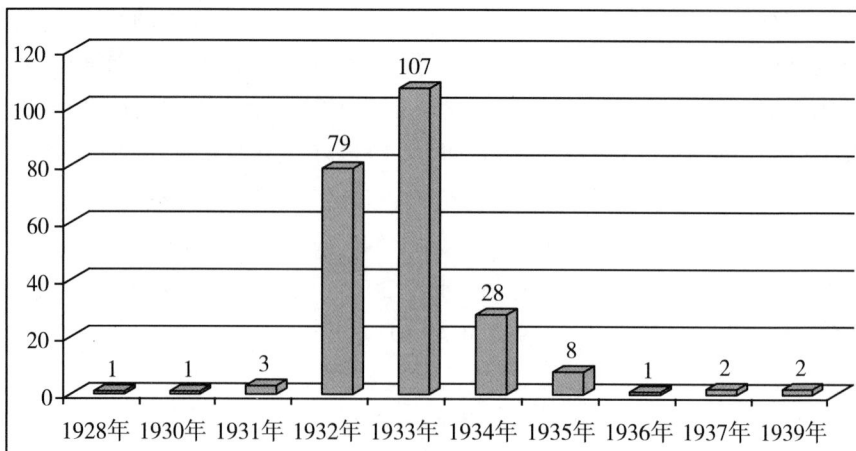

图 2 - 5 　中国对芝加哥世博会(1933 年)报道量年份统计图(单位:篇)

而在此阶段,比利时、法国、美国还相继召开了 1930 年比利时列日世博会、1935 年比利时布鲁塞尔世博会、1937 年巴黎艺术博览会、1939 至1940 年纽约—旧金山世博会(两年分两地举行)。这些世博会的报道都呈现了与芝加哥世博会相似、该阶段共有的一些特征,如在政府积极态度的引导下社会媒体的关注热情高涨、报道量的消长与召开时段呈正相关性、以经济类和科技类刊物为主要关注媒体、报道内容上反映出南京国民政府时期社会崇尚科学和重视商贸的诉求等(见图 2 - 6 至图 2 - 10)。但进入二战阶段的 30 年代后期,受战争动荡的时局影响,报道量有所减少:1937年巴黎艺术博览会为 78 篇,1939 至 1940 年纽约—旧金山世博会(两年分两地举行)合计降至 113 篇。

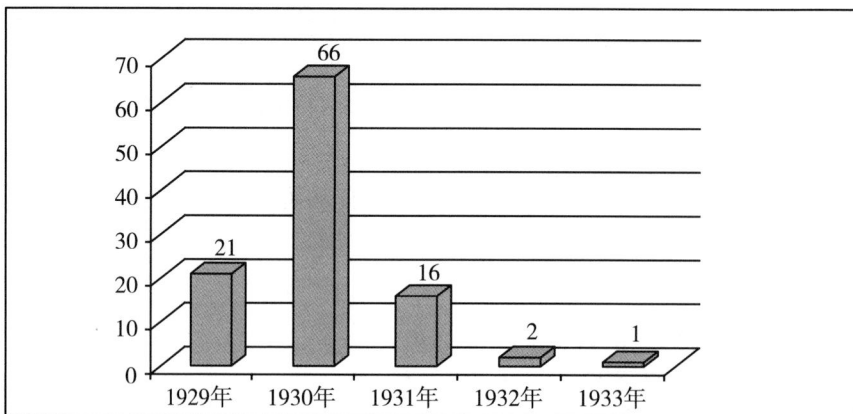

图 2 - 6 　中国对比利时列日世博会(1930 年)报道量年份统计图(单位:篇)

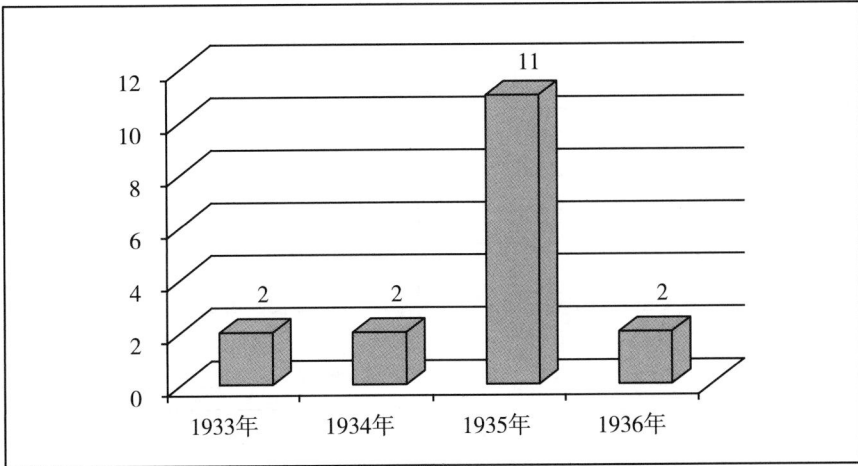

图 2 - 7　中国对比利时布鲁塞尔世博会(1935 年)报道量年份统计图(单位:篇)

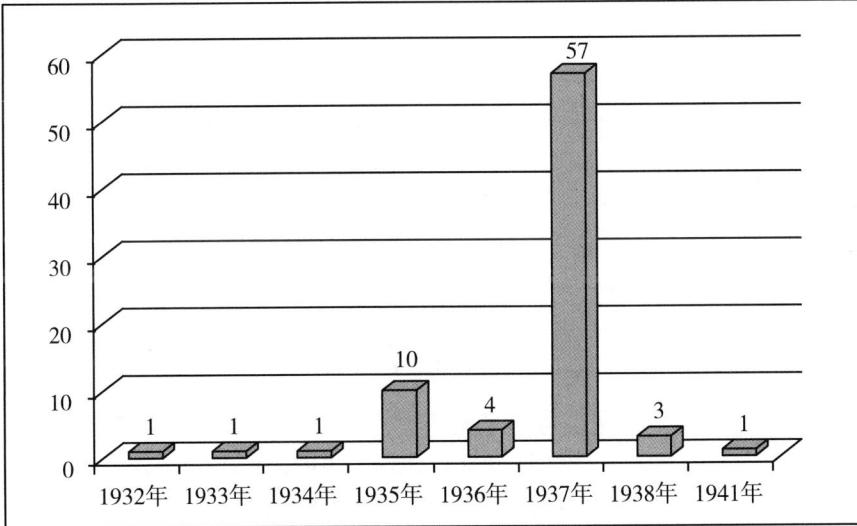

图 2 - 8　中国对巴黎世博会(1937 年)报道量年份统计图(单位:篇)

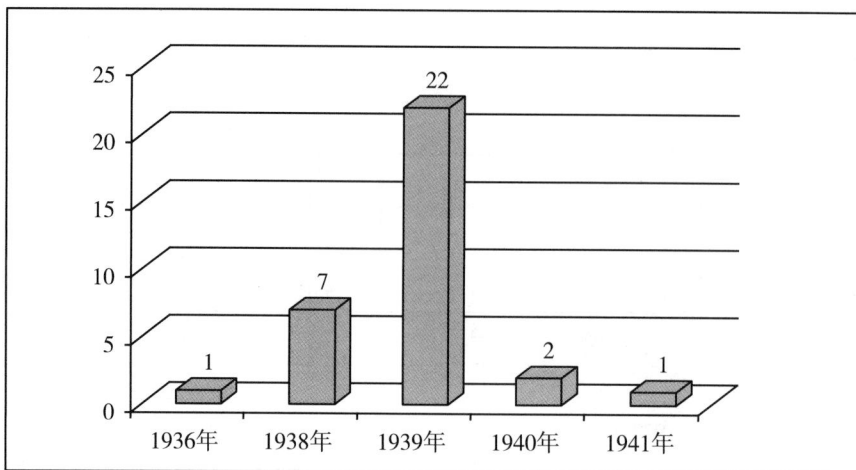

图 2 - 9　中国对旧金山世博会(**1939** 年)报道量年份统计图(单位:篇)

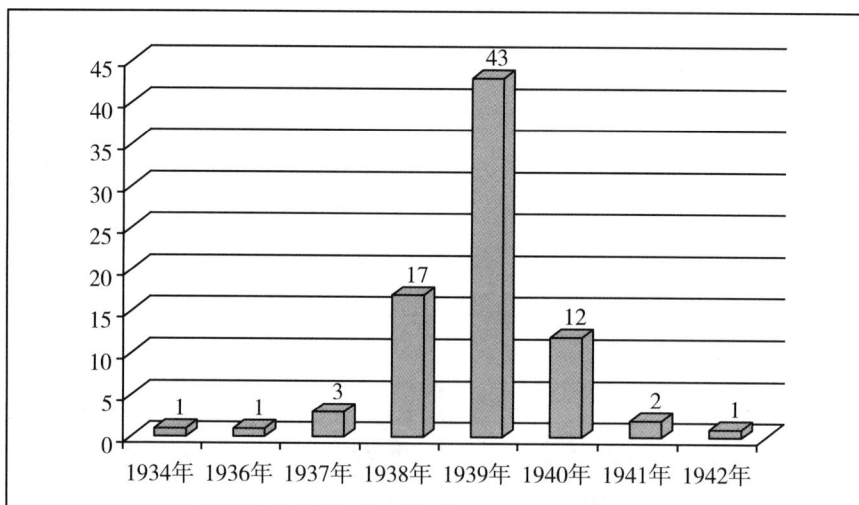

图 2 - 10　中国对纽约世博会(**1940** 年)报道量年份统计图(单位:篇)

由此可以看出,不同年份的报道量在世博会召开当年或前一年都呈显著上升趋势,反映报道量的消长与召开时段呈正相关性,可以推断这一时期的报刊媒体将世博会作为新闻事件的关注度和报道时效性还是比较强的。

综述所述,南京国民政府时期的世博会报道对其作为节庆活动的仪式阈限营造达到最为成熟的阶段,在数量、新闻视角、涉猎主题、表述方式、报道深度等方面,均已相对丰富;这与国内报刊媒体发展的逐渐成熟,报业的新闻生产能力、技术能力普遍增强是密不可分的。它推升了世博会的新闻信息总量并让报道的时效性、生动性、丰富性达到了历史最高水平,使得该阶段的世博会报道量并未因战事影响发生较大回落。具体表现在各届世博会的报道量总和创历史之最(663 篇),即使 1938 至 1940 年处于抗战期间的纽约—旧金山世博会新闻也达到 113 篇,超过清末报道量最高的1904 年美国圣路易斯世博会(92 篇),显示了国内媒体该时期较强的新闻生产能力。其中简讯类报道的数量比重达到近代同类报道总量的 42%(见图 2 - 11),显示了媒体的新闻时效性大大提升,仪式阈限的营造能力达到历史最高水平。

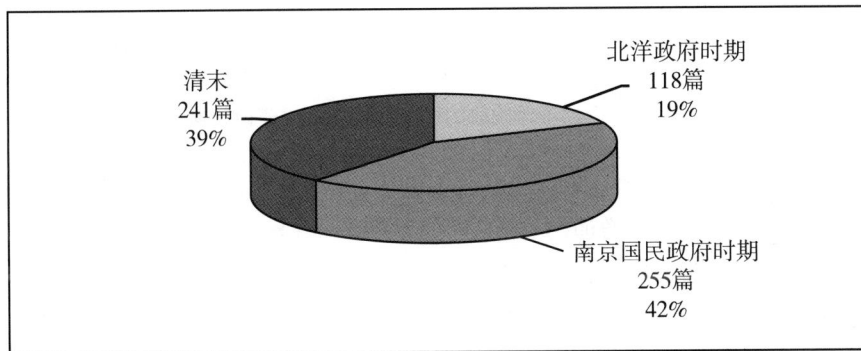

清末
241篇
39%

北洋政府时期
118篇
19%

南京国民政府时期
255篇
42%

图 2 - 11　南京国民政府时期世博会的简讯报道数量占比

第三节　对世博会现场情形的"媒介仪式性"描述

近代报刊中除了对世博会历史背景和参与各方相关信息的常识普及性介绍,世博会作为定期召开的全球性重大事件,媒体描述它时的一大特色是对于现场活动情形的即时报道。这些新闻力图进行"奇观"式的描述,通过文字或者图文并茂的方式记录现场的盛况,它们对于调动国人的好奇心、关注度乃至全社会的参与热情起到了关键的助推作用。不同于信息和公告类的报道内容，这些文字描述主要体现在具有"媒介仪式"属性的通讯类报道当中。其中较为大量、显著的现场通讯类报道主要出现在世博会开幕或重大项目活动期间，虽然数量占比不是很高（共计113篇，占总量的比重为7.19%），但它们再现了现场的盛况，吸引了远在仪式活动万里之外的公众关注；从文化传播的角度来看，这些报道本身就是世博会作为仪式"文化场域"的重要外延，能有效地加深广大非现场的受众对其感知度与远程式的"融入"，是世博会面向国内公众进行文化传播的核心内容和重要表述方式，因此这里将此类报道单独列出进行阐释。

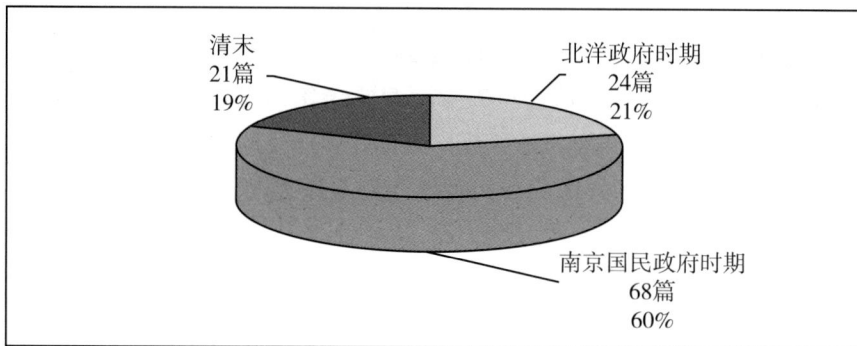

图 2-12　近代不同阶段的世博会通讯类报道量的对比

从图 2-12 可见，在近代三个主要的历史分期中，世博会现场通讯类的深度报道呈现不断增加的趋势（见图 2-13），在清末、北洋政府时期、南京国民政府时期数量比约为 1:1:3。如前文所述，从数量上体现了三次增长高峰时期（见图 2-13）：1913 至 1915 年、1928 至 1933 年、1937 至 1939年，分别对应了美国旧金山举办的巴拿马世博会（1915 年）、比利时列日世博会（1930 年）与美国芝加哥世博会（1933 年）、巴黎艺术国际博览会（1937 年）与美国纽约—旧金山（1939 至 1940 年）世博会，这三个高峰时期的出现均与国内近代博览会事业及报刊媒体的发展水平密切相关；除此之外，几乎大部分届次的世博会也都有同类报道。

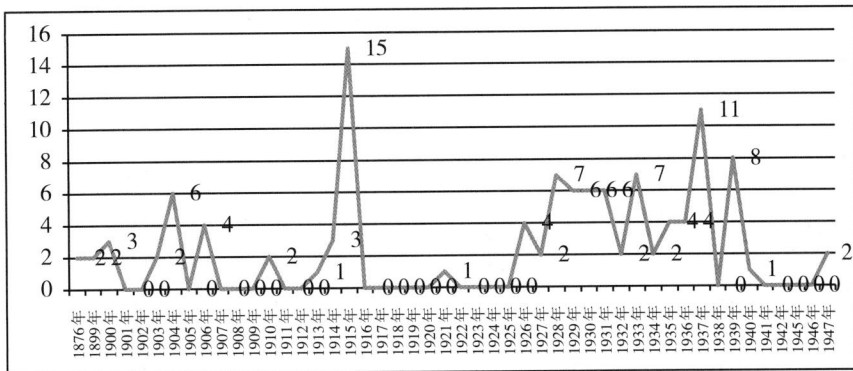

图 2 – 13　中国近代各年份的世博会通讯类报道量变化趋势

从图 2 – 13 可见,巴拿马世博会期间(1913 至 1915 年)是首次通讯类报道的数量高峰。在当时的印刷媒体技术条件下,这种区别于传统论说式的新兴报道方式是最真实、全面地反映事件现场的新闻表述方法,其报道的事件对象必然是媒体最为关注、最具社会影响力的话题。1915 年巴拿马世博会的通讯报道共 15 篇,创历年之最,当时最具社会影响力的大众商业报刊——《申报》上就有 10 篇,从中可以推断该届世博会在举国上下引起的关注和社会影响力。从内容上看,主要是描述世博会现场的盛况以及新成立的民国北洋政府赴美参博的情形,这也是所有通讯类报道的共同主题。除了对现场的描述性文字,还包括一些情感饱满、夹叙夹议的系列通讯报道,如 1915 年 9 月世博开幕期间的 4 篇系列通讯《参观巴拿马博览会记》①(见表 2 – 2),详细描述了开幕式的盛况、各国展馆、新奇展品等(见图 2 – 14)。

表 2 – 2　1915 年中国有关巴拿马世博会的通讯类系列报道

通讯类报道主题	刊物来源
巴拿马赛会纪闻	申报
巴拿马博览会陈列装饰法之一斑	申报
参观巴拿马博览会记(续)	申报
罗斯福巴拿马博览会演说辞	申报
参观巴拿马博览会记	申报
参观巴拿马博览会记(续)	申报
参观巴拿马博览会记(二续)	申报

---

① 范永增.参观巴拿马博览会记[N].申报,1915 – 09 – 05(11).

续表

通讯类报道主题	刊物来源
调查:特别调查:参观巴拿马博览会记	中国实业杂志
三志赛会场中之华地狱	申报
观巴拿马赛会归客谈	申报
博览会中之华地狱	申报
时事:特别新闻:日报评我与赛巴拿马赛会事	兴华
巴拿马赛会得奖志庆	兴华
调查:特别调查:中国参与巴拿马万国博览会记	中国实业杂志

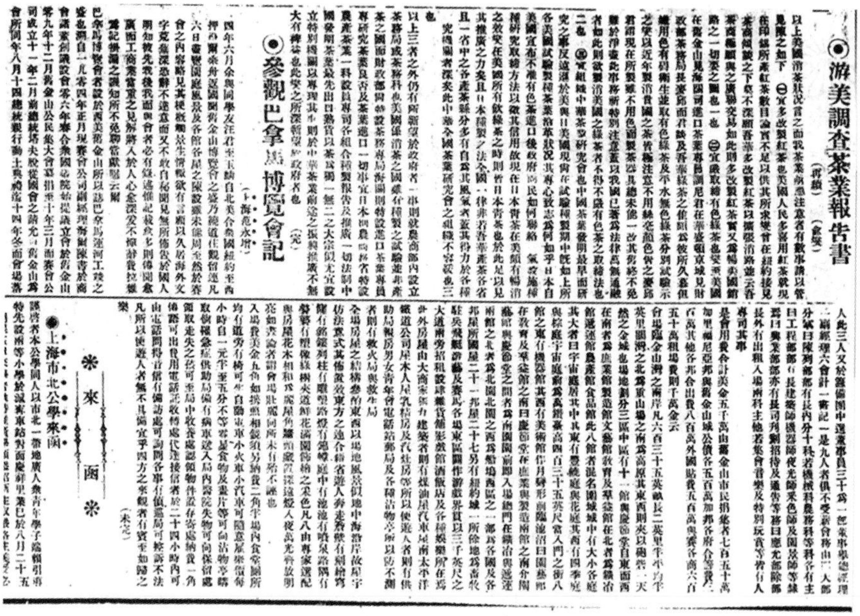
游美調查茶業報告書
參觀巴拿馬博覽會記
來函

图 2-14　1915 年《申报》关于巴拿马世博会的通讯类系列报道《参观巴拿马博览会记》①

上述报道描述了来自上海范永增的署名通讯,他携“学友汪君”参观美国巴拿马世博会,开篇介绍了美国旧金山召开世博会是为了“志巴拿马运河工竣之盛也”,美国筹办经费为五千万美元,民众支持热情很高,捐款也达“七百五十万”美元,接下来详细介绍了会场的位置、展馆的方位及特色,并称赞道:这些精巧的设计和管理“凡所以使游人者无不具备,宜乎四

① 范永增.参观巴拿马博览会记[N].申报,1915-09-05(3).

方之来观者有宾至如归之乐"。后续几日的系列通讯报道进一步介绍各个展馆内部的结构及特色,尤其是中国展区的情况:如教育馆内"我国占地不少,上海工业学校、清华学校、山西大学等俱有",并将其与各国展区进行比较找出不足:"试卷课本图画及一部分之书纸则徒适宜内国之展览,东西洋人视之将以为庸常矣";除此现场描述外,还全文刊登了美国总统罗斯福的世博会开幕致辞,更加全方位地表现了世博会当时的盛况。

比利时列日(1930 年)与美国芝加哥(1933 年)两届世博会是国内第二次通讯报道的数量高峰期(1928 至 1933 年);这一阶段我国还举办了中华国货展览会(1928 年)与西湖博览会(1929 年),是南京国民政府时期近代博览业发展的高潮,期间的通讯类报道量年均 5.6 篇,且持续 6 年,可见关注热度之高;而主要发布媒体仍为最具影响力的大众商业报刊——《申报》(25 篇)。(见表 2-3)

表 2-3 1928—1933 年间各届次世博会及中国相关通讯类系列报道

年份	通讯类报道主题	刊物来源
1928	中华国货展览会(四二)李馥孙代表何德奎演讲	申报
1928	中华国货展览会四五冯少山欢迎辞	申报
1928	中华国货展览会三三吴蕴齐演说	申报
1928	潘局长致闭会词开会提倡本属一时。而国货之印象。则愿全国人士深镌脑蒂。应念经济侵略之足以亡国。	申报
1928	夏秋用品国货展览会昨日开幕	申报
1928	中华国纲展览会昨日开幕盛况蒋主席购第一号参观券孔部长开会词	申报
1928	中华国货展览会(二十)使工商部孔部长所筹备的建国博览会规模更为宏大	申报
1929	今日西湖博览会开幕已将货品陆续运杭。闻有三百余件之多。	申报
1929	今日西湖博览会开幕准于今日(六日)下午二时行开幕典礼。工商部部长孔祥熙氏。由京来沪	申报

续表

年份	通讯类报道主题	刊物来源
1929	西湖博览会开幕张人杰开会词今日为西湖博览会开幕之日	申报
1929	西湖博览会开幕续志由中央委员林森行升旗礼。众皆脱帽致敬礼	申报
1929	褚民谊谈赴比赛会进行情形	申报
1929	赴比赛会征集大会记	申报
1930	西湖博览会举行闭幕式各馆所展期十天免费参观	申报
1930	留比同学欢宴褚民谊等	申报
1930	中法工专学生欢送褚民谊赴比该校教职员学生到者数十人。首由学生会代表梁树蒪起立。致欢送词	申报
1930	比国博览会中中国陈列馆之概况	申报
1930	比国博览会华馆开幕	申报
1930	比国博览会闭幕我国赛品得第三奖	申报
1931	昨日褚民谊回国	申报
1931	褚民谊赴比归国报告（三续）	申报
1931	褚民谊赴比归国报告分函外交教育实业三部报告赴比经过云	申报
1931	诸民谊赴比归国报告（续）	申报
1931	诸民谊赴比归国报告（再续）	申报
1931	比博会奖凭昨在市商会颁发	申报
1932	记支加哥博览会之中国建筑:仿照热河行宫之金亭式样建造,我国建筑艺术在西方放一异彩:瑞典探险家述金亭之历史（未完）	《小世界:图画半月刊》
1932	记支加哥博览会之中国建筑（接续上期）	《小世界:图画半月刊》
1933	游踪所至·世界博览会记游（一）	申报
1933	游踪所至·世界博览会记游（二）	申报
1933	游踪所至·世界博览会记游（三）	申报
1933	游踪所至·世界博览会记游（四）	申报
1933	万电炬自动齐明。芝加哥博览会开放。我国陈列品颇轰动一时	申报
1933	无线电之神速博览会马可尼席上发信号	申报

年份	通讯类报道主题	刊物来源
1933	芝加哥博览会开幕盛况	《科学知识(上海)》
1934	芝博览会六月重开。会场布置景物一新十新村表现各国特色	申报

从表 2 - 3 可见,比利时列日和美国芝加哥世博会以及国内的"中华国货展会""西湖博览会"均有多篇通讯类报道,而且多数为系列报道。例如,"中华国货展会"开幕之际,刊登了南京国民政府时期时任国民党主席的蒋介石、工商部长孔祥熙以及李馥孙、冯少山等多位嘉宾的致辞,以彰显展会开幕仪式的隆重;西湖博览会开幕前后,也刊登了多篇介绍筹备近况、开幕现场的通讯:"今日西湖博览会开幕""准于今日(六日)下午二时行开幕典礼""张人杰开会词""中央委员林森行升旗礼"。这些紧跟展会进程、较强时效性的系列报道烘托了"西博会"的盛况。同样,在比利时列日世博会、芝加哥世博会召开期间,《申报》也分别刊载了《褚民谊赴比归国报告》(一至三续)①②③、《游踪所至·世界博览会记游》(一至四)④⑤⑥⑦的系列报道(见图 2 - 15),这些报道均较为详细地记录了当届世博会的见闻和各国尤其是中国展馆及展品的情形,为国内公众较为生动地描述了展会仪式现场的盛况。例如,南京国民政府的比利时世博会筹备主任褚民谊在归国报告中详细描述并系统总结了博览会现场尤其是中国馆开幕时的国外观众热情称誉的情形:"所幸六月十六日。本国陈列馆开幕。各事都已齐备。外宾到者甚众。比国舆论颇多诩词。本国陈列馆开幕后。各国人士前来参观者。每日必有数千人。有目中国馆为美卫馆者。虽不虞之誉。受之有愧。惟本国此次出品。大部属于手工业方面如绣花雕刻之类。机械品则寥落可数。此等手工品。大都异常精巧。故外人见之称道。"并且发出了对以手工为主的中国展品落后于时代的警醒:"其实立国于今日之世界。非科学发达。不足以图存。"

---

① 佚名.褚民谊赴比归国报告[N].申报,1931 - 01 - 28(16).

② 佚名.褚民谊赴比归国报告(再续)[N].申报,1931 - 01 - 31(16).

③ 佚名.褚民谊赴比归国报告(三续)[N].申报,1931 - 02 - 02(15).

④ 黄觉明.游踪所至世界博览会记游(一)[N].申报,1933 - 07 - 12(17).

⑤ 黄觉明.游踪所至世界博览会记游(二)[N].申报,1933 - 07 - 13(16).

⑥ 黄觉明.游踪所至世界博览会记游(三)[N].申报,1933 - 07 - 14(17).

⑦ 黄觉明.游踪所至世界博览会记游(四)[N].申报,1933 - 07 - 15(20).

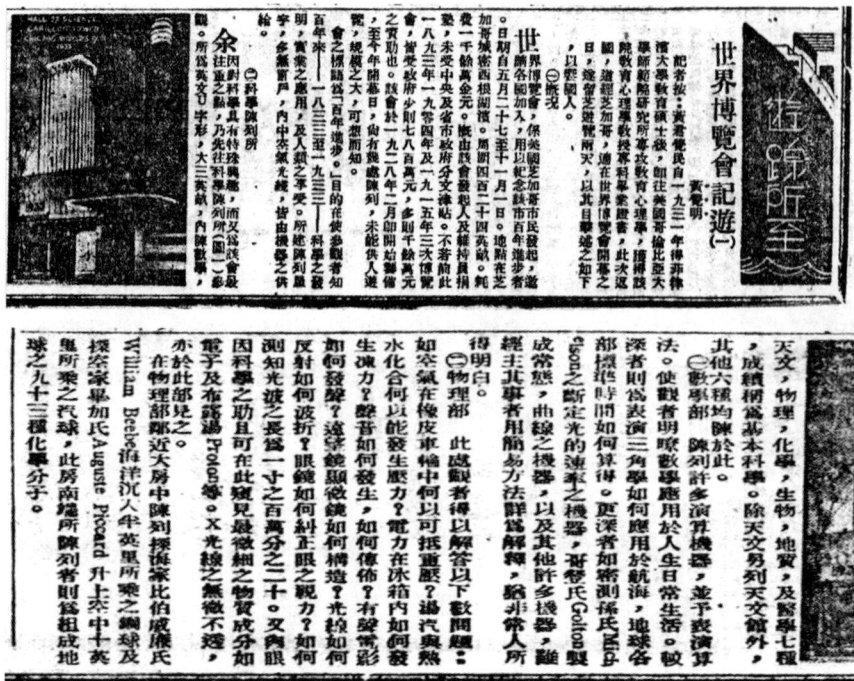

图 2 - 15　1933 年《申报》关于芝加哥世博会的通讯类系列报道《世界博览会记游》①

　　巴黎(1937 年)与美国纽约—旧金山(1939 至 1940 年)两届世博会期间是国内第三次通讯报道的数量高峰(1937 至 1939 年),我国处于抗战的非常时期,但国人对近代博览业的关注与投入仍未停止。这一时期世博会通讯类新闻的发布媒体仍以大众商业报刊——《申报》为主(19 篇);而且当时的国内媒体已更多采用通讯报道形式来增强新闻的时效性,世博会等国际事件自然容易成为媒体派驻记者赴现场发回报道的热点话题。因此,从战争时期新闻所关注的非战事报道来看,世博会能够保持这种媒体热度是相当不易的。(见表 2 -4)

表 2 - 4　1937—1939 年间中国有关巴黎与纽约—旧金山世博会的通讯类系列报道

年份	通讯类报道主题	刊物来源
1937	参加巴黎赛会玉器预展今日开幕	申报
1937	参加巴黎赛会玉器预展昨晨开幕	申报
1937	巴黎博览会定期开幕。科学艺术冶于一炉布置设备蔚为大观	申报

―――――――――

① 黄觉明.游踪所至世界博览会记游(一)[N].申报,1933 - 07 - 12(17).

续表

年份	通讯类报道主题	刊物来源
1937	参加巴黎博览会招待报界。玉器预展会昨成立	申报
1937	巴黎通信·记国际美术工艺博览会(上)	申报
1937	巴黎通信·记国际美术工艺博览会(中)	申报
1937	旅美华侨请参加纽约博览会。屋柏林大学校长函请孔部长赞助	申报
1937	巴黎博览会昨日起正式开放。法总统勒白仑致开幕词希望借此促进国际谅解	申报
1937	巴黎博览会观众拥挤第一日不收票	申报
1937	中国参加巴黎国际博览会之经过	中法联谊会季刊
1937	参观巴黎万国博览会记(法国通讯)	新中华
1939	电影与戏剧。无线电影宣告成功。金门博览会首度公开展览	申报
1939	游艺界纽约博览会中的游艺节目	申报
1939	游艺界纽约博览会中冰模特儿恶作剧	申报
1939	英王偕后。昨日游览纽约。参观世界博览会	申报
1939	纽约博览会苏联馆盛况	申报
1939	纽约博览会开幕罗斯福致辞。谓美愿与和平国家。始终保持密切联系	申报
1939	罗斯福发表演说。再度呼吁和平。博览会开幕礼盛况空前。纽约全城狂烈庆祝	申报
1939	"西湖博览会"归来	申报

从表2-4可见,巴黎世博会召开前后,《申报》等大众商业报刊连续刊载了多篇速写式的世博会现场情况的通讯类报道,内容上有系列报道:《巴黎通信·记国际美术工艺博览会》(上、中、下)①②③、游记类的《参观巴黎万国博览会记》④、现场素描式的《巴黎博览会定期开幕:科学艺术冶于一

①② 孝可.巴黎通信·记国际美术工艺博览会(上)[N].申报,1937-07-05(8).

③　孝可.巴黎通信·记国际美术工艺博览会(下)[N].申报,1937-07-08(4).

④　萧子风.参加巴黎万国博览会记[J].新中华.1937,5(15):50-55.

炉布置设备蔚为大观》①、《巴黎博览会观众拥挤第一日不收票》②;纽约——旧金山世博会开幕前后也有更具场景感的新闻描述:《纽约博览会开幕罗斯福致辞》《罗斯福发表演说》(见图2-16)。

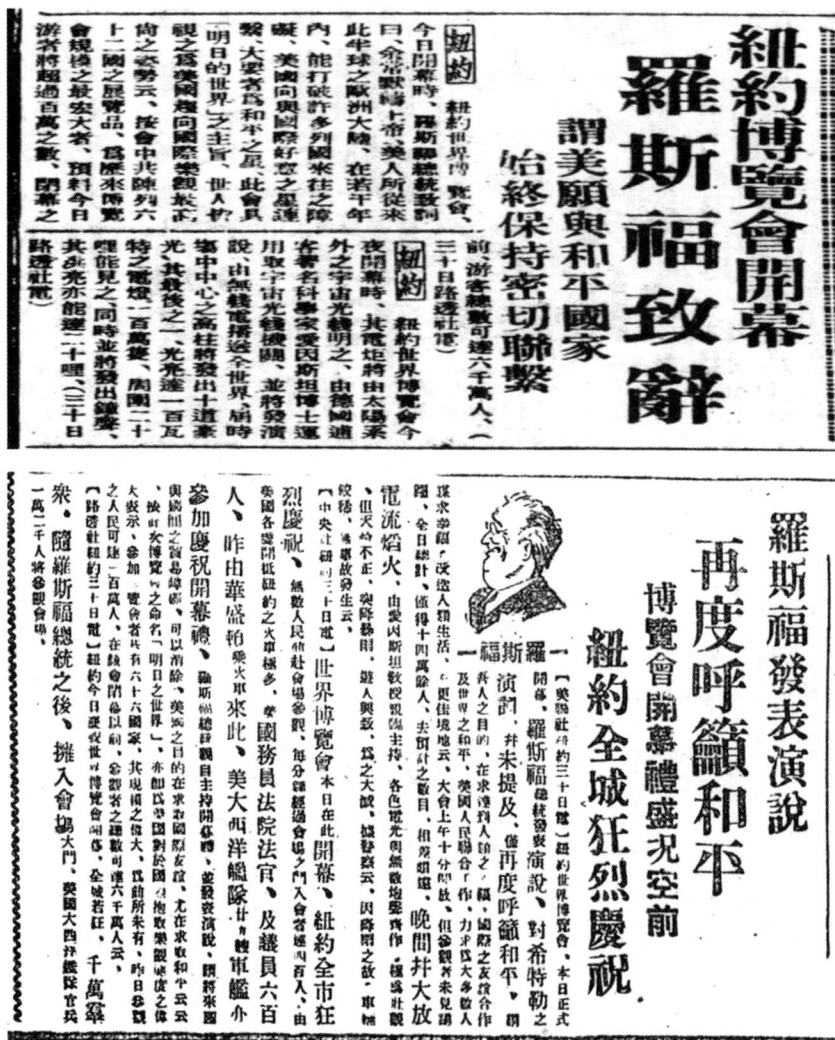

图2-16　1939年《申报》关于纽约——旧金山世博会的通讯类报道
《纽约博览会开幕罗斯福致辞》③

① 佚名.巴黎博览会定期开幕:科学艺术冶于一炉布置设备蔚为大观[N].申报,1937-04-27(6).

② 佚名.巴黎博览会会场全景[N].申报,1937-05-27(7).

③ 佚名.纽约博览会开幕罗斯福致辞[N].申报,1939-05-01(6).

例如,图2-16中《罗斯福发表演说》这则通讯报道中不仅记录了世博会开幕阶段的流程、组织规模等基本信息:"昨由华盛顿乘火车来此,美大西洋舰队二十艘军舰亦参加庆祝开幕礼,罗斯福总统亲自主持开幕礼,并发表演说……参加展览会者共有六十六国家,其规模之伟大,为前所未有,昨日参观之人民可达一百万人,在该会闭幕以前,参观者之总数可达六千万人云",也详细描述了庆典场景、观众人数及热情高涨的仪式现场:"晚间并大放电流焰火,由爱因斯坦教授亲临主持……纽约全市狂烈庆祝,无数人民赴会场参观,每分钟经过会场之门入会者达四百人……随罗斯福总统之后挤入会场大门,美国大西洋舰队官兵一万二千人将参观会场。"并阐明了世博会召开的纪念意义和凝聚人类情感与智慧、呼吁世界和平的社会价值:"谓吾人之目的,在求达到人类之幸福,国际之友谊合作及世界之和平。"①

从上述描述仪式场景的通讯类报道分析可见,随着大众报刊媒体的逐步成熟,世博新闻的时效性和对现场场景的再现能力不断增强,这种对仪式本体的"媒介呈现"在一定程度上将观众带入了一种世博会庆典的"狂欢"状态;同时也进一步强化了公众对世博会仪式的文化背景、意义内涵和节庆氛围的感知与认同。

综上所述,世博筹备和召开前后的集中报道使之转化为仪式类型的"媒介事件",可称为"媒介仪式"。这种"媒介化"的过程重点围绕建构其仪式化的"时空阈限"来展开:首先,相比一般偶发性的媒介事件,媒介仪式更加讲求作为公共事务的组织过程性、秩序性和公众见证的权威性,通过对筹办进度、开幕致辞和花絮、庆典盛况等过程全方位地介绍,以及详细解读其展品、展馆等象征符号的展演意义来建构其"仪式语境",令读者、观众的日常生活内容让位于这一中心事件,从而实现使其社会化、结构化的目标。

其次,大众媒体的关注焦点集中于世博会现场的国力竞技和最终颁奖等话题,这实质上是帮助世博会实现其国际仪式的竞技功能,即赋予参与国的国家形象和国际地位被世界所重新认知的功能。例如,新兴的工业强国——美国通过积极参与并展示国力而得到传统欧洲列强对其实力的认可,《泰晤士报》等各大报纸通过相关评论也促成了这一认证过程,这就使

---

① 佚名.罗斯福发表演说再度呼吁和平[N].申报,1939-05-02(4).

世博会体现出一种具有象征国家身份变迁的"过渡仪式"①之意味。

再次,在世博会构建的这一充满庄重意味的展示和竞技场域内,国家、民族意识的荣誉感和身份感被唤醒并激发起来,所有的参与者、观众都被赋予了一种见证者使命;而该时空阈限内的媒介集中报道和实时播报,无疑也使大众媒体担当起重要的氛围营造者和见证者的角色:筹备阶段接连不断的报道引发了举国关注,人们带着期盼的情绪以及对竞技仪式、国家事件的庄重和敬畏感进入节庆的预备状态,积极跟踪着"节日"来临前的种种进程消息;开幕仪式和开展后的种种详细解读,则将世博会的展演过程置于一种近似仪式表演的"神圣"时刻,对园区内各类展品的大量描述也赋予了其关联参展国形象的象征符号意义。

可见,大众报刊媒体在世博会召开前后的集中时段内,通过迅速增长的报道量和舆论引导协助建构了世博会的仪式语境和时空阈限,将读者代入一场远程的"盛会典礼"或者"奇观"体验之中,从而打破了人们的阅读常态,汇聚了大量的注意力资源;并运用仪式中的符号意义解读和内涵表述,在"媒介呈现"的拟态环境中赋予世博会一种象征性的文化使命,使该仪式形式发挥出一种"权威化的公证"效果,协助其实现推动全球化的目标,最终利用"媒介事件"的高关注度及报刊高阅读率实现了文化传播效果的最大化、最优化。

---

① 范盖内普(Aronold. van Gennep)在《通过礼仪》(或译为《过渡礼仪》)一书中认为,他发现人的经历从某一年龄进入另一年龄阶段,从一种社会角色或社会地位进入另一种角色或地位,它经常与生物性事件如降生、成年、婚姻、繁殖后代或死亡与人类文化经历统一起来,在这些关口举行仪式,他将这种仪式称为"过渡礼仪"。通常是与个人的社会身份变化有关的婚礼、葬礼、就职等。转引自:李育红,杨永燕.仪式文化独特的外现形式——仪式[J].广西社会科学,2008(5):202-205.

第三章 世博会报刊传播的空间特征：
媒介呈现的文化场域

第一节 仪式文化场域的相关概念及特征

一、"场域"的概念及仪式的文化场域界定

欧洲社会学界的三大代表人物之一——布尔迪厄在 1966 年的《论知识分子场及其创造性规划》中开始使用"场域"一词,这个由物理学引入的"场域"概念在 20 世纪 90 年代才为社会研究学者广泛重视。布尔迪厄对它的界定是:"从分析的角度来看,一个场域可以被定义为在各种位置之间存在的客观关系的一个网络,或一个构架。"[①]"场域"的基本特征是个体参与社会活动过程中形成的主要交往空间,由不同的社会要素联结而成,是在社会成员的特定要求下共同建构的关系系统。因此,它的内部充满了竞争与对抗、妥协与合作等社会关系,也包含了复杂的符号与象征隐喻,是各种社会力量及相互关系的集聚场所;"场域"的概念并非是对社会空间进行单纯分割的产物,而是强调依据主观性的文化要素进行区域的划分,常被分为文化场域、宗教场域、政治场域、法律场域、教育场域等,是具有相对独立性的"一种被赋予特殊引力的合理构型"[②]。

对仪式而言,它同样可以套用"场域"的理论框架来解析其基本特征。仪式可视为在特定的时空范围内、按照特定的文化传统与组织规则进行的社会行为,如传统宗教仪式一般是现场活动,人们为了共同的文化诉求和价值目标聚集在一起,族群成员亲身参与仪式过程,因此具有很强的现场

[①] 华康德,布迪厄. 实践与反思:反思社会学导引[M]. 李猛,李康,译. 北京:中央编译出版社,1998:133 - 134.

[②] BOURDIEU P,WACQUART L D. An invitation to reflexive sociology[M]. Chicago:The University of Chicago Press,1992:96.

性,成了参与者所代表的各种社会力量及相互关系在此集聚与沟通的场所;成员间的组织沟通与文化交往也发生在仪式活动场景之中,具有鲜明的空间性特征;此外,仪式活动进程中的成员及其担当的角色、行为方式通常依据族群地位、身份等级的不同而有严格的区分,证明人们在这种组织化的互动交往中形成了一个微型的社会关系系统,并根据较严密的活动规制即自身的"行为范式"①展开文化沟通;对仪式参与者的身份限定和组织活动的边界也相对清晰,形成了具有一定封闭性和系统内循环的文化空间,且空间内的交流运用了含有鲜明族群特征的"图腾"②、符号等象征载体,反映出仪式空间内相对复杂的符号体系及其意义结构;在族群成员的特定活动诉求下也有较为清晰、统一的文化主题,通常表现为围绕承载族群传统的"史诗"③进行讲述或展演,而这种讲述和展演从詹姆斯·凯瑞的传播"仪式观"来审视,重在"建构并维系个有秩序、有意义、能够用来支配和容纳人类行为的文化世界"。从这些要素可以推断,仪式活动所构建的"场域"隶属于"文化场域"的概念范畴,有着"文化场域"相对活跃的信息交往与观念互动模式,也有着"场域"内较为清晰的组织规制和沟通规则,蕴含着复杂的符号体系及象征意义结构等要素,与之相伴的文化传播也因此具有很强的现场特征和时空阈限。

但大众传媒时代,传统仪式的文化场域突破了现场性的局限,"媒介仪式"的场域与仪式真正发生的地点可以相对分离、各自独立,那些可能远隔万里之外的人们也可同步地密切注视仪式活动进程,而诸如"赛事直播"等身处仪式场景的现场参与者却浑然不知"远程现场"的情况。可见,诸如家中的电视机旁、单位的大屏幕前等文化展演的媒介终端附近,在重大仪式来临时刻都成了接收其信息内容的"远端"现场。这种活动的本体与其传播表征相互分离的情况伴随着大众媒介"直播"能力的增强而愈发显著。从文化传播的空间论角度来看,现代仪式的"远程再现"模式超越了以往局限于活动现场的传统文化场域,这种仪式文化传播场域的外延成为

---

① 仪式中的"行为范式"是指仪式中所固化的具有象征性、表演性、程式性的系列行为活动,也包括仪式参与者在这些行为中的角色地位。

② 图腾一词源于印第安语"totem",意为"它的亲属","它的标记",是古代仪式传播的核心,是传者和受者共通的意义空间;如我国古代的"玄鸟"成为商族的图腾,《史记》中所谓"天命玄鸟,降而生商"。

③ 史诗是古代仪式过程中对族群或整个社会的历史传统的追溯和歌颂,是口语传播时代承载整个族群历史和社会传统教化功能的传播工具,具有固定的文本、统一的主题思想和鲜明的价值导向性。

"媒介仪式"的核心特征之一。

二、仪式类型的文化场域之核心特征

首先，"场域"化传播较之普通的文化传播模式其最显著的优势在于：其传播意义除了象征符号的"能指"以外、很大程度上来自于场域环境的"意指"，这种场域化的传播也是仪式行为自身的核心特征。仪式的活动场景可视为一种现场性的"传播环境"，它包含了信息符号系统自身的环境、传受双方的已知信息背景、系统存在的社会环境①。在传统宗教仪式中，人们感受该"文化场域"效应的神圣感及其深层的象征隐喻等"意指"只能局限在仪式活动现场，这时仪式的"符号系统自身的环境"是封闭而纯正的，族群成员之外的普通观众即使身处场景之中也难以真正地理解和融入。而在大众传播时代的"媒介仪式"中，借助现代媒介辅助性的"意指"解读，观众得以更"平等"地面对仪式的"神圣时刻"，这种文化场域相对开放的仪式不再是少数亲历现场的族群成员的专利。媒体的"远程直播"使仪式场景的文化场域效应最大化，广泛地社会参与使"媒介仪式"更易转化为全民性的"节日"盛典。这时"传播环境"要素中"符号自身系统的环境"影响被媒介所放大，非现场式的传播与仪式现场式的传播共同分担了原有象征符号系统内的"意境配列关系的重任"，而这些配列关系指向了仪式场景内的"语言、图像、声音、空间布局、行为动作等一系列组成符号系统"②。甚至在电视媒体的直播时代，仪式的现场感和影响力被摄影、摄像等直播技术手段所主导，拍摄方位和角度的选取、仪式场景的再现乃至画面细节的特写都更大程度上影响观众的体验，关系到仪式传播效果。"媒介呈现"的效果由此赋予了其文化"场域"更丰富的表现力和文本解读的自由度。

其次，仪式场域内的系统性符号运用及象征意义结构是它区别于其他文化场域的关键要素。仪式活动强调象征性和展演性，它所生成的"文化场域"自然遵循了一套符号展示与象征意义表述的"行为范式"。特纳认为，仪式过程中的象征符号具有文化再生产的社会意义："仪式不仅是对社会需要的回应，更是人类创造意义的行为。"③该表述一方面解释仪式行为

---

① 余志鸿.传播符号学[M].上海：上海交通大学出版社,2007:138.
② 贺庆玲.解析媒介仪式中的象征符号传播[D].沈阳：辽宁大学,2011.
③ 特纳.象征之林：恩登布人仪式散论[M].赵玉燕,欧阳敏,徐洪峰,译.北京：商务印书馆,2006:19.

是呼应社会化目的、具有主动性和主题导向的符号表达过程，另一方面也隐含了这种符号表达是一种有社会目的和组织性的系统性建构过程。说明仪式的主题化的社会回应同它所建构的符号象征载体之间的密切关系。我们知道，符号是仪式进行文化传播的意义载体，最简单地可分为语言符号和非语言符号，多以图像、文字、声音等形式传播。它背后所蕴含的象征隐喻不仅是仪式要表述的文化内容、所要传播的价值理念和文化主题，也围绕这一目标生成了仪式场域内相对封闭、系统的意义结构和符号运用法则。仪式在相对封闭的时空场景内向观众提供了由特定人物、图像等符号及环境氛围诸要素综合而成的"信息场"，这个场域内的具体人物形象、对话声调、肢体语言、形体表演、展示物品以及环境氛围、集体情绪等都可被视为一种相互配合的、多元化的符号体系，每一种表述形式的符号都有清晰的意义指向和象征隐喻。例如，传统祭祀仪式中用于献祭的食物就是用静态展品的形式传达了对神灵的虔敬和与"神"沟通的一种"示好"，而后续开始的祭拜行动或歌舞表演则是用动态的肢体语言表达祈福的现实诉求。这种最常见的动静结合的表述方式，以及所运用的祭祀物品、祭拜行为都是传达人与神沟通信息的象征符号，二者相互配合完成了祭祀仪式的文化表达过程，同时也在贯穿该主题的文化场域内构建了一套较为严密的仪式话语体系及其象征意义结构。而对于现代类型的"媒介仪式"来讲，每一场媒介仪式都蕴含着一个庞大的符号象征体系，它们更加强调对仪式场景的"多媒体"的综合呈现，要求各种符号载体和传播渠道的相互配合，以营造李普曼所说的"拟态环境"：诸如现代世博会、奥运会等大型活动的开幕仪式上，各大媒体在直播时往往运用了多机位的场景拍摄、全景式的媒介呈现以及延展式的背景解读等综合性表述手段和LOGO、吉祥物等多样化的符号元素，以达到共同"造势"、让观者最大化地"身临其境"的效果。因此，从上述仪式场景中各类符号的运用方式及其相互配合、构建严密的系统性意义结构等特征上，可以鲜明地看出仪式的文化场域相较于普遍意义上的、开放式交流的其他文化场域，具有更显著的结构主义色彩，场域内各类符号的系统运用规则及该意义系统的主题化社会目标、相对封闭的自循环特性也更明显。

第二节　世博会组织与文化沟通所生成的仪式场域特征

一、世博会的文化"场域"内涵及其表征

布迪厄将"场域"视为是一个包含着客观的物质关系和精神关系的网络："从分析的角度来看，一个场域可以被定义为在各种位置之间存在的客观关系的一个网络，或一个构架。"①可见，场域的内涵是由特定社会行动者的相互关系而生成的一种关系系统，虽然并非实体系统，却体现出不同社会要素占有的特定位置及相互关系，这些关系在互动中不断建构了场域的内部结构。因此，场域内是充满张力的，个体在场域中展开竞争、不断"博弈"（game），并最终形成了类似于"游戏"的、动态发展的社会空间。

世博会所构建的文化场域也同样反映出其内部的结构属性和外在张力：

首先，它尽可能地邀请更多国家参与进来，努力扩大作为国家交往平台的全球影响，参与方也希望借此融入一个经贸、文化交往更加紧密的国际关系网络，从而使世博会发展成为全球化时代新型国际关系的另一种表达形态。

其次，世博会是各国依托展品、展馆等符号载体进行的经济、文化、科技等软实力竞争，依据了主办方制订、由参与各方约定遵守的文明竞赛规则展开国力较量，并在具有权威公正性的媒体和观众面前得到认可，体现为传统国家和新兴工业国家的国际地位消长，这种场域内交往互动的结果不仅是动态的，而且充满了竞技与创新的张力。

再次，世博会充满创新展品的文化内容生成了一种类似"游戏"的文化竞技空间，该空间不仅具有关系结构性，还具有鲜明的价值导向性和主题性：与奥运会、世界杯这些宏大叙事的集体"文化表演"一样，世博会是具有倡导工业文明时代的价值导向、带有宗教与象征意味的现代世俗仪式，这些组织行为所追寻的是一种宣传"人类命运共同体"的理性价值认同，以及参与各国作为地球村成员的身份建构意义。具体表现在近代世博会通过对开幕典礼、国家日等媒介仪式的报刊集中报道，实现了"特定情

---

① 华康德，布迪厄. 实践与反思：反思社会学导引［M］. 李猛，李康，译. 北京：中央编译出版社，1998：133－134.

境"下大众媒体与受众对该场域内的象征资源或符号价值系统的文化共享与主题性建构过程;这种文化表达方式也体现了一种强调"现场性"的仪式形貌特征①。其媒介呈现的内容和手段都有助于参与各方和观众形成较为一致的"场域化"体认。

二、世博文化场域的建构目标与主题导向:仪式空间内的竞技平台

世博会从创办之初就致力于建立一个运用新时代规则进行国际交往的平台,维多利亚女王在首届世博会的开幕仪式上致辞:希望它"更能将仁慈上帝所赋予人的禀赋用于友爱与高尚的竞争,以促进全体人类的美善与幸福"②。有学者这样评价其组织意图:"英国举办这样一届世博会,是为了炫耀国力,巩固其在世界各地的殖民化统治,同时也是出于发展需要,与其他发达国家交流最新的工业、科技成果。"③在当时第一工业强国——英国主导的近代国际规则指引下,欧美各国争相举办这一国际展会,以展示形象,扩大合作,提升全球影响力,进而激励国内科技的进步与文化创新。可以说,近代以世博会、奥运会等为代表的一批具有国际规模和影响力的展会兴办起来是全球化背景下的大势所趋;而围绕其主办权的争夺,实质上就是一国、一城综合实力的竞赛,这种和平竞争的理念既是人类文明进步的体现,也是现代国家追求扩张世界影响力的"成本收益最优化"的战略考量。因为19世纪到二战结束的近代世界以崇尚"弱肉强食""丛林法则"为主导的思想,国际争霸往往采用硬实力说话作为第一选择;而世博会采用经济、科技、文化手段的"软较量"则显得尤为可贵。

从前述场域环境具有"意指"功能的角度衡量,世博会所营造的文化场域具有鲜明的价值导向性和主题性。它历经了近170年的发展,总体参与规模不断扩大,组织水平不断成熟,的确充分发挥出了吸引各国参与、激励创新合作的正向引导作用,也证明这一竞技平台的打造无疑是成功的;不仅首次将工业时代的文明理念传播至世界范围,也利用举世瞩目的宣传良机把参与各国逐渐纳入以西方为中心的全球化进程之中。可以说,世博会努力所建构的和平竞赛式的"文化场域"具有时代进步性,体现了全球化时代倡导自由开放、尊重文明多元共享的人文关怀主题,这种鲜明的主

---

① 利奇称之为"机械性"或"技术性",包括仪式活动所使用的物质的、程序的和符号的等表达手段,仪式在文化传播中往往将两种重要指示功能:符号"能指"(signifier)同意义"所指"(signified)相关联起来以实现其社会功能。

② Illustrated London News[N]. VOL. XVIII, NO. 481, 1851 – 05 – 03:349.

③ 东方早报.世博看榜:150年世博会精彩钩沉[M].上海:上海文化出版社,2010:2.

题性和价值导向功能也恰恰表征了世博会作为仪式类型的"文化场域"的核心特征。

三、世博文化场域的建构规则与基本要素

文化场域的建构规则是在各内部要素,尤其是参与各方的传播互动中形成的,各成员依据由这些规则生成的"行为范式"在该场域内进行沟通互动。而这些规则的生成不仅源于参与各方的生活经验和文化共识,也同场域内沟通所使用的文化符号及其传播载体密切相关。例如,在原始宗教仪式的文化场域内,人们常借用族群成员所熟悉的图腾、权杖或旗帜等实物形式的符号来表达思想、传承文化,这些载体具有超越物质性的象征意义指向和被宗教化之后的社会属性;而在大众传播时代的媒介环境中,具象化的视频图像、抽象化的文字符号往往是人们常使用的、更高效地传播理念的方式,同样具有超越内容本身的价值导向性。可见,随着人们生活场景的变化,场域内文化传播的通用符号也体现与时俱进的特征。这些符号载体是文化场域传播的"能指",它们用具象的物品或抽象的符文形式承载了场域内的文化内涵并表达、传播其价值观念,以适应成员不断变化的、随时代革新的沟通互动方式。

对世博会而言,作为与大众媒介同步发展起来的仪式类型的文化场域,它所构建的规则一方面是主办国和参与各方在最初参展的主题设定、组展过程的议定与互动中形成的和平竞赛法则,这一法则正如前文所述具有鲜明的时代进步性和价值导向;另一方面则更多凭借了具象、静态的展品以及抽象形式的文字报道作为文化传播载体。从索绪尔语言学的符号功能角度来分析,这些实物性的展品在第一层次上是满足人们通过它窥见参展国的工业物产成就和科技文化水平的需求,具有符号"能指"的性质;第二层次则因处在世博园区的文化场域之中,而普遍性地被赋予了表征人类文明成果、进行国力角逐的象征意义和历史使命,具有符号"所指"的意义;而媒体的文字报道则进一步帮助人们解读这几个层次的符号象征内涵,拓展了其符号传播的场域空间,采用的信息载体也从初期以抽象的文字报道为主,发展到后期更多地借助图文报道的方式来呈现和传播其文化内容与价值理念。

可见,世博会的文化场域最显著的两方面特征均指向了蕴含着丰富物品和图文信息的、强调国家身份主体的参与互动、具有竞技仪式色彩和价值导向性的符号象征系统。该系统具备了传统时代仪式的"图腾""史诗"

"行为范式"等基本构成要件①,只是用彰显人类智慧与理性成就的各类展品替换了宗教中"图腾"的固定指向;用全球化时代的未来愿景取代了传统"史诗"的内涵表述;用开放式的、主题化的展示交流与国力竞技建构了工业文明时代的国际交往"行为范式"。

从这个意义上讲,世博会文化场域所生成的符号系统及其功能导向使之成为一种仪式空间,而此空间也是参与各国在协调组织过程中所构建的一种仪式类型的文化场域,含有所有表征仪式的文化要素及其传播特征。在它的文化传播表征中,与大众媒介的密切联系成为该仪式场域区别于传统仪式的最显著之处。世博会的诞生之初正值大众报刊媒介的兴起之时,从前文的近代传播环境分析可见,它的发展壮大过程也与人类迈入大众传播时代的基本同步。这一得天独厚的历史际遇赋予了世博会进行文化传播前所未有的便利性和延展性:借助大众媒介的渠道,使其仪式空间的文化场域超越了传统仪式的物理现场局限,具有了跨时空的传播优势;具体则表征为近代以来日益普及的大众报刊对世博会文化场域及仪式空间的"媒介呈现",这种呈现因世博会自身的仪式属性而展现出鲜明的"媒介仪式"特征。

如前所述,媒介仪式一方面具有传统仪式的基本要素、内涵与特征,另一方面则因大众传媒的技术优势而将仪式场域的空间性、仪式过程的时间阈限乃至符号象征系统的意义指向及其表征都进行了突破与"重构"。例如,在口语传播时代,传统祭拜仪式中象征氏族起源的图腾或祖先的遗迹往往作为所有成员精神世界的核心,通过对图腾和祖先遗迹的祭拜行为不断地强化成员的身份认同与族群观念,并吸纳和教化新的成员融入集体。而这一过程一般是在特定的祭祀之日、在特定的祠堂场所完成的,严格的时空限定使得仪式对族群成员的文化传播是现场式、不可复制的过程;其传播使用的文化载体也是相对固化的物品或图文等象征符号。

但进入大众传播时代,世博会的仪式场域不仅建构在世博园区的展会现场,也因大众传媒在召开前后时段的集中报道而在媒介上全方位地呈现出来,这一"媒介化"的过程必然对其自身的阈限化、场域性、符号性等仪式表征产生深远影响。例如,在报刊上多视角呈现的世博会在建构其媒介文化场域的过程中,突显了其象征工业时代文明的意义指向,并延展了其时空场域的边界。综上所述,我们可以认为:世博会的文化场域是属于一

---

① 王曰美.原始社会人的主体意识之觉醒[J].华东师范大学学报(哲学社会科学版),2008(2):92-93.

种文化竞技的仪式所建构的、带有鲜明"媒介化"特征的"媒介仪式"类型的文化场域。其"仪式化的媒介呈现"的具体表象则是接下来笔者着重阐释的问题。

第三节　近代国内报道对世博会"场域"的媒介呈现

从上述世博会的"场域化"建构内容与手段来分析，本书对其经过报刊媒介所呈现这一特征主要依据报道所涉及的报刊覆盖面及种类，以及与构建场域密切相关的内容表述主题导向作为参数和内容分析的手段。因为进入大众传播时代受众所接触的各种主流媒介在很大程度上共同建构了其信息环境和认知体系，在近代阶段则主要以报刊作为主流的大众传播媒介，它也是当时国人获得外部世界认知的主要信息渠道，可以说近代报刊、书籍是建构当时中国信息环境和文化场域的"主力军"；而介绍世博会的相关书籍相对较少，因此世博文化传播的重任基本放在了信息更新速度更快和舆论影响力更大的近代报刊身上：各类报刊上的世博会报道合力构成了公众认知和理解世博会这一舶来事物的总体印象。所以世博报道所涉及的报刊种类覆盖的受众范围及其舆论的影响面是我们解读媒介对世博会"场域化"构建的重要指标。具体方法：一种是将各年份、届次的世博会报道按媒体来源进行统计，分析其受众覆盖面和报道频次等数据变化，从而推断其文化场域的范围及社会影响力；另一种是深入个案研究和内容分析的层面，对阶段性的世博会报道主题与具体内容进行研究，探寻报刊表述对其"文化场域"的建构方式。

一、由大众媒体"共谋"生成的世博文化场域

从数据统计结果上看，刊有世博会内容的报刊媒体种类较多，共有79份刊物，显示世博会获得了各种类型媒体的普遍关注；这些报刊涵盖了近代报刊的大部分主流媒体，也支撑了世博会不同时期在公众面前所呈现的"文化场域"；但受各刊物的世博会报道数量差距较大（详见表3-1）、分布并不均匀的影响，文化场域的范围和存在时间在不同时期内因报道量的变化及媒体来源的不同而呈现阶段性变化，反映出各类刊物对世博会的关注程度也不一致；从媒体性质区分上看，大型商业报刊刊载数量最多，显示对世博会的关注度最高（《申报》的相关报道数量占绝对优势，占比57%），而官方报刊（如《政府公报》《江苏省公报》《外交公报》等）和综合性传教士

报刊(如《万国公报》《中西闻见录》等)其次(详见图3-1)。

表3-1　中国近代各类报刊中有关世博会的报道频次统计表

报道刊物	次数	报道刊物	次数
申报	692	益世报	10
万国公报	77	协和报	10
政府公报	73	导光	10
江苏省公报	59	新中华	9
东方杂志	53	新民丛报	9
时兆月报	39	工商公报	9
直隶实业杂志	31	上海总商会月报	8
外交公报	27	建筑月刊	8
中国实业杂志	25	外部周刊	7
商务官报	24	顺天时报	7
国际贸易导报	24	科学	7
实业公报	23	格致新报	7
政艺通报	22	商务报	6
小世界:图画半月刊	20	大公报(天津版)	6
科学知识(上海)	20	北洋画报	6
清议报	19	兴华	5
青年知识画报	19	商业月报	5
图画时报	18	商报画刊	5
知新报	15	教育世界	5
电声(上海)	15	国风报	5
中国建筑	14	中华实业界	4
进步	14	南洋商务报	4
工商半月刊	14	大陆报	4
中法联谊会季刊	12	昌言报	4
良友	12	湘报	3
民国日报	11	外交报	3
中西闻见录	10	商业杂志	3
中华(上海)	10	商务官报	3

续表

报道刊物	次数	报道刊物	次数
清议报	3	华美教报	2
农学报	3	浙江建设厅月刊	1
国闻周报	3	益闻录	1
广益丛报	3	学衡	1
大同报	3	学海:乙编	1
萃报	3	神州女报	1
展望	2	画图新报	1
通问报:耶稣教家庭新闻	2	国闻汇编	1
四川官报	2	国民日报	1
时事月报	2	广智报	1
劝业丛报	2	安徽俗话报	1

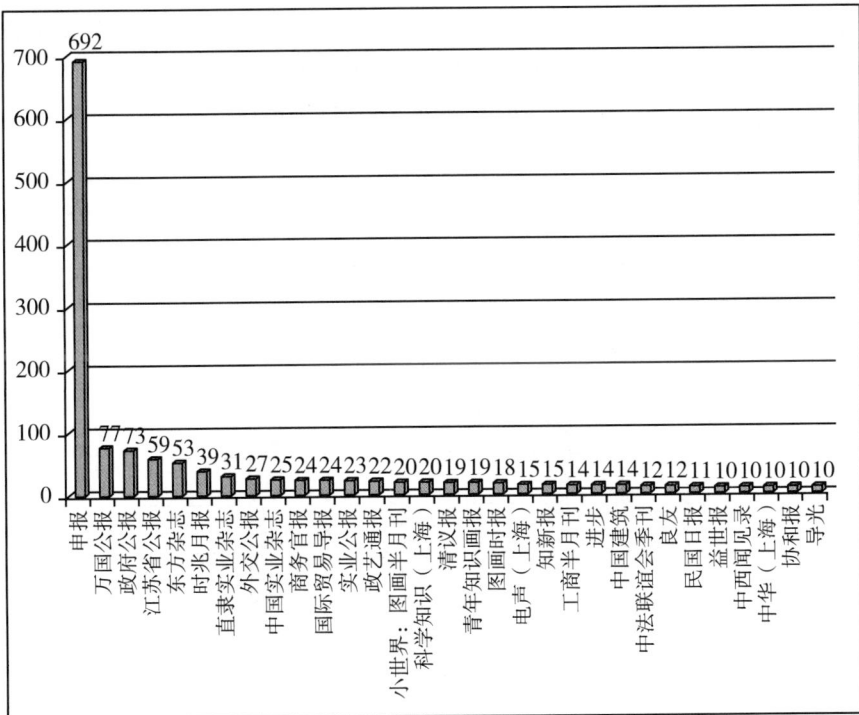

图 3 – 1　中国近代各类报刊中有关世博会的报道数量排序图（10 篇以上）

二、不同时期内各类媒体报道所构建的世博媒介场域变化

具体分析各类报刊上的世博会报道数量及其占世博报道总量的比重情况可以发现:以《申报》为代表的世博会报道数量最多,共有692篇,是世博会媒介呈现的最主要平台;《万国公报》《政府公报》相关报道量分居2、3位;这些不同性质的主流报刊支撑了世博会文化场域在不同时期的存在;各刊物的世博会报道总量除了与刊物生存时间有关,在同一时段内则与刊物的报道内容偏好有更高的相关度,从这个角度来分析,我们以1876、1904、1915、1933、1939至1940五届在中国引起巨大反响的世博会为例(选取世博会召开前后共3年的时段),对同一年份的不同刊物报道量做横向比较,具体分析情况如下:

(一)清末(19世纪70年代)国内第一次报刊报道高峰期的世博文化场域

在19世纪国内报刊媒体刚刚起步的阶段,对世博会的关注主要出现在外人来华创办的刊物上,尤其是传教士报刊的引介对国人初始"舶来"的世博会发挥了重要的启蒙作用;而这也是早期世博会在国内极为有限的通过报刊媒介构建的文化场域。据笔者统计,自1873年始国内媒体才陆续出现与世博会直接相关的报道,第一次报道高峰出现在1876年美国费城首次召开世博会的前后,共涉及刊物3种,报道总量39篇(见图3-2至图3-4)。

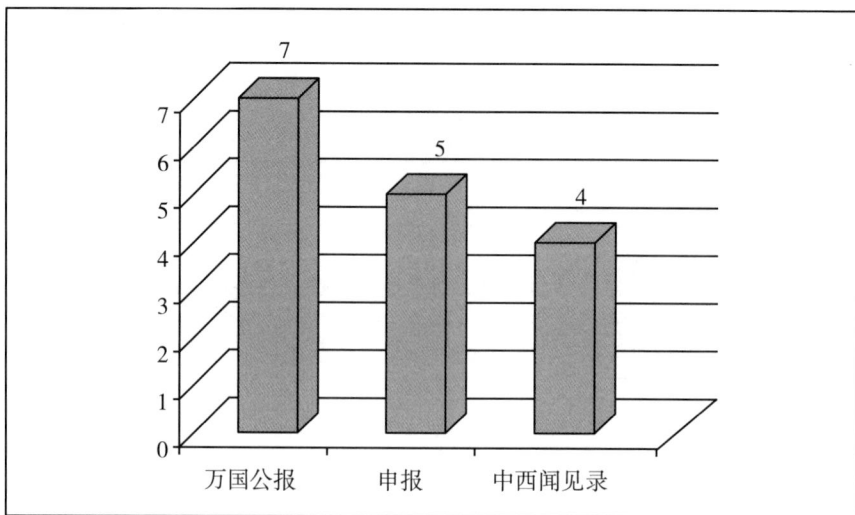

图3-2　1875年中国各报刊的世博会报道数量(单位:篇)

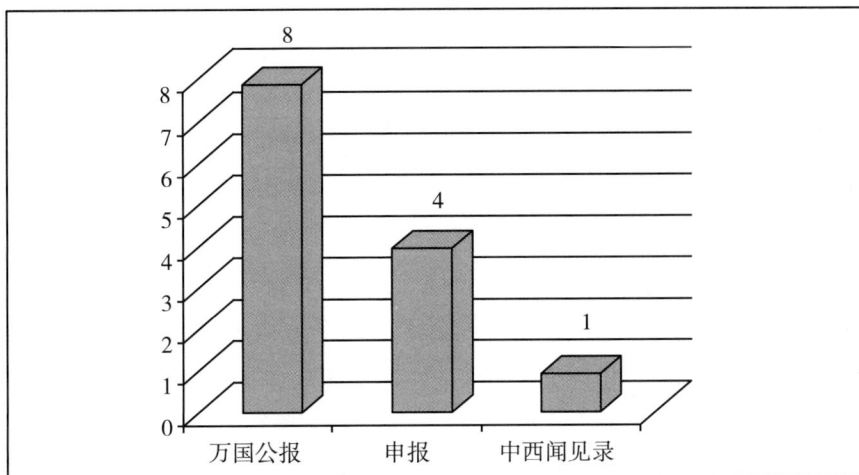

图 3 - 3　1876 年中国各报刊的世博会报道数量(单位:篇)

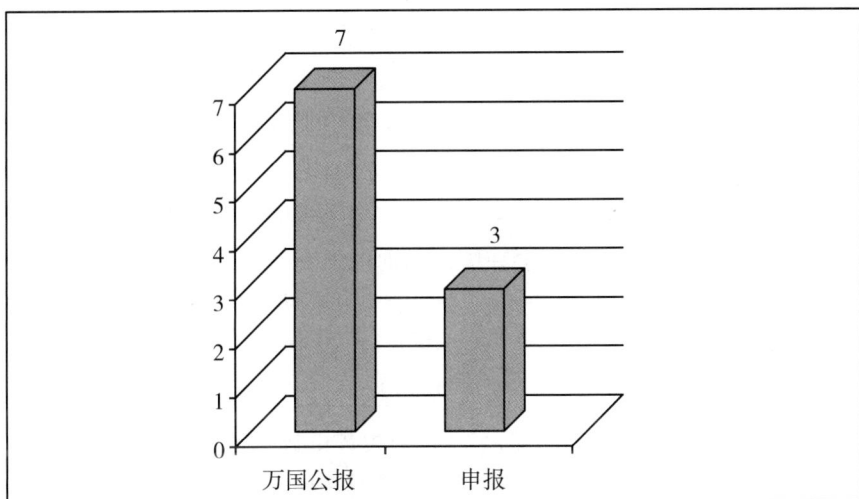

图 3 - 4　1877 年中国各报刊的世博会报道数量(单位:篇)

从上述三幅报道量统计图可见(图 3 - 2 至图 3 - 4),美国费城首次召开世博会的 3 年时间内,正值国内洋务运动热情高涨的时期。这一期间,《万国公报》对世博会的报道量居首(合计 22 篇),申报其次(合计 12 篇),中西闻见录第三(5 篇)。这一媒体来源的构成及数量排名反映出清末"洋务运动"时期,世博会的国内媒介场域构成是以传教士报刊为主体的。

而科技资讯是该时期传教士报刊及大众商业报刊发布世博会新闻的侧重点,说明当时世博会的媒介场域类型倾向于科技文化领域。从上述三份主流刊物的内容分析来看,世博会这一阶段在中国的文化传播主要以介绍新奇展品的科技视角为最。例如,1874 年由《中国教会新报》(1868 年创刊)更名而来的《万国公报》对世博会报道居首,成为世博会最主要的媒介呈现舞台。作为一份近代来华传教士创办时间最长、发行最广、影响最大的中文报刊①,创 19 世纪传教士中文报刊发行数的最高纪录②,在"各国近事""格致发明类征""智丛""杂录"等栏目中刊载了大量国际动态、科技新闻或科普知识介绍。其中,从科技传播的覆盖面和社会影响来看,可称之为近代传教士报刊之最。有学者考证,"在 1874 至 1894 年这 20 年间,是该报科技新闻报道的繁盛时期"③。《万国公报》对包括世博会在内的大量科技新闻报道也配合了清政府在洋务运动时期引进西方先进技术、学习西方科学的需要。

同期世博会报道数量位居第三的《中西闻见录》也是一份以传播科技知识为主的综合性传教士刊物,由丁韪良、艾约瑟等 1872 年在北京创办。对于世博会的报道体现了其创刊理念,就是"在华实用知识传播会",刊物宗旨是通过传播科学技术,消除在华传教的障碍,扩大同中国官绅学界的联系④。据学者张剑统计,"《中西闻见录》全部 429 则新闻,《选编》录(1877 年丁韪良汇为《中西闻见录选编》结集出版)有 370 则,其中科技为143 则,占总数的 38.7%,政治 120 则,经济 41 则,其他 66 则"⑤。可见,当时中国的传教士报刊成为世博会向公众文化呈现的重要渠道,而这些刊物的新闻采编倾向决定了世博会在国人面前的媒介呈现形象。

这是因为,当时的传教士报刊及外商来华创办的商业报刊,办刊宗旨是通过先进的文明成果展示,以减少国人对"洋事物"的敌视态度,进而消除宗教文化传播的思想障碍。正如马礼逊教育协会章程中所言:希望中国人"通过抛弃敌视、迷信和偶像,与基督教世界的民众一起承认和崇拜真神上帝"⑥。包括世博会新奇展品在内的大量科技文化报道,客观上也为中国加速融入世界、消除闭塞自大的文化心态起到了积极的助推作用。这也反映出当时的舆论关注点局限于"器物"层面,对世博会比较好奇的感性认识阶段,报纸上时常发布一些介绍世博会军事设备、科技发明的展品报

① 杨代春.《万国公报》研究综述[J].湖南大学学报,2001,15(3):122 – 126.

② 赵晓兰,吴潮.传教士中文报刊史[M].上海:复旦大学出版社,2011:197.

③ 陶贤都,李浩鸣.中国科技新闻简史[M].长沙:湖南大学出版社,2012:39.

④ 陶贤都,李浩鸣.中国科技新闻简史[M].长沙:湖南大学出版社,2012:44.

⑤ 张剑.《中西闻见录》述略[J].复旦学报,1995(4):58.

⑥ Bridgman E C. Proceeding relation to the formation of the morrision education society[J]. The Chinese Repository,1836,5(12):374.

道,评论时常以"炫奇、赛珍"的语气描述。因此,以此为重心生成的媒介场域提供给洋务思想的士商群体一个更易于表达"师夷长技"建议的舆论空间,但由于视野较窄,国内民众的响应与互动并不充分,媒介场域的社会影响力较为有限。

(二)清末(20 世纪初)国内第二次报刊报道高峰期的世博文化场域

进入 20 世纪,在清政府实行"新政"的带动下,世博会在国内的文化场域构建开始进入"快车道"。1904 年前后是国内媒体对世博会报道数量的第二个高峰,世博会开始受到国内媒体的普遍关注,报道刊物的种类及数量较 19 世纪大大增加,这与清政府高度重视的官方态度密切相关:该届世博会的主题是庆祝圣路易斯建市百年,同期还举行第三届奥运会,清政府出于对美国外交关系的重视,希望借此拓展"邦交",首次派出了大规模使团赴美参会,进而引发了国内媒体的高度关注。从 1904 年美国圣路易斯召开世博会前后 3 年的报道量统计图(图 3 – 5 至图 3 – 7)可见,这一期间,《申报》对世博会的报道量居首(合计 34 篇),《外交公报》其次(合计 21 篇),《东方杂志》第三(15 篇),《政艺通报》(13 篇)、《大公报》(10 篇)分居第四、五位(见图 3 – 8)。这一媒体来源的构成及数量排序反映出清末"新政"之后世博会在国内报刊媒介场域的发展情况。

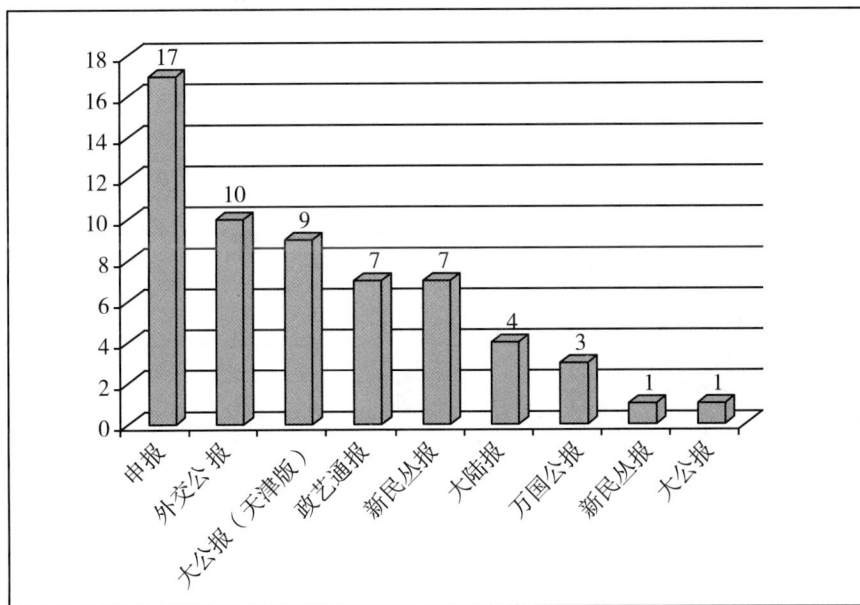

图 3 – 5　1903 年中国各报刊的世博会报道数量(单位:篇)

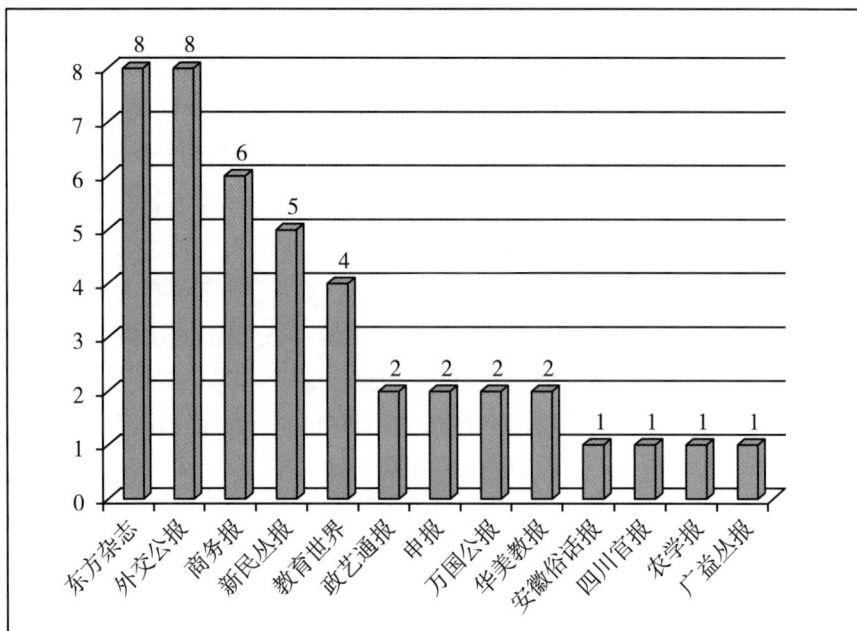

图 3 − 6　1904 年中国各报刊的世博会报道数量(单位:篇)

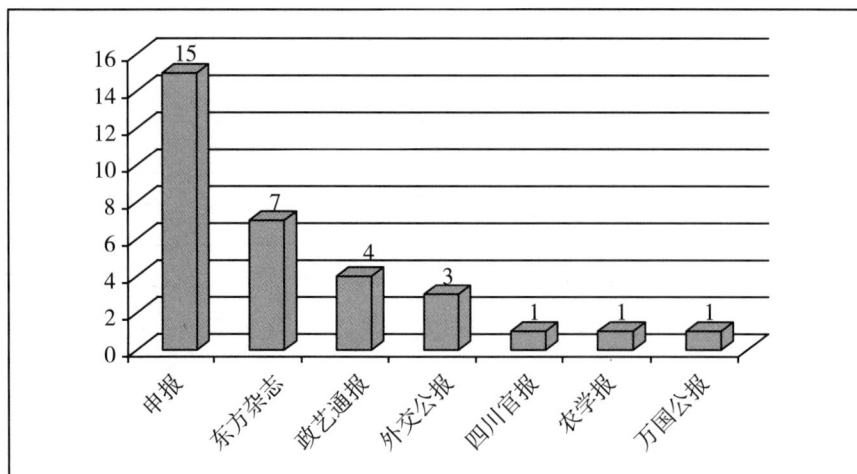

图 3 − 7　1905 年中国各报刊的世博会报道数量(单位:篇)

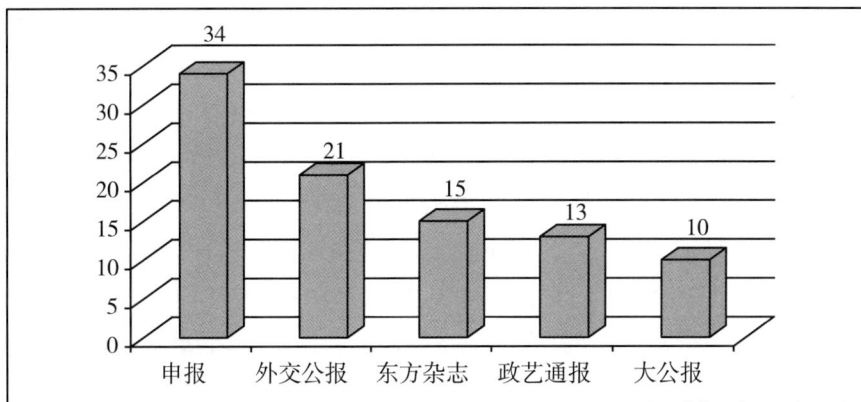

图 3 - 8　1903—1905 年中国各报刊的世博会报道数量(单位:篇)

首先,官方的全面介入很大程度上拓展了世博会媒介场域的范围及影响力。《中国大百科全书》中有关"国际博览会"的词条表明,"中国第一次参加国际博览会是 1904 年"①,而根据学者的相关考证,实际上清政府最早派员参加一届世博会是在 1873 年的奥地利维也纳世博会,但 1904 年美国圣路易斯的这一届则是清政府首次委派皇族的高级官员领衔(亲王溥伦贝子任使团正监督)并组织空前规模的"赴会使团"的一次。清政府对参加世博会活动的高度重视是引起国内报刊媒体竞相关注的最主要诱因。此次官方正式赴美参会是在"庚子之变"后出于修好和游说美国政府的外交意图,以及"新政"背景下看重近代博览会的促进经贸功能,即"内可维持商务,外可联络邦交"的双重目的。当时,举国上下高度重视,慈禧太后亲自关注筹展进度,甚至允许美国女画家凯瑟琳·卡尔为她绘制一幅画像送展,清政府则采用行政命令强行从主要海关和 11 个省中凑出了 75 万两参展经费。

清政府对世博会的重视和宣传在很大程度上引领了舆论话题,"世博会"一时成为各大近代报刊媒体的竞相报道和社会热议的"媒介事件",使该媒介场域的范围涵盖了当时社会的各大主流报刊媒体:

无论是中央官报的《商务报》(商务部)、《外交公报》(外务部),地方官报的《四川官报》、政党报刊的《新民丛报》,还是大型商业日报《申报》《大公报》,大型商业杂志《东方杂志》,传教士报刊《万国公报》,专业性刊物《农学报》等均有相关报道,涉及的刊物种类(共涉及 11 种刊物)和报道总量(122 篇)较之往届大幅增加(上次报道高峰:1876 年美国费城世博会,前后三年涉及刊物 3 种,报道总量 39 篇)。

①　何民.早期"世博会"与中国[N].中国档案报,2002 - 04 - 19(3).

其中,大众商业报刊占有越来越重要的地位。例如,报道数量排名第三位的是创刊于1904年的《东方杂志》(1948年终刊),它是我国近代期刊史上最为悠久的大型商业杂志,它由商务印书馆的创办人夏瑞方主办,商务印书馆编辑发行,徐珂、孟森、陈仲逸、杜亚泉、钱智修、胡愈之等先后任主编。作为一份综合性月刊,它包含有社说、谕旨、内务、军事、外交、教育、实业、交通、商务、宗教、杂俎、小说、丛谈、新书月目等栏目,内容辑录了每月发生的中外政治、经济、文化事件和要闻,其中科技新闻占有很大比重。在创刊之初,《东方杂志》就十分关注世博会新闻事件,刊载了《世博园简介全景图》[①]、《比国赛会志要》[②]、《赛会志略》[③]等大量介绍性的跟踪报道和评述性的文章,表达了对世博会所反映国际动态、涌现众多科技创新的关注,体现了其创刊目的:"本杂志以启导国民,联络东亚为宗旨。"其中,较为典型的一篇报道如《义大利万国博览会游记》,该文以1906年意大利米兰世博会为主要报道对象,介绍了参会的各国情况及场馆建设、功能等信息;尤为可贵的是与往届世博会进行了比较分析,列举了本届世博会上中国展馆发生一系列"辱国尤甚"事件的根源,成为一篇夹叙夹议的深度报道,也成为推动国人深入认知和理解世博会的重要文本。

从上述分析可见,媒体所建构的文化场域这一时期在官方的强力主导下生长迅速,且真正成为社会舆论空间中的重要组成部分。

其次,世博会的文化舆论场域从19世纪关注"器物"文明层面的科技文化领域转向倾向于重视"振兴实业"的经贸领域。1903年,清政府设立商部,十分重视借助世博会等近代博览会形式来拓展国际经贸联络、提升工业化水平,推动社会形成了"振兴商务"的普遍认识。在这种思潮下,各大媒体在士商阶层的利益诉求驱动下,也将媒介关注点转向世博会的促进经贸功能上。例如,报道量保持最高的《申报》除刊登中央商务部、外务部的公告以外,还刊载了地方官员对于1904年美国圣路易斯世博会筹办事宜表示大力支持的新闻,如湖广总督端方为鼓励鄂商赴赛在《申报》刊载公示:"须知赛会之举,所以考求工艺,振兴商业……适当美国举行大会之时,正足以资考镜尔。工商人等务即仰体国家振兴商政之心,互相劝勉,或挟资前往,专事考究,或办货同行,兼图贸易,以期工作日进精良,商业益臻

---

① 佚名.世博园简介全景图[J].东方杂志,1904(7):9.

② 佚名.日本商会提案[J].东方杂志,1904(7):10.

③ 佚名.日本参博专使[J].东方杂志,1904(3):8.

繁盛。"①报道量排名第二的《外交报》,专门刊载了参展使团的正监督亲王伦贝子的肖像:"钦命赴美赛会正监督伦贝子小像";还刊登了评论性报道宣传外务部阐述博览会对发展工商业的意义,"中国物产甲于全球,徒以工艺未兴,商情涣散,比诸各国,实有不逮,现当整饬庶政之时,适美国有此大会,亟应加意讲求,期于工商诸务有所裨益"②;以及通过博览会学习西方先进技术的官方认知,"臣等伏查泰西崇尚工商,赛会之设,在罗致各国物产工艺,区分类别,排列会场,稗各国之人,咸得较其精良,用资模仿,实于通商之中,隐寓劝工之意"③。而数量排名第四的《大公报》也评论此次赴会"实为中国空前之特举"④。

对世博会所带来的经济价值与积极评价成为文化场域的一大主题。如在社会舆论的态度方面,国内报刊普遍积极地通过对世博会历史的全面介绍、重点阐释参博的现实意义来唤起民众的关注与工商阶层的参与热情。《时事报》借机详细向公众普及了近代博览会的一些常识:"博物之院,萃于一区,必先筑绝后空前之会所,四通八达之市场,荡心骇目,巍然焕然,乃足以受容中外与会之人与物,及中外观会应用之物,非细故也。"⑤意在阐释博览会最原本的形式与展示功能:"专辟一地,集合精良物品供人观览;以及博览会的文化传播作用:增进知识,以广见闻。"上海的《中外日报》还介绍了此次赴美参会的筹办过程及其国际意义:"美会将至,窃谓宜合十八省之力,共选数人,经理其事。……赴赛之事,以将来能使本国多销出日货为要义,其珍异古物使人炫骇,则为技末之事。"⑥而且,该报还刊载了一则中国送展物品借机推销的广告:"中国瓷器实冠五洲,如其赴会,非顶期难获佳品。兹有家藏极好瓷器甚多,倘能够为赛品,不但可得厚利,而月与国争光,故特登报。"从这些报道视角的变化可见,此时,舆论关注普遍导向世博会带来的振兴实业、拓展国内外市场的实利功能,国内媒体对世博会的"场域化"呈现已经从科技转向经济领域。

再次,舆论场域当中的负面事件话题进一步激起了国内舆论的关注和热度,主要表现在参展过程中发生的一系列"突发事件"。由于赴美圣路易斯参加世博会的组织办展工作依旧掌握在海关洋员手中,组展过程

---

① 佚名.汤兼署湖广总督端制军劝商人赴美国赛会示[N].申报,1903 – 03 – 05(8).

②③ 圣路易斯.皇朝外交政史:外务部奏请简派美国博览会专使大臣折[N].政艺通报,1903 – 02 – 12(1).

④ 佚名.伦贝子回京后之关系[N].大公报,1904 – 09 – 01(3).

⑤ 佚名.论今日宜急开内国赛会以兴工献[N].时事报,1908 – 03 – 30(4).

⑥ 佚名.论派员至美赛会之宜慎[N].中外日报,1903 – 08 – 09(2).

中出现了种种备受诟病之处,其与中方组办者发生的冲突更被迅速地传至国内媒体,掀起了国内舆论的愤慨与批判,进而促使清政府下决心从海关收回组织参展权。例如,组展过程中出现了经费贪污严重、海关洋员狂妄霸道、华商华工备受歧视、展馆会场局促且质量堪忧导致中途破漏、"有辱国体"的缠足小脚妇人、烟枪等"辱华"展品陈设等问题,以往这些弊端也都不同程度地存在,但在世博会未受国内普遍重视之时,难以掀起社会大范围地关注与警觉。此次在举国筹措经费、亲王领衔的高规格组团参会之际,清政府仍频出诸类问题,不免使得上至政府、下至官绅都感到颜面无光。《东方杂志》对此刊载报道描述"小脚弓鞋、刑具、纸人、鸦片烟枪"等辱华展品:"以冀博西人之奇视而获多金也","以此辱国辱种之状陈列于万国瞩目睽睽之地,美土华报群而攻之"①。正是我国赴美参会期间所遭遇的种种歧视和"辱华"事件,才引起了国内从官员到商绅对清政府既有参博方式的广泛批评,社会舆论强烈表达了对海关洋员把持世博会筹办权的不满。1905 年 9 月,清政府才将展览事务转由商部(后改为农工商部)负责,结束了半个世纪以来在海关洋员控制下筹办世博会的历史,这一争取权益的过程中文化场域的舆论力量扮演了重要的推手角色。

(三)民国初期(20 世纪 10 年代)国内第三次报刊媒体报道高峰

这一时期世博会报道在形式和内容上更加丰富、更有深度了,突出表现在出现了大量评述性和批判性的深度报道,使其文化场域的建构更加充分。据笔者统计,1914 至 1915 年间世博会的现场通讯类报道、评论类报道均共计 17 篇,创历年之最;1915 年介绍该届世博会的图文式报道和现场通讯式的深度报道分别达 36 篇和 15 篇;这与政治时局的剧烈变化导致媒介管理和舆论环境日渐放松、言论日趋活跃直接相关,而这些大量的深度报道和专题评论进一步推高了世博会话题在公共空间的舆论热度,使之成为当时一项重要的"媒介事件"和"社会议程"。

其中,官方报刊和经济类期刊成为舆论引导的先锋和宣传主力,说明世博会的媒介文化场域中,代表政府机构的官媒与表达士商阶层声音的经济刊物形成了更加紧密的互动和配合关系,二者共同主导了文化场域的生长走向。从媒体来源方面看,前文所述的《申报》《政府公报》等商业和官方报刊成为该时期世博会文化传播的主渠道。虽然大型商业报刊《申报》的世博报道量依旧保持首位(202 篇),占全国报刊相关报道量的 38%,但

① 佚名.留学美国学生力争国体[J].东方杂志,1904 – 10 – 04(8):59.

更为显著的变化是官方报刊(如《政府公报》《江苏省公报》等)的报道量大增,总量位居第二,合计 130 篇,占比为 25%。内容上播报筹备进程的消息也急剧增加,反映出官方媒体成为向地方商会组织和工商阶层及时传达、动员展品征集工作的喉舌功能;世博文化场域中的官方意见和积极介入态度发挥了越来越强的导向功能。

1915 年中国参加美国巴拿马世博会前后是国内媒体对世博会报道数量的第三个高峰,且报道量最多的一届,这也意味着世博会的文化场域发展到了近代的高峰,对社会舆论的影响最为强烈。它是中华民国政府成立后组织参加的首届世博会,也是近代以来中国所获奖项最多的世博会。从近代世博会报道总量的变化趋势上分析,报道量的两次高峰均出现在民国时期,其中之一就是美国旧金山 1915 年举办"巴拿马太平洋国际博览会"前的 1914 年(见前图 2－1)。从 1915 年美国旧金山召开巴拿马太平洋世博会前后 3 年的报道量统计图可见(图 3－9 至图 3－11),世博会已被国内各类媒体普遍关注,构成文化场域的报道刊物种类及数量再创新高,这与新成立的民国政府高度重视的官方态度密切相关;而且该时期的近代报业已经进入比较稳定的阶段,成为积极宣传"实业兴邦"社会思潮的载体,为世博会文化场域的成长与成熟提供了比较充分的媒介基础。其中,《申报》对世博会的报道量依然居首(合计 71 篇),《政府公报》其次(合计 39篇),《江苏省公报》第三(36 篇),《直隶实业杂志》(33 篇)、《中国实业杂志》(26 篇)分居第四、五位(见图 3－12)。这一媒介来源的构成及数量排名反映出民国政府成立后国内的主要报刊媒体对世博会的文化场域构建情况。

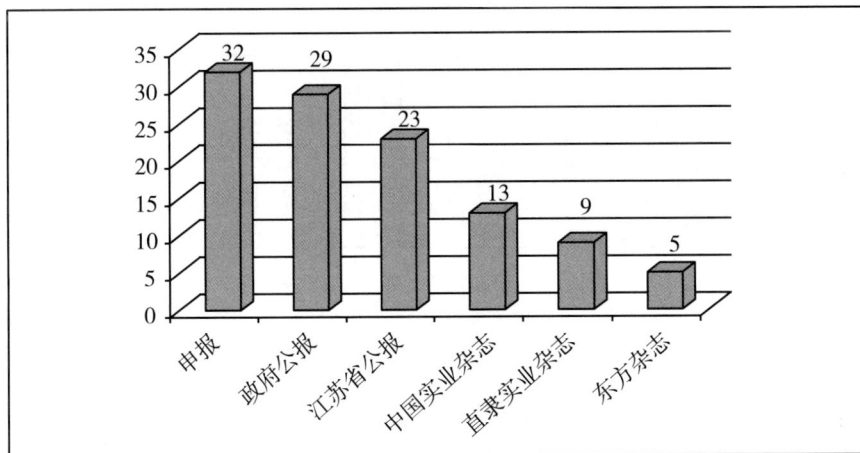

图 3－9　1914 年中国各报刊的世博会报道数量(单位:篇)

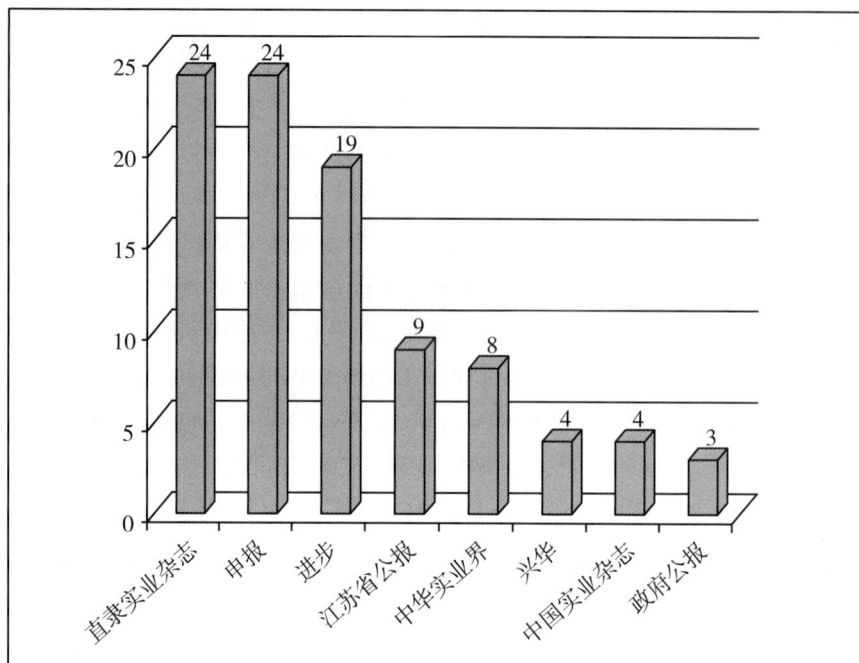

图 3 - 10　1915 年中国各报刊的世博会报道数量(单位:篇)

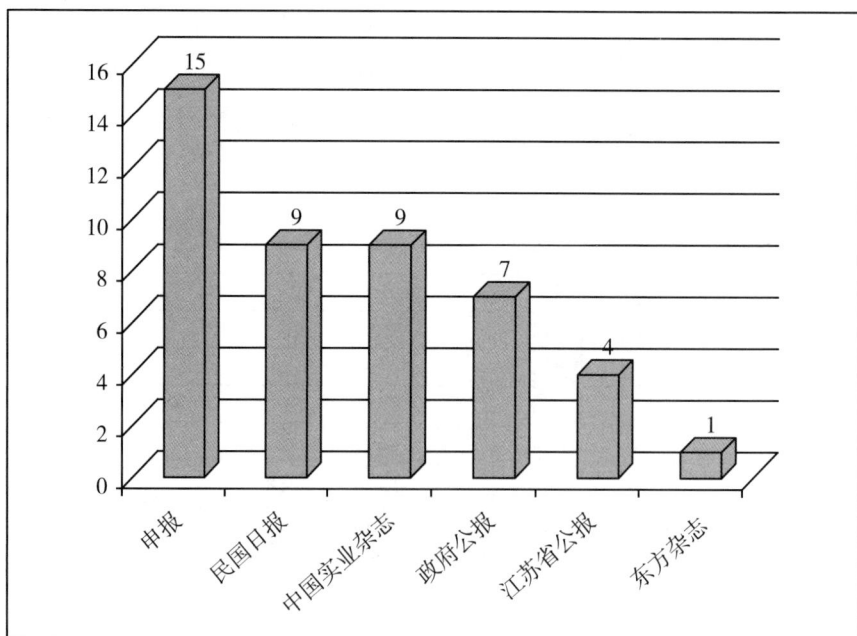

图 3 - 11　1916 年中国各报刊的世博会报道数量(单位:篇)

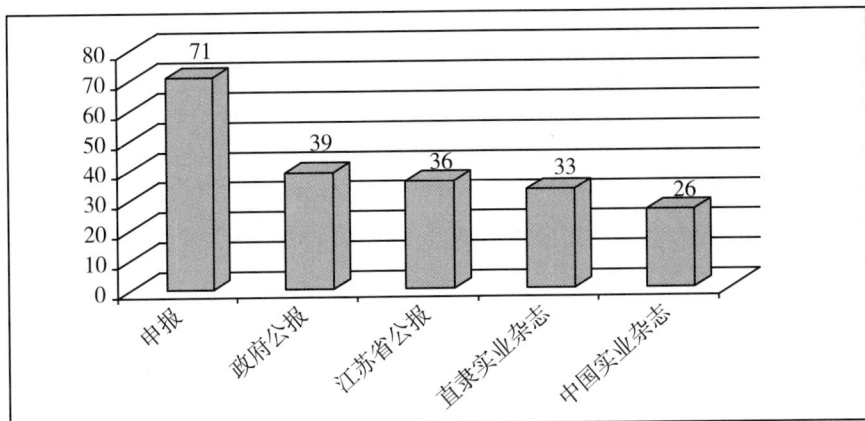

图 3 - 12 1914—1916 年中国各报刊的世博会报道数量(单位:篇)

上述现象是源于近代博览会事业的产业基础与社会环境发生了巨大变化,原本束缚世博会文化传播的各种阻力随着传统社会体制的消亡而大大削弱。该时期世博文化场域获得充分发展的动力,具体表现在:

首先,民国资产阶级政权体制的建立使社会文化构成、文化与媒体的组织机构等均发生了显著变化,破除了束缚世博会进行现代理念传播的保守、封闭的文化桎梏,使其所倡导的现代文明理念得以迅速扩散并被公众普遍接受,有利于其文化场域更自由地生长。民国初期的"新文化"运动在文化体制和社会文化结构上彻底颠覆了封建孔教的传统地位,媒介制度和舆论环境的放松、言论的日趋活跃、民主与科学的现代因素逐渐加强,呈现出兼容并包、百家争鸣的多元文化格局;各类西式教育、科技、文化事业机构纷纷设立,现代文化、教育制度借助政府的主导性力量初步创建起来,在大众教育与传媒的助力下,新文化、新观念被公众普遍认知和理解,从而为世博会倡导的崇尚人本、竞争与创新的现代文明理念营造了有利的文化环境;同时,也为中国参加世博会的展示项目提供了更多来自西式女子学校、职业学校的教育展品。譬如,在文化制度环境与科研机构的组织建设上大大加速了现代化进程,民国政府尽管财政困难,但仍多方筹措、系统性地设立了一批现代科研机构:1913 年成立了民国的最早科研机构"地质研究所";同年,农商部以之为基干,成立了"地质调查所";1912 年,从日本东京迁回的中国药学会改名为"中华民国药学会";1913 年正式成立了"中华医学会"等。这些科研组织机构的设立推动了中国现代各学科体系的建构,也为世博会科技传播的长效性和最终的现实化提供了有利的制度基础与组织保障。而且,很多科研机构还创办了行业刊物,持续、深度地关注世博会上的各类科技创新发明,如 1914 年 6 月 10 日成立了当时组织规模和影响最大的中国科学社,科学社发行的《科学》《科学画报》《论文专刊》《科学丛书》《科学译丛》等多份科技学术刊物,成为国内传播交流科技新知的重要渠道,其中也刊登了不少对世博会上科技创新展品的介绍和科普文章。

其次,在媒体发展环境上,近代报刊媒体在辛亥革命前后迎来了一个创办的高峰期,为世博会在民国时期的文化场域扩张提供了多元化的媒介平台和更充分的舆论空间。"据戈公振《中国报学史》记录,在武昌起义后的半年内,全国的报纸由 100 多家猛增至 500 家,总销数达到 4200 万份。这两个数字,都超过了历史最高纪录。"①1912 年,民国政府成立后即通过立法手段建立起自由新闻体制,使中国的新闻事业迎来了"报界的黄金时代"。这一时期,民族资本主义经济的发展增加了对商贸信息的需求,经济新闻、商业新闻的数量明显增加;报业的逐渐成熟和激烈的竞争使得各类媒体的信息获取能力,以及对国内外重要事件的关注度、时效性进一步增强,这就为世博会作为大型国际活动的新闻报道创造了更充分的传播条件与新闻生产动力,从根本上提升了世博会在近代中国的文化场域发展水平。具体表现在:①通过电讯设备和印刷技术的改进、报纸从业人员增加等一系列基础硬件的改善,媒体新闻生产能力大大提升,一般大型日报通常每天要刊登 30 条左右的新闻,多则达 50 条以上②,相应地对世博会筹办进程和参会动态的报道也迅速增加,有利于营造世博会仪式氛围和更强时效性地播报世博会的筹办与参展进程,甚至出现了《申报》特派记者赴会、发回系列的跟踪性报道《参观巴拿马博览会记》③④⑤等情况。②世博会报道内容体裁上出现了大量评述性和批判性的深度报道。据笔者统计,1914 至 1915 年间的现场通讯类报道、评论类报道均共计 17 篇,创历年之最。其中,1914 年播报中国参加巴拿马世博会的政府公告和进程信息多达 100 条,1915 年介绍该届世博会的图文式报道和现场通讯式的深度报道分别达 36 篇和 15 篇。在新闻专题意识方面,增设专栏成为版面改革的新方向,各报刊纷纷出现"科技新闻""经济新闻"专版,更多报刊开设深度评论的专栏,如上海《时报》专设商情报告表,首开经济新闻深度报道的先河等。这些专版和专栏中时常出现针对世博会的专题报道和深度评论,其中以 1914 年在上海创刊的《中国实业杂志》为代表。作为民国初年由商务印

---

① 方汉奇.中国新闻传播史[M].北京:中国人民大学出版社,2002:151.

② 沈毅.中国经济新闻史[M].北京:北京大学出版社,2008:95.

③ 范永增.参观巴拿马博览会记[N].申报,1915 – 09 – 05(11).

④ 范永增.参观巴拿马博览会记(续)[N].申报,1915 – 09 – 06(11).

⑤ 范永增.参观巴拿马博览会记(续)[N].申报,1915 – 09 – 21(11).

书馆创办的一份经济类专业期刊,《中国实业杂志》发表了大量有关中国经济问题的深度评述以及国内外实业调查、工商部门的章程和函件等公告信息,其中也包括了很多与世博会相关的评论性文章,如由杂志社社长李文权亲自撰写的《中国对外博览会之失败及对于本年日本、巴拿马、三宝垄三博览会出品意见书》一文,系统地比较了中日参加世博会的差距,分析了我国以往参加国际博览会时,因场馆建筑、商品包装等不足而导致失败的种种原因,并对中国1914至1915年即将参加的三次国际博览会(日本、巴拿马、三宝垄)提出了具体的改进意见;此外,《中美商界关于赛会之集议》一文中详细讨论了参与世博会对中国融入世界、提升科技水平、产业核心竞争力的价值,"此会为空前之举,所关岂止商业之媒介,广告之场所",通过这次盛会"实使世界物质之文明于以改观,太平洋平和之局于以巩固……游学者将以此为研究实物教育之课程,习艺者将以此为比较改良进步之阶梯,出品者将以此为异日推销国货之基础"①。

　　这些大量、深度的新闻报道和评论进一步提升了世博会话题在社会舆论空间和文化场域中的地位,使世博会成为当时一项重要的"媒介事件"和"公共议程"。从1914到1916三年间,与世博会议题直接相关的报道合计251篇、涉及刊物至少11份,报道数量上为清末报道高峰的2倍(1903至1905年间相关报道总量112篇);在舆论态度上,从民国政府到报刊媒体基本都是持肯定、积极的意见,如工商部呈请总统设立事务局时的公文中就深入阐述了参加此次世博会的深远意义:"我国于此次赛会之关系,以云对内,则海外贸易,我国函应提倡,兵资凋残,工商首宜奖励,国风趋于政热,非实业无以转移,民志惑于党争,非经济无以调和;以云对外,则承认最先可借以酬盛谊,东西两大国可借以笃邦交。"②这些公开的报道和评论使国人逐渐认识到世博会不仅带来的是"商贸利益",更有教化民众、有益邦交、推动科技进步的多重效果。此外,中国参加1915年巴拿马博览会获得史上最多的奖项和国际赞誉,进一步激发了各大报刊媒体的跟踪报道与普遍好评,升级为以"媒介事件"为表征的、具有象征着新时代标签的文化交往仪式,长久地推动了举国上下以空前的热情投入到世博会、筹办劝业会的组织工作中。例如,《中国实业杂志》上刊登了巴拿马世博会参赛代表杨卓茂回国后在"国货维持会"上的演说全文,该文系统分析了中国丝绸出品如何应对美国丝绸业的国际需求,对改善出口状况、调整供需矛盾等产业问题提出了改进建议,从另一个侧面也反映出国人从世博会的参赛过

①　佚名.中美商界关于赛会之集议[J].中国实业杂志,1915(1):1-20.

②　佚名.工商部呈请大总统筹备巴拿马赛会事公文[J].中国实业杂志,1913(6):2-12.

程中进一步加深了对国际经贸环境及其运作机制的理解。

由此可见,这一时期中国在全面参与世博会的过程中已经彻底解除了以往的制度束缚和环境阻碍,新政权的制度与文化要素发挥了"正能量",加上报刊媒体新闻生产能力的进步,成为世博会的文化场域迅速发展的重要制度驱动和技术驱动因素。

(四)民国时期(20世纪30年代)国内第四次报刊媒体报道高峰

20世纪30年代,国内媒体构建的世博文化场域对应着世博会报道数量高峰呈现两次扩展,分别在1933年和1939年前后;场域内部的媒体来源更为多样化:从单个媒体的报道数量上看,《申报》(121篇)、《时兆月报》(53篇)、《青年知识画报》(42篇)、《国际贸易导报》(38篇)、《科学知识》(37篇)分居前5位(见图3-1);30年代后期由于二战的影响使得报道总量有所下降,但在国内战局日益危急、经济恶化的环境下能保持这样的媒体关注度,足以彰显世博会文化场域具有超越政治、经济层面的国际战略价值。从1932至1934年美国芝加哥世博会和1939至1940年美国纽约—旧金山召开世博会前后三年的报道量统计图可见,1933年前后报道涉及的刊物种类高达22种,为近代之最,也是媒体所构建的世博文化场域覆盖面最广的一届(见图3-13至图3-15);1939年前后报道刊物涉及的种类也有7种,报道总量为170篇(见图3-16至图3-18),战争时期能够达到这种水平的确难能可贵;这些现象与该时期近代报业进入相对成熟的阶段、新闻信息总量扩大的媒介环境有关,而且中国参与世博会的新闻报道因国际战局的大背景而被赋予了更多的政治宣传色彩以及宣誓主权的外交功能。从上述媒体来源构成及数量排名反映出南京国民政府时期的国内主要报刊媒体构建的世博会的文化场域呈现如下具体特征。

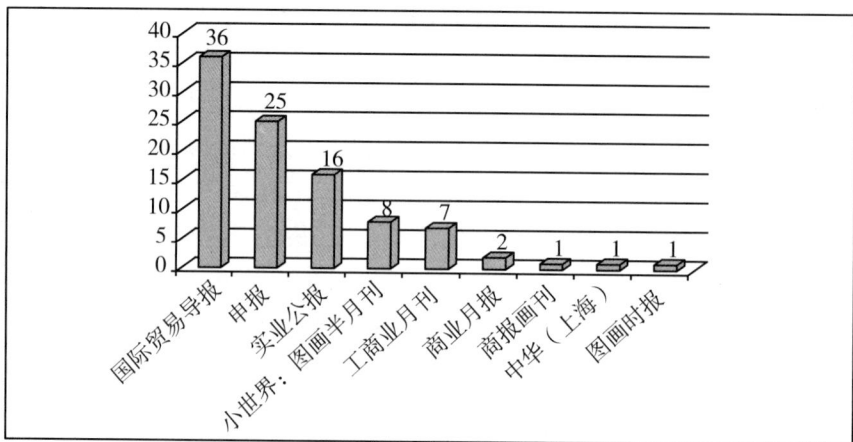

图3-13 1932年中国各报刊的世博会报道数量(单位:篇)

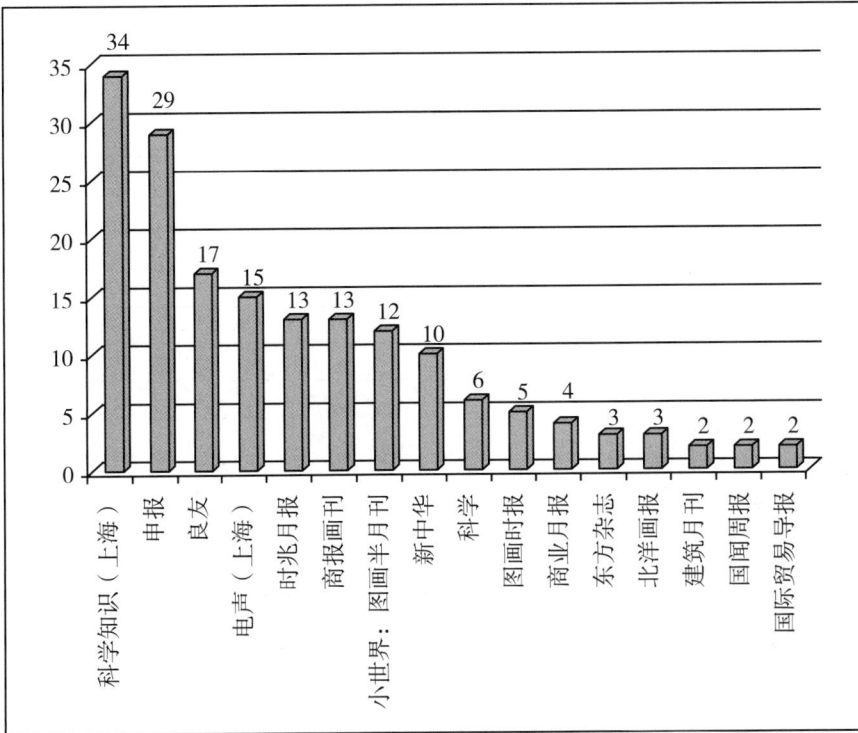

图 3 - 14 1933 年中国各报刊的世博会报道数量(单位:篇)

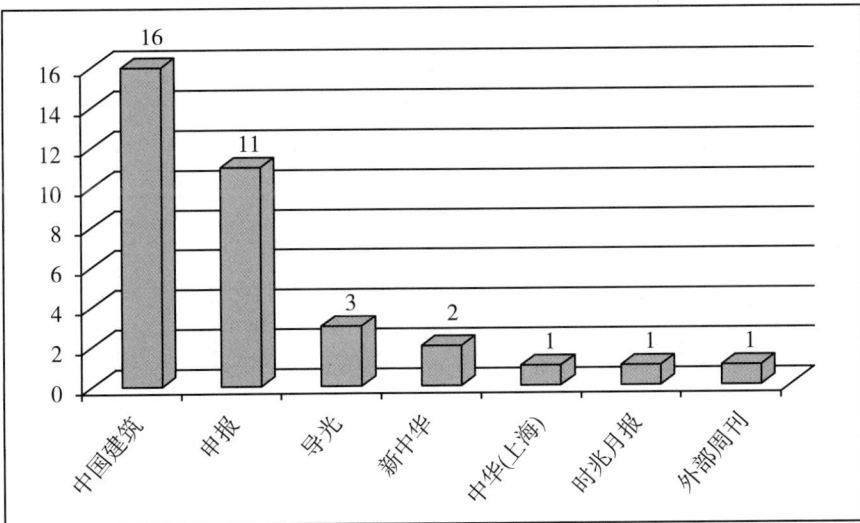

图 3 - 15 1938 年中国各报刊的世博会报道数量(单位:篇)

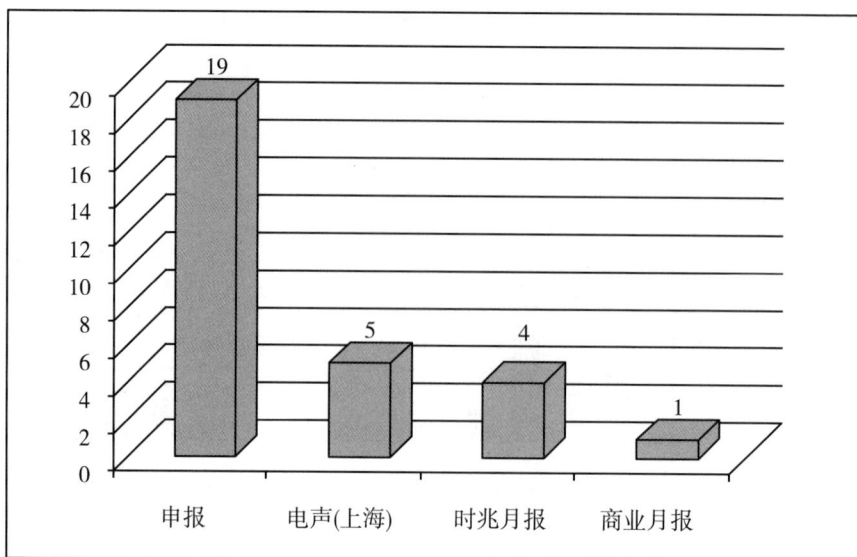

图 3-16 1938 年中国各报刊的世博会报道数量(单位:篇)

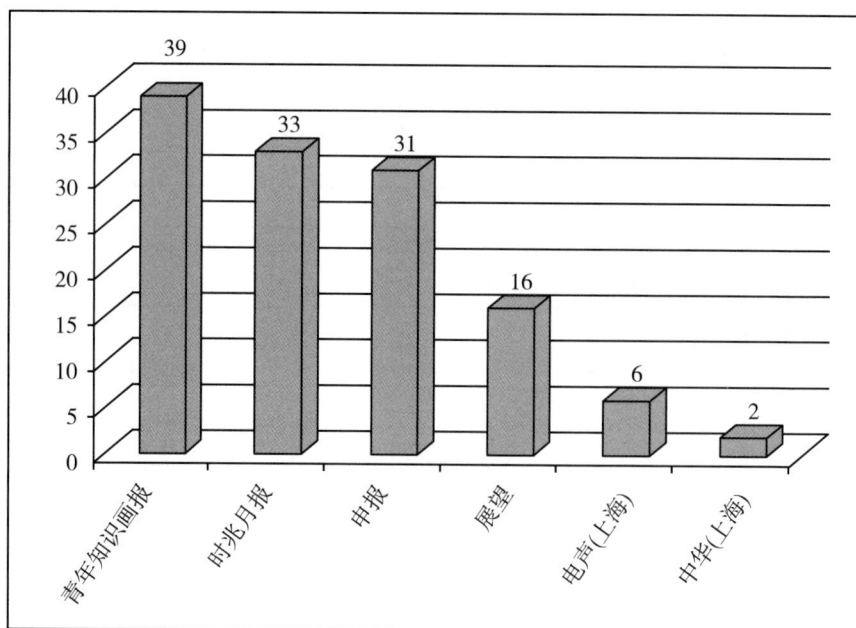

图 3-17 1939 年中国各报刊的世博会报道数量(单位:篇)

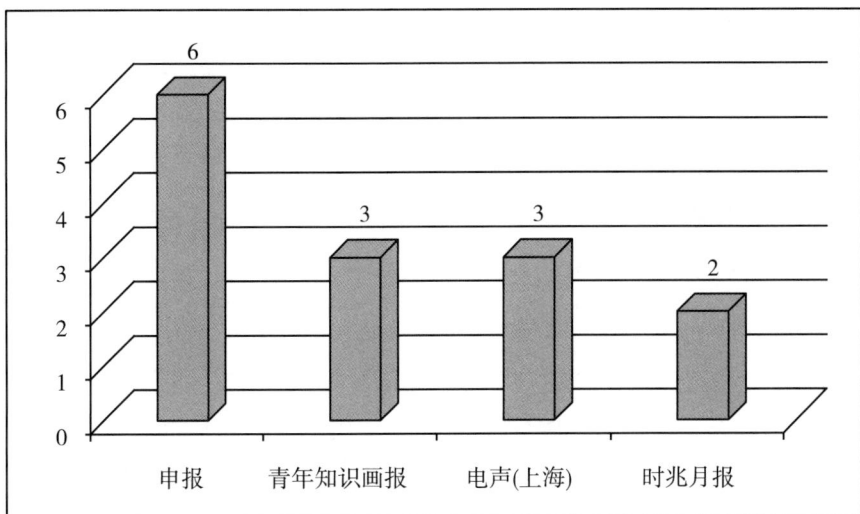

图 3 - 18　1940 年中国各报刊的世博会报道数量(单位:篇)

首先,世博文化场域的内容信息量和舆论互动程度大大增加,这源于国内媒体的运营发展进入了相对成熟的阶段,使相关的新闻报道量迅速增加。具体表现在 20 世纪 30 年代各大报刊的新闻采编能力因全国通讯社的涌现而大幅提升,虽然在抗战时期遭遇一定程度上的萎缩,但也为保持世博会的报道总量提供了必要的技术基础。这一阶段,覆盖全国的新闻通讯网初步形成:20 世纪 20 年代开始,以官办通讯社"中央通讯社"(1924 年创办、1932 年改组后走入正轨)为代表的新闻通讯事业进入快速发展期,到 1936 年"中央社通讯"在各地设立了 11 个分社,构建了全国性网络,使得 30 年代中后期各地报纸所采用的"中央通讯社"稿件明显增多,许多地方报纸上的"通稿"基本占 50% 以上[①];同时,一大批民营通讯社如"国闻通讯社"、"申时通讯社"、"新声通讯社"、"全民通讯社"、"国际通讯社"、"大中通讯社"、"中华通讯社"(日伪时期后改为"中华电讯社")也纷纷成立,为国内报刊的新闻来源提供了更加丰富多元的渠道。

因此,在从官方到民间的通讯社支撑下,各类报刊媒体的采编能力大幅提升,即使在抗战时期仍能保持对世博会等重大事件的较高报道水平,出现了近代以来民国时期的两次世博会报道高峰,保证了世博文化场域的活跃度和内容含量:1933 年美国芝加哥世博会前后,国内报道量

---

① 　许正林.中国新闻史[M].上海:上海交通大学出版社,2008:265.

再创历史新高,达 361 篇(每幅图片均按一则新闻计算);而 1938 至 1940 年处于抗战期间的世博报道总量也达 170 篇。从内容上看,以经济和科技刊物为主。公众已经从上一轮"博览会"产业热潮中形成了世博会促进经贸功能的普遍共识,南京国民政府也延续了北洋政府的官方积极态度,体现在报刊媒体上的舆论态度,基本持肯定、积极的见解较多。中国政府的积极态度也激发了各大报刊媒体的跟踪报道与普遍好评,尤其受到日本加剧侵华的局势影响,借助世博会这一国际舞台与日本展开国际声援的"公关战"等政治诉求也被进一步发掘出来,世博会也因此升级为以"媒介事件"为表征的、展示新国家、新政权形象的国际交往仪式,激发了举国上下以空前的热情投入到世博会的组织工作中。例如,1939 年,《申报》刊载了一则《旧金山博览会中美国人士鼓舞援华华侨及美人举行对日示威日本亦宣传冀得美人同情》的新闻[1],该文详细描述了旧金山世博会现场中日两国在会场内外通过游行等宣传方式,进行国际公关竞争的场景,从另一个侧面也反映出国人对世博会这一重要国际舞台的政治功能的理解。

其次,世博会文化场域内的舆论声音更加多元化,较北洋政府时期集中于经贸实利的关注点进一步拓展,其倡导的科技文化传播思想以及国家形象等政治传播的功能得到了进一步的发掘。在科技传播方面,"新文化"运动后的 20 世纪二三十年代,是"中国近代科学技术快速发展的时期"[2]。这一时期科技新闻尤其是相关刊物数量增长显著,以民主与科学为核心的现代观念全面普及,关于科学的相关信息和理念被迅速传播并得到广泛认同,"科学已经不必再为自身而战了"[3]。尤其是 30 年代兴起的"科学化运动",成立了大量的科研机构,兴办了大量的科技期刊,形成了自"洋务运动"以来引进和普及西方科学的又一次高潮。有学者根据史料统计,全国 1928 年时有学术团体、科研机构 41 个,到了 1933 年增至 100 个,1935 年则已达 124 个,其中属于单纯科研方面的有 73 个;全国从事自然科学的专业人才 1937 年约 3 万人;科研经费也有大幅增加,全国 23 个

---

① 佚名.旧金山博览会中美国人士鼓舞援华[N].申报,1939 – 05 – 24(7).

② 陶贤都,李浩鸣.中国科技新闻简史[M].长沙:湖南大学出版社,2012:113.

③ 郭颖颐.中国现代思想中的唯科学主义(1900—1950)[M].雷颐,译.南京:江苏人民出版社,1997:12.

主要学术机关年经费到 1934 年达 280 多万元,总投入超过 400 万元,此后几年又有陆续增加①。从上述数据指标上看,"就中国 20 世纪 30 年代的科技事业来说,在中国科学化运动的影响下,已经有了较大的发展"②。同时,不断涌现的科研组织机构以及培养的大量科研人才,其社会活动也助推了各类科技刊物的相继创办,这些刊物以科普宣传为主要目标,世博会上的各种科技创新发明也自然成为其经常报道的话题。这一时期报道世博会信息的报刊中除了传统的《申报》《东方杂志》以外,还新增了很多科技期刊(见图 3 - 19 至图 3 - 21)。

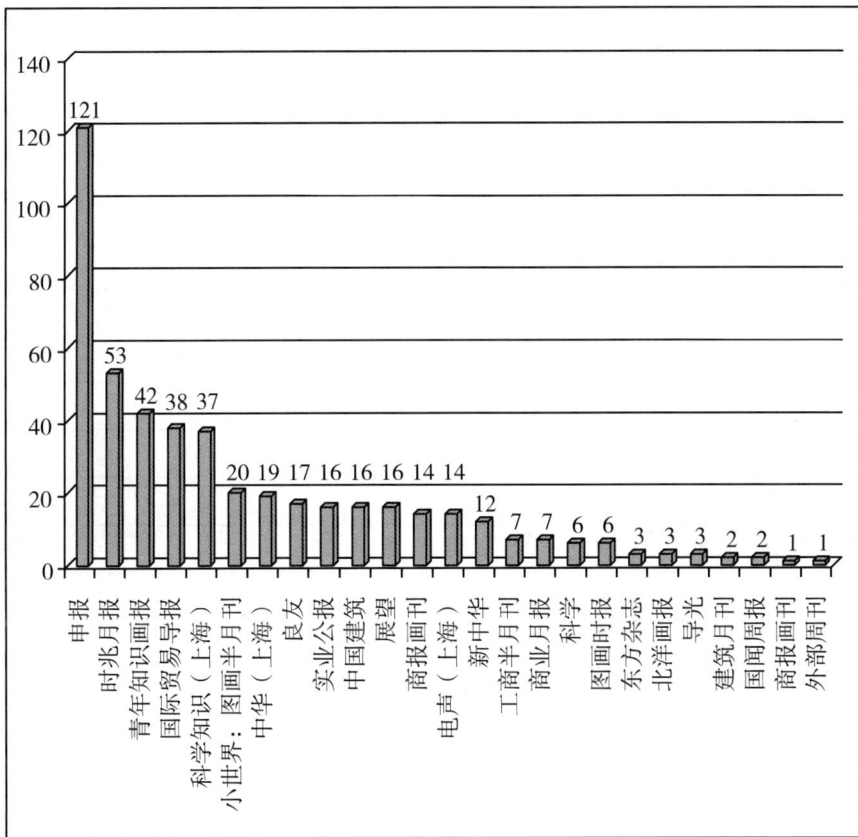

图 3 - 19 20 世纪 30 年代两次世博会报道高峰数量合计
(1932—1934、1938—1940)(单位:篇)

---

① 陶贤都,李浩鸣.中国科技新闻简史[M].长沙:湖南大学出版社,2012:114.

② 刘新铭.关于"中国科学化运动"[J].中国科技史料,1987(2):27.

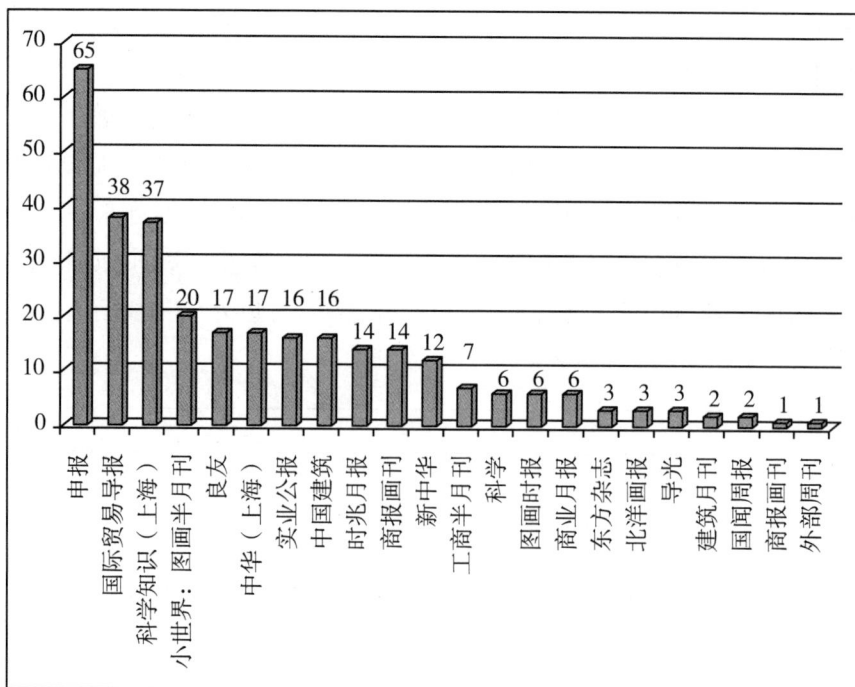

图 3 - 20 1932—1934 年中国各报刊的世博会报道数量(单位:篇)

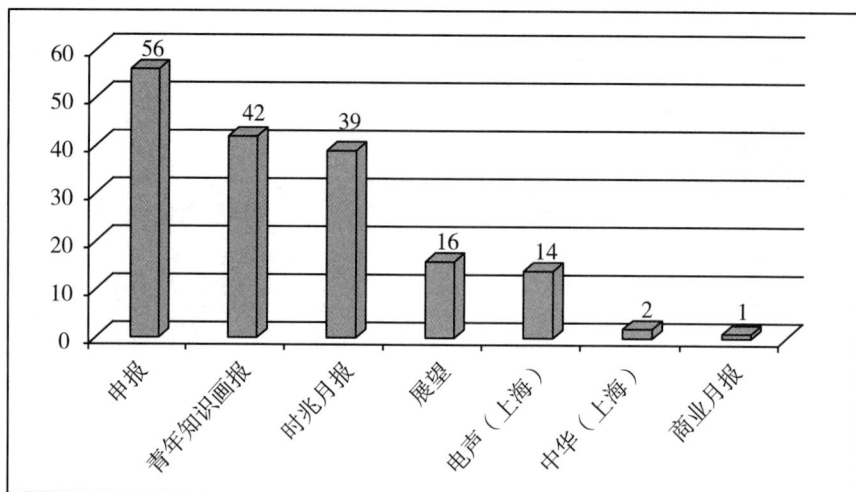

图 3 - 21 1938—1940 年中国各报刊的世博会报道数量(单位:篇)

再次,世博会文化场域在传播现代科技思想的同时,也进一步增添了彰显国家形象等具有政治传播功能的元素。

一方面这与世博会作为彰显国家形象与存在感的国际舞台直接相关。陷入抗战的中国政府和爱国人士非常注重利用参加世博会这一机会展示中国抗战的决心,中日在世博会的舞台上也展开了"公关战":在同期世博报道量位居第二的《申报》中出现了一则《旧金山博览会中美国人士鼓舞援华华侨及美人举行对日示威日本亦宣传冀得美人同情》的新闻①,从标题中即可推断中日双方为博得美国等国际社会的情感认同而展开激烈竞争的局面。

另一方面,这也与技术传播的诉求与倡导的科学理念最终会逐渐渗透到经济领域乃至政治领域密不可分。从世界历史的宏观发展视角来看,科技的进步趋向与经济、政治、文化更紧密地勾连、交织在一起。20 世纪 30 年代伊始,民族危机日益加剧,社会上也产生了一股"科学救国"的思潮,最终形成了"以科学的方法,整理中国固有的文化;以科学的知识,充实中国现在的社会;以科学的精神,光大中国未来的生命"②的一场"科学化运动"。其历史背景是:日益严峻的民族危机使 20 世纪 20 年代以后逐渐庞大起来的科研队伍、科技界群体,最终改变了民国初年"超政治"的立场,将科学视为"救国的良药",呼吁用科学的精神、原则与知识、方法改造来落后的国人,从而将科学与社会现实、政治制度相联系起来,推动国内科学事业的发展乃至社会进步。在这种大环境下,科技界人士不仅酝酿组织了"中国科学化运动协会"③(1932 年于南京成立),也与工商业界开始了更广泛地接触,促进科学与工业、实业的结合;同时,还以创办科技刊物为途径,积极开展科普宣传,"许多科学类刊物涌现,即便是政论、文艺类期刊,新闻类的报刊也都刊登科学知识,设立科学专栏或副刊,大量普及科学文化思想"④。这些大学、科技学会、学术机构创办的数十种刊物为进一步普及科学技术知识提供了便利的渠道,体现了民间力量借助当时最主流的报刊媒体平台对科学传播的推动,也为世博会倡导的现代科学理念营造了更有利的舆论环境。例如《科学知识》在 1933 年芝加哥世博会期间连续刊载了多篇图文并茂的通讯,包括《百年来科学之进步》系列报道⑤、《中华民国

---

① 佚名.旧金山博览会中美国人士鼓舞援华[N].申报,1939 – 05 – 24(7).

② 顾毓瑔.中国科学化的意义[C]//顾毓瑔.中国科学化问题.北京:中国科学化运动协会北平分会,1936:18.

③ 1932 年中国科学化运动协会成立时选举陈立夫、陈果夫、吴承洛、张其昀等人为董事,组成董事会;董事会成员基本上是协会的发起组织者,且多为各学科专家或者大学教授,在协会中发挥着主导作用;该协会的成立标志着中国科学化运动的开始。转引自:陶贤都,李浩鸣.中国科技新闻简史[M].长沙:湖南大学出版社,2012:116.

④ 贾晓慧.中国 20 世纪 30 年代科学化运动与现实启示[J].自然辩证法研究,2004(7):74.

⑤ 佚名.百年来科学之进步:一九三三年芝加哥博览会[J].科学知识(上海),1933(2):9 – 20.

参加芝加哥博览会征品展览会出品》系列报道①等,系统地介绍了世博会上的各类创新发明和展会盛况。而在现场叙述之后,还专门刊发了评论:《编者谨白:上期我们介绍芝加哥博览会的概况后》②,阐释科技创新对于中国社会发展的进步意义;《科学》月刊(中国科学社刊物,1915年创刊,1918年迁入上海)也在登载《芝加哥博览会之科学馆》③、《芝加哥博览会农业馆》④等系列图片新闻的同时,刊发了《杂俎:芝加哥百年进步博览会及中国之参加》⑤、《杂俎:芝加哥百年进步博览会之应用科学及工业组》⑥等评论文章。

综上所述,世博会在大众报刊媒介上所呈现出来的"文化场域"呈现了如下特征及其文化传播的效用:①世博会在近代中国的文化传播过程中各类报刊媒体发挥了重要的中介作用,合力引导有关世博会的舆论话题并呈现了这一"文化场域";这些报刊涵盖了近代报刊的大部分主流媒体,也支撑了世博会在公众面前所呈现的"文化场域";场域的范围和存在时间受不同时期主流报刊的报道量影响,分别于1904年、1915年、1933年、1939至1940年前后呈现了4次报道高峰:清末新政时期、参加美国圣路易斯世博会前后是首次、民国时期有3次,分别出现在民国北洋政府参加美国巴拿马世博会前后、南京国民政府参加美国芝加哥世博会和纽约—旧金山世博会前后;②文化场域的范围和舆论影响力不断增加,这是因报道高峰期间涉及的报刊种类和报道总量大幅提升而推动的;且每次高峰时的报道数量和涉及刊物种类随着中国近代大众传媒事业的日渐成熟而呈现总体上不断增加的趋势;③各类媒体对世博文化场域的"共谋"过程受政府日益重视的态度影响较大,可见政府的官方态度和舆论导向作用对于文化场域的生成以及舆论话题的关注热点较为关键;④世博会文化场域体现出较为鲜明的价值导向性,主要体现在舆论倾向中反映出各类媒体所代言的社会阶层和利益群体的不同利益诉求,但这些各异的诉求对世博会均持有积极态度,均能主动地配合政府加大对世博会的宣传,如1904年前后的传教士报刊和商业报刊、1915年代表资产阶级工商阶层利益的经济类刊物、

---

① 佚名.中华民国参加芝加哥博览会征品展览会出品[J].科学知识(上海),1933(3):2 - 32.

② 佚名.百年来科学之进步:一九三三年芝加哥博览会[J].科学知识(上海),1933(4):58.

③ 佚名.芝加哥博览会之科学馆[J].科学,1933(5):1.

④ 佚名.芝加哥博览会农业馆[J].科学,1933(9):1.

⑤ 佚名.杂俎:芝加哥百年进步博览会及中国之参加[J].科学,1933(5):861.

⑥ 佚名.杂俎:芝加哥百年进步博览会之应用科学及工业组[J].科学,1933(6):989.

30 年代两次报道高峰时期的大量科技类期刊,不断化入宣传世博会积极意义的媒体队伍;⑤各类媒体的宣传重点和所倡导的文化理念除了受自身刊物定位的影响外,体现出在同一时期内相对趋同的特征,呈现出世博"文化场域"的主题性和导向性,反映出媒体对于世博会的理解受制于当时的政治环境和经济基础;⑥世博文化场域的生成时间与价值导向与报道时间、内容密切相关,反映在各类刊物的宣传报道多集中于筹备参博的过程中和参会后的总结反思,内容上多刊发政府和各地商会的激励政策,同时也注重向公众宣传重商观念、普及科学意识等现代理念,反映出报刊媒体在引导公众对世博会的理解和价值认知方面发挥了积极的教化功能。

第四章 世博会报刊传播的框架与主题：媒介呈现的竞技仪式

第一节 世博会活动组织过程中的文化目标、内涵与主题

仪式具有强烈目的性，常围绕某一主题组织展开文化交往与沟通。传统仪式的显在目标往往是以祭祀、加冕、纪念、庆祝某一时刻、对象或事件为主题的；而隐含的行为目标一般是通过展示示范或表演行动强化族群内部之间的交往与沟通，达成对于某些传统规制、特定观念的共识与传承，并在这一过程中实现族群乃至社会的整合、延续文化。

世博会与奥运会、世界杯一样是一项在国家层面进行的、内容相对庞杂的文化交往行为，但仍具有大型文化仪式的目标统一性和系统性等特征，表现在该活动组织过程中必然围绕某一目标主旨来设计、实施，最终它所生成的仪式场域不仅具有自身的关系结构性，还具有仪式行为目标所要传达的价值导向性与内容主题。这种宏大叙事的集体"文化展演"，其仪式活动内涵是十分丰富的，虽然涉及政治外交、经贸交流、科技文化等多个领域，但主办国和参与各方均抱有一种相对清晰的目标和内在动力前来办展、参会。一方面从举办世博会的仪式主题上看，它往往以庆祝建国或者某一大型活动为噱头来组织申办，如美国费城召开两次世博会（1876 年、1926 年）分别以纪念建国百年和 150 年为题，1915 年旧金山世博会则以庆祝巴拿马运河通航为由举办；而后面几乎每届世博会都设定了一个文化主题，如美国 1933 年芝加哥世博会首次提出主题"进步的世纪"，1935 年比利时布鲁塞尔世博会主题为"通过竞争获取和平"，1937 年法国巴黎世博会主题是"现代世界的艺术和技术"，1939 年旧金山世博会将主题设定为"建设明天的世界"。实质上，各国在世博会的竞技与交往中也必然会通过仪式化的平台形成一种文明共识，希望表现出对"人类命运共同体"的美好愿景。

世博会在此文化传播过程中，对人类命运的关照与愿景被大众媒体充

分地表达出来;无论是近代世博会的开幕典礼、国家日等媒介仪式的现场通讯,还是对筹办进程、展示效果、获奖情况等的跟踪式报道,它们实质上都是一种仪式情境下大众媒体与受众对该场域内的象征资源或符号价值系统的文化共享与主题性建构过程;媒介呈现的内容和表述方式均强调塑造观众作为地球村成员的身份认同感和具有"现场性"的仪式感,以帮助受众形成较为一致的"场域化"体认。归纳起来,报道主旨可以用"交往、竞争、创新"三大世博文化主题来概括。

第二节　近代国内世博报道的主题之一: 仪式化的交往

仪式首先是一种文化交往行为,这种交往(或称为"互动")以建立和强化文化认同为目的。欧文·戈夫曼就从微观互动的角度分析了日常生活中的各种仪式现象,并提出了"互动仪式"(IR)一词,强调仪式"是一种相互专注的情感和关注机制,它形成了一种瞬间共有的实在,因而会形成群体团结和群体成员身份的符号。这类活动对群体生活或团结性来说具有重要意义"[1],"人们参与仪式既是为了保持一种所期望的关系"[2]。基于这一判断,柯林斯进一步提出个体的互动仪式行为是一种互动情境下的人际交往:"互动仪式的核心是一个过程,在该过程中参与者发展出共同的关注焦点,并彼此相应感受到对方身体的微观节奏与情感。"[3]对群体或整个社会规模的大型仪式而言,世博会正是以国家身份为主体进行的、全球规模的一种互动仪式。参展国的主要意图之一就是加强国际交往、融入这一国际化的互动仪式情境之中,从而获得现实利益或潜在的关系价值;而参加世博会的过程本身就是一种国际交往行为。

一、国内报道中以交往为主题的世博会新闻分类

中国传统文化中历来重视礼仪性的互动交往,19世纪中叶以后在逐

---

① 柯林斯.互动仪式链[M].林聚任,王鹏,宋丽君,译.北京:商务印书馆,2009:前言.

② GOFFMAN. Behavior in public places:notes on the social organization of gatherings[M]. New York:Free Press,1963:151–190.转引自:柯林斯.互动仪式链[M].林聚任,王鹏,宋丽君,译.北京:商务印书馆,2009:58.

③ 柯林斯.互动仪式链[M].林聚任,王鹏,宋丽君,译.北京:商务印书馆,2009:86.

渐克服了因鸦片战争等一系列西方侵华事件带来的早期敌视与排外情绪之后,中外关系从 19 世纪六七十年代开始进入了一段相对平静的发展期,加上受国内洋务运动的影响,官方和民间达成一致,希望进一步走出国门、接触世界,学习西方的先进技术。在渴望加强对外交往的诉求推动下,清政府正式组团参加了 1873 年奥地利(奥匈帝国)维也纳世博会、1876 年美国费城世博会、1878 年法国巴黎世博会、1883 年荷兰阿姆斯特丹世博会、1893 年美国芝加哥世博会、1897 年比利时布鲁斯尔世博会等一系列国际博览会,在 19 世纪下半叶开启了另一条通向世界的文化外交之路。这种国际交往是全方位的,除了诉诸政治意义上的外交关系诉求,还包括拓展经贸联络的经济交往,见识、学习西方先进国家的科技文化两方面的内容。具体做法是清政府将筹备参展工作交给熟稔外交事务的总税务司英国人赫德全权负责,总署采取的基本态度是"咨行南北洋通商大臣来晓谕商民赴赛"①,鼓励各省发动士商阶层的力量广泛征集展品,"将土产奇珍、妙品奇珍备送参展"②。同时,国内媒体对于如何借助参加世博会这一重大国际舞台来促进和睦邦交和经济文化交流也给予了高度关注,国际交往话题自然成为世博会的报道焦点之一。据笔者前文对报道诉求类别的总体统计,世博报道中主要包含了经贸、外交、文化三大类新闻内容侧重点,其中以加强经贸交往为诉求目标的数量最多(只要包含经贸视角的报道则计入统计,总计 96 则,占实际报道总量的 59%),而关注文化交往和外交关系的世博会报道数量分居第二、三位,占比分别为 23%、18%(实际报道量分别为 37 篇、30 篇),见图 4 - 1。

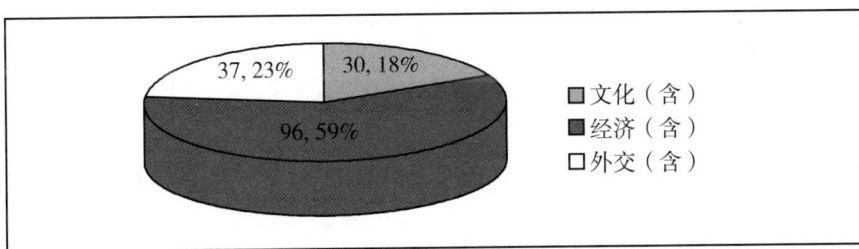

图 4 - 1　19 世纪基于不同交往类型的中国各报刊的世博会报道对比图(单位:篇)

20 世纪,中国对参加世博会的态度更加积极,出于扩大和加强国际交往的认知也更加成熟。清末最后 11 年间,受政府实行"新政"的推动,中国

---

① 二十五日给总税务司赫德[A]. 1903. 外交档. 档案号:01 - 27 - 2 - 1.
② 十二日美国公使卫廉士照会[A]. 1903. 外交档. 档案号:01 - 27 - 2 - 1.

对外交往更加活跃、深入，参加世博会成为加深国际交往的重要契机和推手。主要包括1900年法国巴黎世博会、1904年美国圣路易斯世博会、1905年比利时列日世博会、1906年意大利米兰世博会、1908年英国伦敦世博会、1910年比利时布鲁塞尔世博会。其中，国内影响力最大的当属参加美国主办的1904年世博会，也是影响中美近代交往的关键事件；对它的新闻宣传创下清末阶段世博报道量之最，也是推动中国博览会事业发展的一个重要契机。民国时期，中国参加世博会的热情更高，观念认知与具体组织筹办工作也更加成熟。其中，影响力最大的当属中国参加美国1915年举办的巴拿马世博会。总的来说，20世纪中国借助世博会更加开放地融入世界，国内媒体的报道也更加系统、全面地向公众呈现了这一最具全球影响力的仪式盛会。据笔者统计，20世纪基于国际交往视角的报道量不仅大幅增加，三大类报道内容的数量对比也有明显变化（如图4－2）。对比19世纪的报道类别比重可见，20世纪基于文化、外交类交往诉求的世博报道比例提升（分别为28%、24%），其中文化类报道的比重增长最为显著，较19世纪同类（18%）高出10个百分点（28%），显示出媒介及其反映的社会解读视角更加多元化了，这也是世博会在中国文化传播影响更加深入、成熟的一种体现。

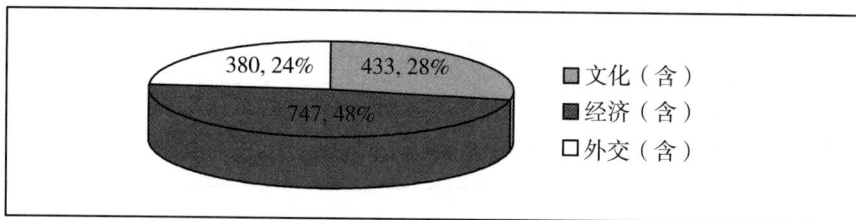

图4－2　20世纪基于不同交往诉求的世博会报道量对比图（单位：篇）

二、国内世博报道所呈现的近代中外交往关系及博览会功能

由于世博会是以不同国家的城市为主体申办的，各国城市对世博会的筹办和组织也有差别，国内媒体对其报道时很大程度上受中国与主办国外交关系以及举办地的国际形象、对华友好度等因素的影响，因此我们可以依据国别的不同、结合该国在世博会发展史中的组织交往方式来分析国内媒体对其报道表述的内在原因。

首先，根据我国学者对清末"总理各国事务衙门"的档案、《外交档案》中"各国赛会公""海防档""教务档""四国新档"等相关史料的梳理，美国在清末1866至1911年是邀请中国参加国际交流活动最多的国家，比利时其次①，见图 4 - 3。

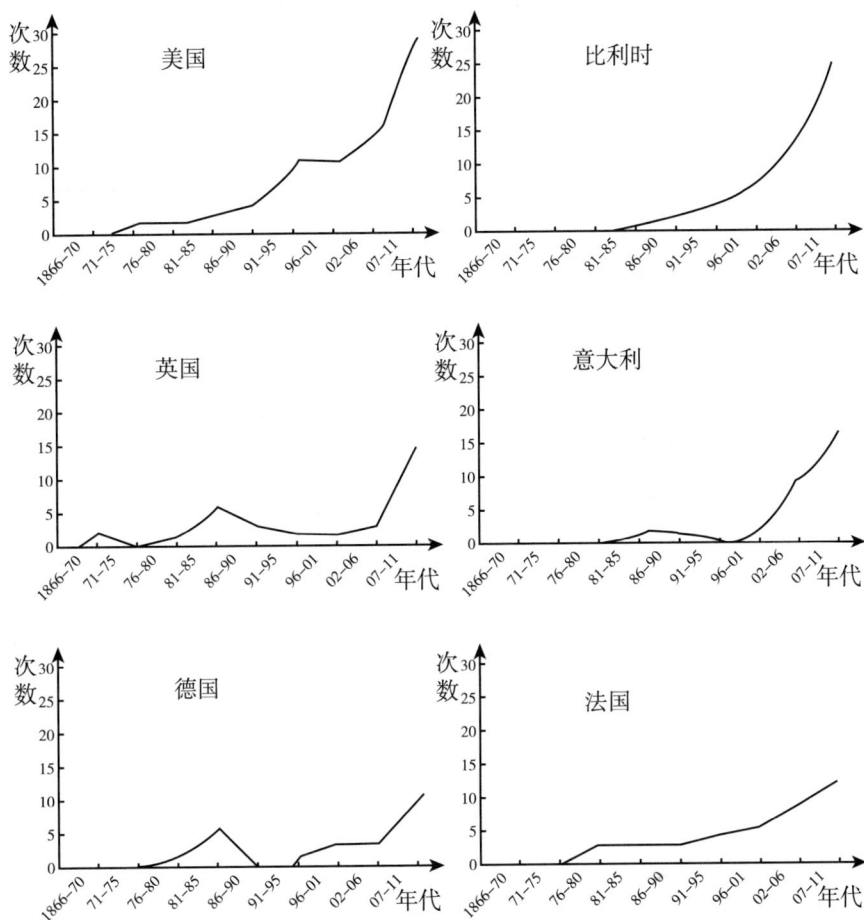

图4-3　近代各国邀请中国参加国际展会类交流活动年份变化趋势图②

从图 4 - 3 可见，该学者以 1866 年至 1911 每五年为一个单位统计各国邀请清政府参加世博会等国际展会类交流活动的次数（据编者观点，1866 年中国允许各国设立常设性的驻外代表、使馆等机构后参加国际性各种展会活动开始显著增加，《各国赛会公会案总目提要》中记有中国首次受邀于 1866 年），反映出除了受与法国、八国联军等的战争影响外，中外通过展会交流的

① 古伟瀛. 从"炫奇"、"赛珍"到"交流"、"商战"：中国近代对外关系的一个侧面[J]. 思与言,1986(3):185 - 302.

② 美、比等六国邀请中国开会每五年趋势图,转引自:古伟瀛. 从"炫奇"、"赛珍"到"交流"、"商战"：中国近代对外关系的一个侧面[J]. 思与言,1986(3):185 - 302.

趋势日渐增高。其中,美国、比利时两国发出邀请次数最多(分别为66、59次),比位居第三的英国(31 次)要高出近一倍(具体数量见图4-4)。

可见,国内这些已有的研究结论一定程度上印证了笔者对国内报道量排序的调查结果(美国、比利时举办地报道分居第一和第三位),为本书后续的分析奠定了重要的基础(见图4-5)。

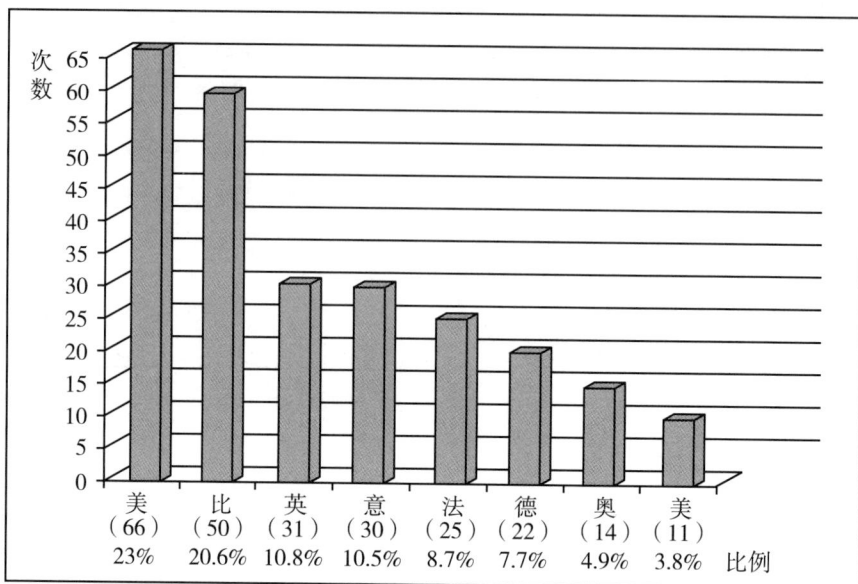

图4-4　近代各国邀请中国参加国际展会类交流活动数量及比重图①

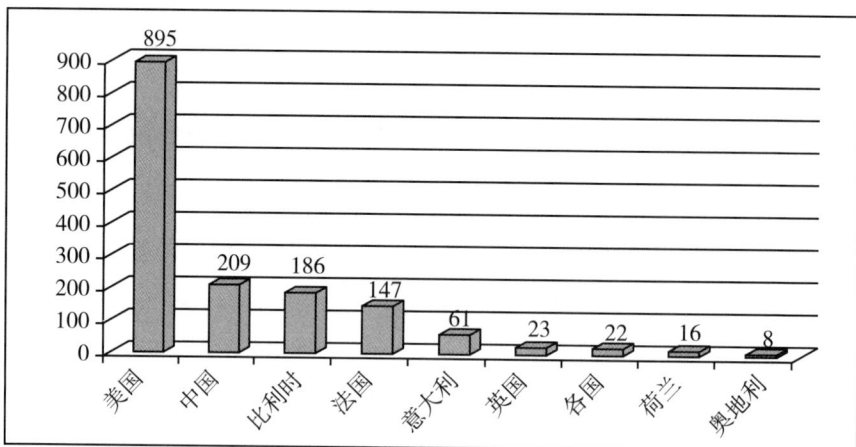

图4-5　国内媒体对各国举办的世博会报道量(单位:篇)

① 邀请国次数及比例图,转引自:古伟瀛. 从"炫奇"、"赛珍"到"交流"、"商战":中国近代对外关系的一个侧面[J]. 思与言,1986(3):185-302.

　　由此可以推论,国内媒体对各国举办的世博会等国际展会类交流活动的报道量呈增加趋势,与两国间日益加强的邀请互动程度密切相关,这也为 20 世纪中外展会活动交流更加频繁的情况奠定了必要的基础。从世博会作为媒介事件的新闻发生地角度来看,中国在参与他国主办的世博会过程中的种种表现和媒介反应,是我们考量世博会如何呈现并推动国际交往的切入点。其中,美国是近代举办世博会届次最多的国家,国内对它举办的世博会在报道数量和媒体关注度上也为各国之最,这种现象正是近代阶段中美两国积极互动的典型表征。本书将以此为例,重点分析国内报道所呈现的各界人士尤其是代表精英阶层主流意识的新闻媒体对参加世博会来加强两国交往关系的认知变化及其社会基础。

　　我国近代对美国的国际形象认知和外交关系有别于对英法等传统帝国主义国家:虽然中美之间也发生诸如美方"歧视华工"、国内"抵制美货"等对抗性的问题,但总体上双方互相认识到作为未来新兴国家的重大潜力,国民情感之间一定程度上有种相对亲近、容易对话的感性色彩,这种认知基础也使立足于民意的国内媒体进一步增强了对美国举办世博会之类的国际事务的关注和报道。从报道量变化情况来看,美国举办过两届世博会的城市报道量排序如下(见图4-6),报道总量上从20世纪开始显著增加。

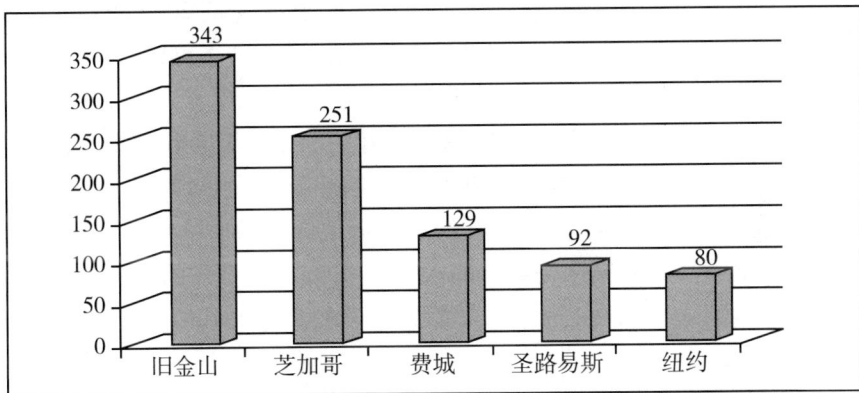

图 4-6　中国对美国近代各城市举办世博会的报道量(单位:篇)

　　从图4-6可见,旧金山举办的世博会报道量是最多的,它举办过1915年巴拿马太平洋国际博览会和1939年旧金山世博会,而芝加哥、费城分居第二、三位;这三个城市的世博会报道量均超过了任何其他国家的城市(129篇以上,位居第二的比利时列日为120篇)。

　　究其原因,除了美国是近代举办世博会届次最多的国家以外,中美双方逐渐增强的外交互动、对华参会邀请发出次数最多以及两国间的国际形象认知、定位是重要的促进因素,这种日益密切的关系和沟通能够有效影响国内媒体的关注度及社会舆论的风向。

一方面是美国采取积极的对华政策影响:美国从 1873 年起已向中国发出参会邀请 33 次①,尤其是 1898 年其势力扩张至亚太地区后,对华采取"门户开放、利益均沾"的策略,并逐渐向扩张型转变;而且,新闻业配合国际战略,成为美国力量渗透中国的先锋,为国内媒体的关注与互动奠定了必要舆论基础。此时美国基本已完成了工业化过程,成为世界上规模最大的经济体,对外发展经贸的诉求急剧增加。从 1897 年到 1914 年之间,美国的海外投资翻了两番,从 6.34 亿美元增至 26 亿美元②。这促使其开始重新思考、定位美国的国际战略和国际角色,而媒体宣传成为其走向全球化的"先遣队"。"与经济技术飞速发展、报业大众化、记者专业化相呼应,美国新闻业也越来越注重国际新闻和驻外媒体的发展,向大众提供有关外国文化的报道,为国内读者建构一个美国之外的世界。"③太平洋彼岸的中国自然成为美国扩张政策的重要对象:美西战争占领菲律宾后,美国在远东的利益诉求日渐增强,开始认识到上海乃至整个中国在远东地区的重要性;1909 年 3 月,新任美国总统威廉·塔夫脱认为可以运用"金元外交"等经济手段实现东亚的政治目的和相对稳定的列强间的力量平衡④。"中国是美国投资和贸易的一个无与伦比的对象。在接下来的 20 年里,中国比世界上任何其他地区都需要建更多公里的铁路,美国资本可以资助这一巨大的产业发展。除了铁路,还有采矿和其他产业……对于那些关注商业、通过合理条款获取价值的人来说,这个美好的国家在召唤我们,并且我们也将从中得到回报。"⑤在向东方扩张的大趋势下,有学者统计,"1898 至 1900 年间,美国报纸、杂志、通讯社纷纷派遣记者到马尼拉和北京"⑥。以《大陆报》创办人托马斯·密勒(Thomas F. Millard)为代表的美国报人"为《纽约先驱报》、《伦敦每日邮报》、《斯克里布纳》杂志和其他出版物报道发

---

① 马敏.中国近代博览会事业与科技、文化传播[J].历史研究,2004(2):98 – 117.

② LEARS J. Rebirth of a nation:the making of modern American(1877 – 1920)[M]. New York: Harper Collins publishers,2009:283.

③ 沈荟.历史记录中的想象与真实——第一份驻华美式报纸《大陆报》缘起探究[J].新闻与传播研究,2014(2):112 – 128.

④ FOORD J. Annual report of the secretary[J]. Journal of the american asiatic association,1909 (11):293.

⑤ CROW C. China takes her place[M]. New York:Harper and Brothers,1944:12 – 13.

⑥ 沈荟.历史记录中的想象与真实——第一份驻华美式报纸《大陆报》缘起探究[J].新闻与传播研究,2014(2):112 – 128.

生在菲律宾的美西战争而来到远东，接着又报道了发生在北京的义和团运动和 1904—1905 年间发生在满洲里的日俄战争。"①他们在越来越多地交往中加深了对华的理解："接触到热衷改革社会的日美留学生阶层，看到袁世凯训练的装备精良的新兵，欣喜于非官方报纸的兴起等"。在密勒看来，"中国人勤劳、可靠、守法、脾气好、有能力且宽容。这些良好品质如果运用于现代化的发展，中国是不可能不产生伟大结果的。……说中国已经完全觉醒还为时尚早，但可以肯定的是，她已睁开双眼，关注世界上正在发生的有关中国的事情。"②于是，在对华积极外交政策的影响下，托马斯·密勒在上海创办了代表美国利益的媒体喉舌——《大陆报》(1911 年 8 月 29 日创刊)，旨在破除当时远东新闻依赖于英国通讯社的信息垄断的困境，为中美两国更直接、深入地了解对方提供了管道。

　　另一方面是中国响应美国对华积极政策的互动表现：突出体现在与辛亥革命前夕创刊的《大陆报》有密切关系的唐绍仪和伍廷芳，他们是晚清亲美派官绅的代表，这些亲美派官员在推动中美交往中发挥了重要作用。例如，体现在受报界主导的社会舆论上，基本肯定了美国相对公平、温和的对华政策，持有鼓励中美互动、互信的正面态度，这反映并且进一步使得中国当时的精英集团乃至工商阶层普遍对美国怀有更大的亲近感。而且，随着留美派集团的政治地位上升，这一传统得以强化，延续在晚清乃至民国的政治格局中：以唐绍仪(第一位出身留美学生)为核心代表的中央官员"大力拔擢了许多留美归国或粤籍而通达欧美情势的才俊之士，以为其推动各项施政的臂助"③。这批留美精英对推动中美合作发挥了关键影响，使执政者认为可用拥有巨大发展潜力的美国来抗衡英、俄、日等对华更具侵略性的传统帝国：如外务部肯定了美国"积极干预满洲"、倡导"利益均势"的外交政策，希望借此更多地维护中国作为弱国的国际利益；时任直隶总督的袁世凯也曾公开表示对亲美派及其对美政策主张的欣赏："迄今为止美国留学生是最好的……他们明显要好于在欧洲接受教育的年轻人，我希望有更多的学生能去美国学习。"④在公共媒介尚不发达的近代中国，精英阶层对政治走向、社会舆论的导向作用是巨大的，尤其是报纸上刊登的大量论说和表述国际新闻时的态度倾向，使当时国民对美国形象的好感度

①　沈荟. 历史记录中的想象与真实——第一份驻华美式报纸《大陆报》缘起探究[J]. 新闻与传播研究,2014(2):112 – 128.

②　MILLARD T F. The far east [M]. New York:Charles Scribner's Sons,1906:256 – 257.

③　李恩涵. 唐绍仪与晚清外交[J]. 近代史研究所集刊,1973(4):53.

④　MILLARD T F. New China[J]. The world today, 1907,7(1):175.

大大提升了,自然对美国举办世博会等国际事务加强了关注,令这些届次的世博会在国内得以广泛报道、影响深远。

围绕世博会的中美交往可以分为三个阶段。

(1)清末以美国 1904 年举办圣路易斯世博会为典型代表,该届的规模创历史之最,也是世博会由此向大型化发展的标志;其举办地的选择就充分隐喻了近代欧美关系的历史变迁:圣路易斯作为历史上法国的管辖地,在 1804 年 3 月 9 日被美国政府购得,而该届世博会正是为了纪念路易斯安娜购入 100 周年而举办的,是美国在美西战争之后强化对欧关系的重要契机。会期从 1904 年 4 月 30 日至 1904 年 12 月 1 日共 185 天,吸引了 60 个国家前来参展和 1969 万人次的观众。对中国而言,这届世博会也意义重大,它是清政府首次派出规模最大的参展使团的一次,官方的高度重视自然引发了举国关注,成为清末国内媒体报道量最高的一届,也由此开启了中国近代博览会事业快速发展的历史进程。

双方的外交互动最为鲜明地体现在围绕送展展品的交往上:出于希望缓和与西方关系的目的,慈禧破例允许美国画家卡尔入宫生活九个月,为其完成四幅油画像送往美国世博会参展。画像抵达圣路易斯后,还由溥伦主持了揭幕仪式。画像在世博会上展出后,由于"美术宫就处于世博会中轴位置的顶端,慈禧画像又是美术馆正馆的重要位置,尺幅远大过旁边的作品,受到极大礼遇,为众人所瞩目,并且广受欢迎与赞美"①。展览结束后画像被运往华盛顿,由美国总统西奥多·罗斯福在白宫举行了盛大的画像接受典礼,终为美国国家博物馆收藏。从上述画像创作到展出过程中所受的一系列礼遇,可以窥见中美借助世博会开展的文化交往是何等密切。

(2)民国时期围绕世博会的中美交往以 1915 年美国在旧金山举办巴拿马太平洋国际博览会最具代表性。此时,世博会的主办方美国已经凭借世界第一工业大国的实力在亚太地区包括中国确立起足以正面对抗英、俄、日等传统列强的地位。而且由于它是最早承认中华民国的西方国家之一,中国北洋政府为了"亲睦国交",对美举办的本届博览会也高度重视,想借此获得大规模国际交流的机会,展示并塑造新的"中华民国"形象。在此前美国实业团来访时,工商业界的政府代表张謇等人就明确表示了拟参加筹办中的博览会,而且提出希望在华人聚居的太平洋沿岸城市——旧

---

① 王正华.呈现"中国":晚清参与 1904 年美国圣路易斯万国博览会之研究[C]//黄克武.画中有话:近代中国的视觉表述与文化构图.台北:"中央研究院"近代史研究所,2003.

金山举行的意见。后来得到确切答复时,国内工商业界更是充满了参与的热情与期待。1913 年,出任农林、工商总长的张謇亲自领导专门设立的筹备巴拿马赛会事务局,积极开展筹备工作。同时,政府鼓励工商业界走出国门、学习先进经验,组团参加了 1914 年 4 月的日本大正博览会,了解日本筹备巴拿马世博会的进展;并在北京、上海等地由农商部组织举办了"国货展览会",在预演中积累实战经验,调动民众尤其是工商业阶层的积极性,并由此促成了国内的第二次"博览会热"。在国内精心的筹备下,近 2000 箱中国展品于 1915 年 1 月抵达大洋彼岸的旧金山,中国也派出了 40 余人的大规模代表团赴美参博。1915 年 4 月 22 日,中国政府馆揭幕时,美方对此报道:"中国此次出品的精美,多为以前所没有,中美邦交辑睦尤深。"主办方也特别感谢中国访问团的大力支持及其带来的良好观众反响,并特定 9 月 23 日为"中国日"。

国内媒体在中美积极互动的氛围下对巴拿马世博会进行了全程的跟踪与报道,在召开前后共刊载了 310 篇相关报道。在正式开幕前两年(1913 年)就达到了舆论宣传的高峰,大量报道了筹办工作的进程和政府出台的各种规制。展览期间对会场外出现一间描绘华人吸鸦片、赌博等丑态的"华人地狱"展厅,中国代表团能够迅速反应,赴赛监督陈琪迅速致函美国主办会长摩尔要求撤展,在中方和爱国侨胞的压力下第二天展厅旋即封闭。国内媒体也及时跟进了关注,如《申报》1915 年 7 月 8 日就刊登了《巴拿马赛会与国耻(来函)》一文,从外交视角阐释了中美交涉的事件经过。

(3)即使处于战争时期的民国仍然顽强地延续了对美办博的参展传统,1926 年当时的北洋政府虽陷于国内二次革命战争期间,仍以民间商会为主体组织各地力量筹备参展,并获得大量奖项和良好的国内反响。媒体上发布的官方态度是"由商家自由赴赛,政府监督"[①]。幸运的是,此时的世博会已深受国内民众尤其是工商业阶层的青睐,上海商界视美国为我国矿产、手工业制品、土特工艺等产品的主要出口市场,希望政府不要放弃这一重要的展销机会。于是,由上海总商会牵头、东南五省联军总司令孙传芳拨款 7000 美元开始了筹备工作。最终,国务总理、外交总长颜惠庆以中国政府的名义,委派纽约总领事张祥麟担任中国代表团的总代表,由东南五省商会负责完成了展品征集赴美参博;而到了南京国民政府时期,国内对世博会的关注度更高,1939 至 1940 年纽约—旧金山世博会期间,虽因战

---

① 佚名.农部通知参预费城赛会[N].申报,1926 – 02 – 27(19031).

局紧张官方最终未能派专门的代表团参展,但在报道量上超过了旧金山同期世博会(33 篇)的 2 倍(80 篇),报道持续时间也从 1934 开始持续到1941 年。在初期允诺参加答复美方邀请后,南京国民政府后以"国难"为由而中止了官方的筹备进程,但中国工商业阶层仍决定在政府协助下,以"中华民国参加芝加哥博览会出品协会"的名义继续开展筹备工作。而且,在开幕仪式上罗斯福总统呼吁世界和平的声音也赋予了这届世博会更大的政治意义:中方的华人团体和与会代表甚至在举办期间借助这一国际平台与日本打起了外交公关战,控诉侵略暴行,希望博得国际社会更多的理解和支持。对此,《申报》《中华(上海)》等也向国内做了报道:"在纽约博览会广播。对毕德门同情中国表示感谢。希望美国急速救济中国难民。并欢迎美国大规模投资中国"[1],"优秀的新女性:李霞卿女士,驾机飞行全美,为中国难民筹募赈款,到处获得热烈的援助,纽约世界博览会且设宴欢迎,贺李女士成功"[2]。两篇文章都描述了中方与会代表的外交公关宣传受到美方同情、获得难民救济与国际捐助的事迹。

从上述以参加美国举办的历届世博会外交史可见,中国漫长的参博历程是从最初单纯以象征国体的展品筹备为核心,发展到以拓展经贸联络为主要目标,再到诉诸外交权益斗争,这种历史进步性表征并促进了国家意识的不断成熟,也赋予了世博交往内涵更加丰富多元的意义,从国际交往史的角度来衡量,世博会的确是提供了国人增长国际交流与竞争经验的重要机会。

第三节　近代国内世博报道的主题之二:仪式化的竞技

在定义诸如奥运会、世界杯等"国家仪式"时,戴扬和卡茨将"竞赛""征服""加冕"归纳为构成"媒介仪式事件"的主要叙述形式(或称"脚本"),认为它们"通过强调规则(如同在'竞赛'中),表扬具有超凡魅力的伟人业绩('征服'),以及庆祝共同价值(如'加冕')来解决社会冲突"[3]。而世博会正是一种具有竞技性质的现代人类文化盛会,就国际关系和国际形象、地位而言,属于典型的"竞赛"脚本:它是一种依托于具象形态展示

---

①　佚名.纽约博览会广播[N].申报,1939 - 06 - 14(3).

②　佚名.优秀的新女性[J].中华(上海),1939(80):21.

③　戴扬,卡茨.媒介事件[M].麻争旗,译.北京:北京广播学院出版社,2000:20.

的特殊沟通交流方式,并通过发布展品评奖结果而成为一种同时带有"征服"与"加冕"性质的文化仪式。在近代习惯于用"硬实力"说话的国际竞争规则下,世博会以经济、科技、文化手段的"软较量"无疑具有文明进步的意义,也是国际竞争出于追求收益最优化的战略考量。首届世博会开幕仪式上维多利亚女王的致辞就明确提出其创办目标是"更能将仁慈上帝所赋予人的禀赋用于友爱与高尚的竞争,以促进全体人类的美善与幸福"①。而美国作为迄今为止举办世界博览会最多的国家,近代阶段举办的 8 次世界博览会同样基于国家竞争的考虑。英国举办首届世界博览会时,美国就派出了 5048 位庞大的美国企业家团体参会,占到参展商总数的近 1/3,其展品特别是农场设备,让英国人也不得不承认更为先进。② 有学者比较了 19 世纪下半叶美国国内同期兴建商业博物馆的热潮做出了以下推断:"一方面,其创办者希望能借助这些展览使公众相信将美国商业拓展到海外是完全可能的;另一方面,它也为美国的商人提供服务,为他们提供与欧洲同行在外国市场竞争中所需的信息和建议……从这个意义上讲,博物馆(或世博会)在关于美国帝国主义的争辩中扮演了相当重要的角色。"③从黑格尔—马克思方式的历史观来看,世博会是一个"具有世界历史性质的过程",这种仪式性的展示和竞技过程实质上是建构了一个文化象征系统,包含有承载参与各国的国际形象、荣誉等符号,它借助有形的展品、展馆或无形的文化表演等进行综合国力的竞争,最终通过获得表彰先进国家的"加冕"方式来达成倡导现代理性文明的示范效应;并且各国可以通过成果展示与文化交流的这种活动方式激活联结人类最深层次的情感,使民众借由展品、展馆获得"奇观"享受的同时,寻求多元文明共存的归属感和民族认同感;大众传媒则在这一竞技过程中发挥了重要的中介与"倍增器"的作用,将仪式转化为影响范围更广的"媒介仪式"。

具体来看,世博会对自身竞技仪式的定位及其媒介呈现从诞生之初就存在了,国内的世博报道中也鲜明地将其作为吸引各国关注、积极参与的内涵主题。对世博会的近代称谓就强调"赛"字。根据笔者对世博报道的关键词进行的全面梳理来看,强调竞技之意的"赛会"称谓报道量位居第二,反映出国人延续了传统"迎神赛会"的观念来理解世博会,又往往称之

① Queen Elizabeth I. Illustrated London News[N].1851 – 05 – 03(349).

② 罗靖.近代中国与世博会[D].长沙:湖南师范大学,2009.

③ 康恩.博物馆与美国的智识生活:1876—1926[M]王宇田,译.上海:上海三联书店,2012:28.

为"商品赛会",一定程度上也体现了对其经贸展销的"商战"功能的认知。这种称谓在20世纪初的前20年间使用最多(见图4－7),此时正值清末"新政"和民国初年民族工商业高速发展的时期,这一阶段民族资产阶级力量迅速壮大,尤其是工商实业团体最具话语权,倡导的社会舆论主流观念是高度重视实业发展,"实业救国",强调借助世博会走出国门、促进经贸、助力"商战",清末和民初由此掀起了两轮"赛会热"。因此,报业也沿用了传统"迎神赛会"的提法,并突出"赛"字,从经贸实利的视角将这一符号商业化,赋予了世博会更多具有积极进取意味的"竞技"内涵。

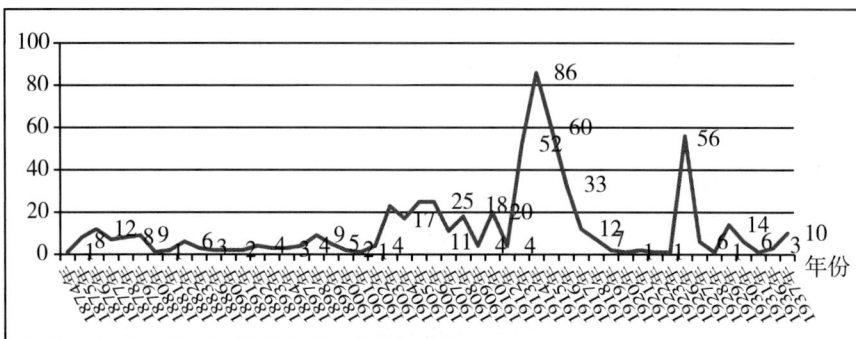

图4－7　包含检索词"赛会"的国内报刊对世博会报道年度变化(单位:篇)

早期对世博会竞技内涵的理解集中于"奇观"和科技的竞技上,如1876年美国费城世博会期间,受东海关税务司德璀琳推荐,担任浙江海关文书、宁波海关文牍事的李圭成为中方首位正式赴会的与会代表,归国后他还专门撰写了《环游地球新录》一书,称世博会为"赛奇公会"。其中《美会纪略》详细记载了本届博览会的观感,使国人第一次全景式地了解世博会的仪式竞技主题。例如,书中介绍世博会为:"广集天下宝物,古器,奇技,异材,互相比赛'","可谓萃万宝之精英,集天人之能事矣。"[①]对其竞赛仪式的意义给予了高度的评价:"机者,机器也;运机者,有机器也。于以叹今宇宙,一大机局也。具机心者,尚且精益求精,巧益思巧,此出一器,彼仿行之,尔争我竞,莫可底止。何怪机变之事,日出而日盛,且日盛而日新哉!"[②]这些评述充分阐释了世博会通过工业产品的技术展示和国际竞赛达到"斗智巧,以精格致"的社会功能,表达了希望"将会内清醒并举行所闻见者详细记载,带回中国,以资印证"的目标。国内1872年刚刚创刊的

---

① 李圭.环游地球新录[M].长沙:岳麓书社,1985:201－202.

② 李圭.环游地球新录[M].长沙:岳麓书社,1985:223.

《申报》就深刻分析了西方各国积极参加世博会的重要目的及意义:"盖欧洲各国之开赛奇会也,原欲人之学习技艺也,即各国之令赴赛奇会,宜欲己之学习技艺也,故各国之赛奇会一开,而他国之令赴其会者,必择聪明才智之士以往,故能睹其物而知其法。"①

而发展到19世纪末,受"洋务运动"的影响,媒体关注点已转移到经贸和商业领域。当时国内已经初步建立了近代工业体系,清政府洋务派主导的对外机构及商绅阶层开始形成重视"商战"的竞争意识;而美国出于扩大对华贸易的目的也极力动员清政府参加世博会。正如美国发出1893年芝加哥"万国赛奇会"的邀请时,世博会驻华招商总办"伊及哥"力劝总署:"盖商货汇丛集,互相比赛,则商务可由加增,由此可知各国所产与所需,以便本国之物择地而售,至买他国之物,亦得择其价廉而物美者也。"②而针对当时中国的丝织、茶叶在国际上市场萎缩、岁入减少的局面,则强烈建议通过参加美国赛会拓展商路,挽回颓势:"盖彼此争强比赛,时为第一要务耳⋯⋯近日中国茶商减色,以致每年少获三十万两之数⋯⋯至今倘欲挽回殊非易事,然美国赛会之设,诚关乎万国商务,中国通商可以使商业加倍兴隆,可以多得税收,印度土产、民数均不如中国,而商务较中国多三倍⋯⋯中国应鼓舞赴会。国家施恩将海关一年向内微抽少许,用助商民,则会中所列华产,自然有胜他邦,而中国商务亦必兴盛。"③由此可见,19世纪90年代初美方在邀请中国政府参加世博会时,已经从鼓励参与国际市场竞争、获取更多经贸利益的角度入手,在外交利益方面亦强调"此系于邦交最能愈笃,且系万国相交之至义,并可以尽悉各国之事情"④。而为数不多的国内报道内容中,受美国芝加哥世博会主办方的引导和国内商绅阶层国际商贸意识的推动,评论各国参加赛会对经贸利益的诉求也成为普遍的出发点。这反映出19世纪90年代中期以后,主管"赛会"事务的商部总署对世博会的理解已经转而强调"赛"的内涵,重视卷入"竞争"来取代"观奇",并将对世博会称谓中的"珍""奇""宝"等字取消,多以"赛会"称呼。1891年彭寿人撰文就分析"万国赛会"的意义:"在社会之意,原欲广见闻,资则效。且各国赴会之人,麇集一处,市肆为之骤盛,货物易于销流,获益正非

---

① 佚名.论往美国赴会事[N].申报,1875-06-08(1).

②③ 三月二十七日美国公使田贝函[A].1903.外交档·档案号:[不详].

④ "中央研究院"近代史研究所中美关系史料:3卷[G].台北:"中央研究院"近代史研究所,1970:1695.

浅显。"①可见,国内官员与精英阶层对参博能"广见闻",使货物"易于销流"的积极作用有了充分的认知。

此外,报道内容上含有大量关注中外竞技比较分析的评论类报道。一是观察近邻日本在展会的表现,如《申报》上刊载的《比国两大博览会略纪(上)》②报道中系统地分析了近邻日本在参博时的表现:"日人稔知西人心理。一切出品全以适用为目的。陈列之物既富于近代色彩丝绸本我国名产。乃日人陈列者反十倍于。"通过展会期间的国际比较,尖锐地指出了本属中国优势的丝绸展品在商战中输于日本的问题所在。这种竞技话题的关注实质上是中日竞争的一种反映,也是两国在此国际舞台上对东亚文化代表者的地位之争。另外则是关注中西展品的竞争比较,如在次日刊发的《比国两大博览会略纪(下)》③则痛陈了西方列强在展会上夸耀殖民东方的尴尬局面:"盖法国于尽力宣传非殖民成功之余。又特设一室夸示其侵略黄种人之成绩。"旨在借机呼吁国人奋发图强。

在世博报道中,随"竞赛"主题而来的即是对"征服""加冕"的最终结果的关注。一类是报道各国的竞争花絮,尤其是与近邻日本的比较;另一类主要集中于对世博会获奖结果的通报。例如,1915年我国赴美参加巴拿马世博会是所获成果最多、国外赞誉最高的一届,参展团队努力向世界展示的是正在向现代转型的、积极向前的中国。为了增强展示效果,展览区甚至还专门准备了英文广播,提供中国的旅游指南服务,让世界认识到中国社会的巨大发展潜力,这一精心准备的过程实质上就是一种希望"征服"美国观众的努力。在系统而精心的努力下,中国取得了有史以来参博的最好成绩,成功"加冕"世博会:共获1211项大奖,其中大奖章57枚、金牌奖258枚、银牌奖337枚、铜牌奖258枚、荣誉奖74枚、奖词奖227枚,在31个参展国中名列首位。最具代表性的酒类金奖有5项,茅台酒获世界名酒殊荣,从此一步步走上"国酒"的巅峰;张裕葡萄酒也荣获金质奖章和最优质奖状。此外,天津永利碱厂的"红三角"牌纯碱,上海吴蕴初研发的"天厨味精"也获得金奖;而传统展品方面,上海"葛德和"陶器、美华利插屏钟、北京鼻烟壶、安徽胡开文地球墨、浙江湖笔、温州乐清黄杨木雕、青田石雕、常州梳篦、湖南菊花石也夺得多项金银奖。丰硕的成果在美国华人

①　近代中国对西方及列强认识资料汇编[A].1986."中央研究院"近代史研究所.档案号:[不详].

②　六曾.比国两大博览会略纪(上)[N].申报,1930-08-22(11).

③　六曾.比国两大博览会略纪(下)[N].申报,1930-08-23(18).

最多的旧金山引起轰动,现场驻点的媒体也迅速地将喜讯和盛况传回中国,进而引发了国内更加高涨的"博览会热"(见表4-1)。

表4-1 国内报刊上对巴拿马世博会中国获奖的报道

年份	报道标题	刊物
1915	赴美赛会之奖凭	申报
1915	开创十周年适逢巴拿马赛会嘉奖沈制镜面散纪念期内	申报
1915	观巴拿马赛会归客谈	申报
1915	申报记者通讯 世博投入与收效 中国参博一月所见	申报
1915	巴拿马赛会得奖志庆	兴华
1916	上海教育品赛会得奖纪闻(吉光)	申报
1916	中国教育品赛会得奖单	申报
1916	巴拿马万国赛会金牌奖裴商部一等奖南洋劝	申报
1916	美国巴拿马赛会优胜奖北京国首展览会加奖	申报
1916	巴拿马赛会中国成绩	民国日报
1916	图画:巴拿马博览会本社出品获奖金牌之标帜	中国实业杂志
1917	农商部办理巴拿马赛会给奖之经过	申报
1918	颁发赛会奖品	民国日报
1918	中国展品获金牌奖状 三星商标帆布	益世报

从上述遍布各个媒体、持续良久的获奖报道可见,巴拿马世博会的成功不仅激发了国内民众对世博会的高涨热情,而且在经贸、文化领域树立了中国现代国家的新形象,也进一步推动了中国工业乃至博览会事业走上了发展快车道,故此届世博会被视为中国近代参展史上最为成功、影响最大的一届。

1926年,在国内商界和民间高涨的"博览会热"带动下,各大报刊媒体也广泛地宣传了中国世博获奖佳绩:"我国所有重要赛品如茶叶、漆器、丝绸、绸缎、刺绣、瓷器、翡翠和教育品,以及地质调查所、商务印书馆出品等,均在大奖之列。送费城赛会得奖总目单并委员邹鼎新等应否奖励请核办咨"[1];获得大奖14枚的参展单位有186家,获特别荣誉奖16枚的有62家,获金牌奖22枚、银牌奖12枚、铜牌奖1枚、名誉奖状2张,"其成绩远驾前次巴拿马赛会之上"[2]。但也有人从参展的具体表现和展品技术水平

---

[1] 佚名.三编[N].外交公报,1927(68):通商.

[2] 佚名.报告筹办费城赴赛开办经过及闭会日期请查核备案咨[N].外交公报,1927(67):通商.

上认识到所谓"加冕"的含金量,尤其是同邻国日本相比差距仍旧很大:我国"参展主要还是凭借着以前的旧文物,得奖也只是依赖祖宗先人的荫庇;况且金牌奖证这些,也只不过是遵循国际的应酬惯例……在展览上所实际看到的、听到的、感受到的都是外国经济、文化、科技发展的迅猛之势。与之相比,当时的中国只能倍感惭愧"①。除东道国外,中国和日本成为展品数量和种类规模较大的重要参展国;而中方在展品方面,原定11个行业种类的展品,又细分为156个大类、760个小类,实际展出时则缩减大半;并存在展品种类、数量、质量上的明显差距。

从上述大众传媒的报道中,我们可以清晰地观察到世博会参与各国在经济、文化、政治等方面展开的多样化、全领域的竞争。而且,这种竞技方式是和平的,遵循着一种文明、互惠的交往规则,并夹杂了浓厚的国家意识和归属感。可以说,世博仪式正是通过这种尊重文化多样性、相对平等开放的文明竞技方式而成功地吸引了各国积极参与,在一个相对开放的沟通平台上巧妙地传播了现代工业文明以理性主义为中心的价值观。

第四节　近代国内世博报道的主题之三:
仪式形式与内容的创新

传统仪式的目标侧重于古老传统的传承;而发展到工业文明时代,霍布斯鲍姆认为随着文化生产的加速,很多行为方式甚至所谓的"传统"都是"发明"出来的:"被发明的传统"意味着一整套通常由已被公开的或私下接受的规则所控制的实践活动,具有一种仪式或象征特性,试图通过重复来灌输一定的价值或行为规范,而且必然暗示与过去连续性②。这种发明是基于社会文化的现实需求而推动的,"在以下情况中,传统的发明会出现的更为频繁:当社会的迅速转型削弱甚或摧毁了那些与'旧'传统相适应的社会模式,并产生了旧传统已不再能适应的新社会模式时;当这些旧传统和他们的机构载体与传播者不再具有充分的适应性和灵活性,或是已被消除时;总之,当需求方或供应方发生了相当大且迅速的变化时。在过去的200年里,这些变化尤为明显。"③可见,诸如仪式之类的传统活动形

---

① 上海图书馆.中国与世博:历史纪录(1851—1940)[M].上海:上海科学技术文献出版社,2002:92-97.

② 霍布斯鲍姆.传统的发明[M].顾杭,庞冠群,译.南京:译林出版社,2004:2.

③ 霍布斯鲍姆.传统的发明[M].顾杭,庞冠群,译.南京:译林出版社,2004:5.

式在近代工业文明带来的社会剧变之中，往往会发生转型与革新，"发明传统本质上是一种形式化和仪式化的过程，其特点是与过去相关联，即使只是通过不断重复。"①对此，霍布斯鲍姆就专门提到了世博会的发明意义："在传统的发明这方面，有三项主要革新是尤其相关的。……第二是公共仪式的发明。……公共庆典的较少持久性的形式是偶尔举行的世界博览会，它赋予共和国以繁荣、技术进步。"②

从上述论断中我们可以发觉，世博会对仪式传统的"发明"实质上与"创新"是同一含义，为适合当下的语用习惯，本书使用"创新"一词。该词最早由美国经济学家 J. A. 熊彼特提出，认为"创新是企业实现对生产要素的新结合"③。在传播学领域，美国新墨西哥大学埃弗雷特·罗杰斯（Everett M. Rogers）教授于 1962 年在《创新的扩散》（第一版）（*Diffusion of Innovations*）一书中提出了最为著名"创新扩散 S 曲线"。他认为创新过程是"由创新、传播渠道、时间和社会系统四个要素组成"④。罗杰斯指出"创新"一词的相对概念："对于个体来说，一个方法客观上是否真的是新的并不重要，重要的是个体是否认为这个方法新颖，这决定了他或她对一个创新的反应。"⑤从创新的判定标准上看，世博会从形式到内容，对中国传统认知来说都是一种"炫奇"的崭新事物，其在中国的传播也必然体现为一种创新扩散的过程。

首先，从展品本身的创新性角度衡量，"一切始于世博会"是对于历届博览会都力求尽可能地汇聚全人类智慧成果和最新科技发明的一种准确概括。近 170 年的世博会上展示了人类工业革命以来几乎每一项重大科技发明，诸如能源技术（蒸汽机、发电机），建筑技术（混凝土、建材构件），通信技术（电话、电报、传真机），交通工具（汽车、飞机），家用电器（电灯、电视机），等等，都曾在世博会上率先亮相，后迅速传播至全球。有学者根据博览会递交的评奖报告考证，仅在 19 世纪末就有几百种新开发产品的记录，堪称近代以来镌刻着人类进步历史的里程碑⑥。国外研究回溯世博

① 霍布斯鲍姆. 传统的发明[M]. 顾杭，庞冠群，译. 南京：译林出版社，2004：4.

② 霍布斯鲍姆. 传统的发明[M]. 顾杭，庞冠群，译. 南京：译林出版社，2004：348.

③ SCHUMPETER J A. The theory of economic development[M]. Cambridge：Harvard University Press，1934.

④ ROGERS E M. Diffusion of innovations[M]. New York：The Free Press，1983.

⑤ 转引自：赵正龙. 基于复杂社会网络的创新扩散模型研究[D]. 上海：上海交通大学，2008.

⑥ 程墨. 世博会人类文明进步的窗口——华中师范大学校长、世博会史研究专家马敏教授访谈录[N]. 中国教育报，2010 - 07 - 03（4）.

会的历程时曾专门关注世博会的创新价值:"每届伟大的世博会都记录着时代的进步,它尝试着前卫、自由、奔放。尽管一些让人失望,但总体上来说,它成功地宣传了新的思维理念,在以后的岁月里会逐渐地被社会接受。"①日本学者考察举办首届世博会的前一年英国阿尔伯特亲王的演讲,认为英国办博的意图是以分享和鼓励创新为目标、以促进人类文明进步为旗帜的:"我们这个时代的特征就在于这是一个充满变化的时代,这点是毋庸置疑的。这些变化都向着人类历史的伟大目标——人类的统一快速前进。近代的发明迅速地缩小了各国、各地域间的距离,世界各地旅行也变得异常便利。谁都有可能知晓并掌握世界各国的语言,思想可以迅速地传播。而且,被称为'文明的原动力'的分工这一伟大的原理也进入到了科学、产业、技艺等领域中……各位绅士,1851 年的博览会是人类伟大事业所取得的成果的生动展示,并提供了真正的试金石,更是世界各国进一步发展的新出发点。"②在这种鼓励创新思想的感召下,美国首次世博会就派出了 5048 位庞大的美国企业家团体参会,占到参展商总数的近 1/3,其展品特别是农场设备,让英国人也不得不承认更为先进③;许多著名的美国国际品牌如奥的斯电梯、麦考密克收割机等都在这届世博会上首次露面。首届参展的成功也激发了美国自己举办博览会的强烈意愿,虽然当时建国尚不足 80 周年,但美国在经济、科技特别是农业生产的机械化、工业化方面已走在世界前列,急欲向全球展示其独立后取得的巨大成就。法国也奋起直追、多次办博,使巴黎借助世博会成为工业文明时代展示人类文明成果与进步精神的最著名舞台:1855 年展出了新发明的混凝土、铝制品、橡胶和萨克斯管;1867 年展示了钢筋混凝土建材的"雏形";1878 年是电话机、冷冻船等新技术、新产品;1889 年则展示了爱迪生发明的留声机、柯达公司的民用胶卷;1900 年则是同步录音的环幕电影、光菌灯等展品;1937 年巴黎还专门辟有历史发明馆,陈列了世界上的原创发明:最古老的蒸汽机、最早的电视机、首个展示血液流动、人体器官工作情况的玻璃模型、第一辆自行车等;电影馆展示了电影制作加工的全过程、印刷馆里则展示了印刷术发展的漫长历史④。这些令人眼花缭乱的种种创新发明使巴黎的

---

① ROGERS,KENNETH. A century of progress International Exposition,Chicago and her world's fairs 1893 – 1933:depiciting a century of progress. [M]. Chicago:Geographical Publishing Co. ,1933:21.

② 东田雅博.ウイクトリア朝英国における世界観——万博と"文化帝国主义"[J].広島:広島史学研究社,1986(2):42.

③ 罗靖. 近代中国与世博会[D]. 长沙:湖南师范大学,2009.

④ 杨剑龙.科学技术与人文内涵的融会——从巴黎世博会到上海世博[J].社会科学,2010(4):173 – 192.

城市性格中也融入了一种象征着科技与创新的文化基因。

国内对世博会上各类创新成果的引介自其创办伊始即成为主要的报道关注点，尤其发展到 20 世纪 30 年代的"科学化运动"时期，随着《科学知识》《科学》《中国建筑》《建筑月刊》等科技类期刊的涌现，荟萃西方最新科技成果的世博会被它们视为重要的报道目标与学习良机。例如，1933 年《科学知识》在创刊当年就发表了 19 篇世博会的专题报道，包括《百年来科学之进步——一九三三年芝加哥博览会——芝加哥百年纪念博览会摄影》的 14 幅系列图片①等图文报道，这些以科技创新为主题的报道也大量出现在《申报》《东方杂志》等增设的"无线电专刊""电信专刊"等大众商业报刊内容中。

其次，从世博会的组织方式和活动理念上看，它是一种方法创新。前文提到，世博会作为一种新型的现代仪式活动，正是通过大众文化传播的方式进行创新扩散的。罗兰布勒在描述仪式和传播的关系时就曾提到"在特殊事件的仪式中，人们意识到他们作为表演者和见证人参与其中，通常仪式不是为了满足人们的本能和肉体的需要，而是为了展示人类的成就"②。国内学者乔兆红也从世博会创办之初的目的认识到了一种将现代观念通过世博会向全球传播的创新意义。她将世博会的创办放到当时的历史境遇下考察，认为世博会之所以首次在英国举行，是因为英、法两国对待自由贸易的态度不同。法国国内的商业团体与地方政府对自由贸易持反抗的态度。而在举行万国博览会之前，自由贸易已成为英国的国策。1846 年《谷物法》与 1849 年《航海法》的废除，更象征了自由贸易的思维在国会的确认。可以说"自由贸易主义的世界观"和与其相关的"文明化"论反映了 19 世纪中叶英国的时代特质和风貌。19 世纪维多利亚时期的英国文化和思想受乐观的进步思想支配，具有从进步的角度看待历史法则的乐观信念。与这些信念密切相关的是"第一次伦敦大型世博会，它充分体现了那个时代的精神。作为工业革命的领头羊，在英国人乐观、自信和勇于竞争的精神感召下，英国人成功地把工业展览会上升为国际性博览会。正因如此，使得英国而不是法国成了首次世博会的举办国"③。

再次，世博会在近代中国的创新扩散过程主要通过国内媒体的大量报道得以实现。世博报道本身就是对西方文明展示的一种主动解读，它借助大众

---

① 佚名.百年来科学之进步：一九三三年芝加哥博览会[M].科学知识,1933(2):9-20.

② ROTHENBUHLER E W. Ritual communication:from everyday conversation to mediated ceremony[M]. London:Sage Publications,1998:preface 11.

③ 乔兆红.世界博览会与世界历史整体发展[J].社会科学,2011(4):158-167.

媒介的创新扩散效应也是影响最为深远的。1876年,中方首位正式赴会的与会代表、浙江海关文书李圭在撰写的《环游地球新录》一书中高度赞誉了世博会通过工业产品的创新价值:"何怪机变之事,日出而日盛,且日盛而日新哉!"①这种论断其实也反映了"洋务运动"时期的社会主流观念:士商阶层开始认真地"睁眼看世界",转向羡慕和探究西方先进的"器物"文明,尤其是近代工艺与"格致之学"的创新应用;而这"与赛会有莫大关系",国内1872年刚刚创刊的《申报》就深刻分析了西方各国积极参加世博会的重要目的及意义:"盖欧洲各国之开赛奇会也,原欲人之学习技艺也,即各国之令赴赛奇会也,宜欲己之学习技艺也,故各国之赛奇会一开,而他国之令赴其会者,必择聪明才智之士以往,故能睹其物而知其法。"②意思是西方各国普遍认识到世博会就是重要的发明展示与激发创新的平台,故争相赴会观摩学习。这种观念也持续存在于世博会的历届报道中,对展品、工艺的创新介绍内容一直是报道的焦点之一,也是最吸引民众关注的话题之一。

最后,创新传播的路径是从上层少数亲身参与者的接触再到面向大众报刊读者的广泛影响,从社会效应来分析,国人对世博观念的近代转变是显著而迅速的;这一过程恰恰遵循着创新扩散理论的演进规律,其传播的渠道是多层级的,力度是逐渐增强的,社会影响也是从器物文明升级到制度文明并不断深化;同时,创新传播过程中的"意见领袖"角色、地位及文化影响等因素,又具有鲜明的中国本土化特色。这一方面体现在公众对创新采取包容态度源于文化传统中的包容性基因:"中国人常抱着一个'天人合一'的大理想,觉得外面一切异样的新鲜的所见所闻,都可融会协调、和凝为一。这是中国文化精神最主要的特性。"③中国文化基因中的开放性终究会超越政治、体制的现实束缚而有利于创新的采纳与扩散;另一方面则反映在其创新扩散的过程与近代中国文化转型的历程基本同步,也是近代"西学东渐"的途径之一,引发的社会效应是显著而迅速的:尤其在中日甲午战后,提倡"商战"以振兴工商实业的舆论应声而起,急切希望发展工商业的普遍社会心态需求,促成了20世纪初年的"赛会热"。有关国外赛会的报道和研究可以说是数不胜数,"被视为无益之举的赛会,仿佛一下成了振兴工商实业、挽救中国于危亡的灵丹妙药"④。

---

① 李圭.环游地球新录[M].长沙:岳麓书社,1985(2):223.

② 佚名.论往美国赴会事[N].申报,1875-08-06(1005).

③ 钱穆.中国文化史导论[M].北京:商务印书馆,1994:205.

④ 马敏.中国近代博览会事业与科技、文化传播[J].历史研究,2004(2):98-117.

第五章　世博会报刊传播的表述方式：符号象征系统的建构

第一节　世博会媒介呈现的"符号化"表达及其体系建构

符号①是仪式活动中的基本构成要素,拉德克里夫—布朗与帕森斯均认为"仪式的本质基本是表达性、符号性的"②,其符号性是"仪式行为"的典型特征,"⋯⋯仪式行为不同于技术行为,它们总是含有一些表达性或符号性元素"③。特纳认为:"象征符号是仪式的最小单位,它保持和维护仪式的特殊性质⋯⋯并构成仪式语境特殊结构中的终极性单位。"④符号通常以"图腾"的形式在传统仪式中出现,是其三大构成要件(另外两种为"史诗""行为范式")之一,体现了仪式作为一种文化表意和象征行为的本质属性。"图腾"一词源于印第安语"totem",含有"亲属""标记"之意。原始文化的信仰常常认为本氏族的人祖先源于某种神圣之物,如澳洲南部阿龙太人将袋鼠视为族群认同的象征符号⑤;中国商代的玄鸟也被视为当时缔造和象征商族命运的"图腾",《史记》中有"天命玄鸟,降而生商"之说⑥。在古老的仪式中,大多有祭拜氏族图腾的活动,氏族成员在祭拜过程中将图腾视为仪式文化象征的核心,对图腾的符号形式及其象征意义的祭拜过程也就成为仪式文化传播的重要一环,借此实现将仪式作为吸纳、

---

① 特纳认为符号是社会进步的一部分,即"我们通过符号来掌握世界⋯⋯掌握⋯⋯我们自己"。戴维斯.人类学[M].孙静,译.北京:当代中国出版社,2014:126.

② 古迪.神话、仪式与口述[M].李源,译.北京:中国人民大学出版社,2014:26.

③ Radcliffe-Brown A R. Structure and function in primitive[M]. London:Free Press,1965:143.

④ VICTOR T. Image and pilgrimage in christian culture [M]. New York:Columbia University Press,1978:1100 – 1101.

⑤ 李景源.史前认识研究[M].长沙:湖南教育出版社,1989:269.

⑥ 王曰美.原始社会人的主体意识之觉醒[J].华东师范大学学报:哲学社会科学版,2008(2):92 – 93.

强化族群成员文化认同的信息载体。发展到今天,随着现代仪式不断地"祛魅","图腾"逐渐融入仪式文化"背景"的意义体系当中,泛化为表达理念的各种徽标、图形、旗帜、物品等形式,虽然失去了传统宗教神秘感的意义核心地位,但依然承担着汇聚和传达仪式象征意义的重要职能。可见,将仪式场景中各种口号、图形或具象物品进行文化内涵的提炼、使之与所指向的终极意义、价值内涵发生关系固化的行为正是仪式传播的重要目的与现实效果,这一符号的展演、传播过程也就是仪式的"符号化"过程,是通过仪式不断地呈现、重复、强化慢慢实现的,即"仪式产生符号;仪式中的体验就是在人们头脑和记忆中反复灌输这些符号"①。对此,涂尔干将"符号化"视为仪式的效应之一:"(仪式)活动的同质性赋予了群体以自我意识……当这种同质性一旦建立,且这些活动采取了一种定型化的形式,它们就会使对应的代表物符号化。但它们之所以使其符号化,只是因为它们旨在构成后者。"②

世博会作为现代类型的仪式活动,是在工业革命后的全球化时代背景中产生的,构筑意义体系的基础是现代工业文明,其内涵和主题自然需要借助那些象征人类文明进步的现代符号载体呈现出来。因此,除了所用的世博会徽标、旗帜等传统的仪式"图腾"形式以外,大量的展品和展馆实质上都通过创意理念和设计风格在塑造和建构一种具有强烈现实感、时代感的人类世界图景,从而成为一种表达现代文明的"图腾"形式,承担了表述世博会文化意义指向的符号功能。从索绪尔的符号研究角度来审视,这些展品、展馆的物质实体可被视为是世博文化符号的"能指"(signifier),它们所要展示和表达的内涵、主题则承担了符号意义"所指"(signified)的职能,二者共同构建了世博会仪式的象征符号体系,并在其周期性、漫长的文化展演历史中,反复不断地表述、强化该"符号化"过程。本书尝试循着社会研究中"语言学转向"的传统思路来解析世博会的这一媒介呈现的表征和手段。

---

① 柯林斯.互动仪式链[M].林聚任,王鹏,宋丽君,译.北京:商务印书馆,2009:82.

② DURKHEIM, EMILE. The elementary forms of religious life[M]. New York: Free Press, 1965: 262 - 263. 转引自:柯林斯.互动仪式链[M].林聚任,王鹏,宋丽君,译.北京:商务印书馆,2009:70.

第二节　仪式场域视角下近代报刊对世博会的展品介绍

一、对世博会展品的仪式符号形态解析

如前所述,仪式的意义结构中各种象征符号是其基本构成要素,可以说,仪式实质上是一种符号化的意义表述系统。戈夫曼这样定义仪式:"我使用'仪式'这个术语,因为这类活动,尽管是非正式和世俗的,代表了一种个体必须守卫和设计的其行动的符号意义的方式,同时直接呈现对其有特别价值的对象。"[1]仪式实质上是将文字、图形或者某种具体实物赋予特殊的意义内涵、文化关系和象征指示,这种"意义赋予"过程需要借助"模式化的、有秩序的语言与行为"[2]来完成,是一种文化的"展演"过程:即展示和演绎含有语言、物体、舞蹈、音乐、动作、表演等一系列充满象征意义内涵的文化符号。格尔茨认为,传统仪式的展演过程是"对宗教观点的展示、形象化和实现。即它不仅是对信仰内容的模型,也是对信仰内容的信仰建立的模型。在这些模型的戏剧中,人们在塑造他们的信仰时,也就获得他们的信仰。"[3]

而世博会作为一种现代类型的国际竞技平台和交往仪式,为表达其展示人类的现代文明成果、倡导多元化与全球化共存的价值主题,设计了一套更为宏大、复杂的符号象征系统。首先,它依托展览的方式对各国的文化成果进行静态的物品展示,这是世博会最基本和最主要的符号及其意义表述方式;其次,它包含开闭幕式、期间的狂欢庆典或以国家日为主题的动态表演活动,这是最能体现传统仪式表演过程的环节,这些表演互动可被视为传播世博文化主题的一种动态"展品";再次,世博会借助大众媒介将现场场景向更大范围的受众进行文化传播,它使用的各种图文报道、现场通讯和深度评论等信息符号,也是一种远程化、抽象化的展示形态。这三类形态各异的符号形式向世博会的观众多维地、全景式地呈现了当时世界各国的文化图景,三者之间也是相互补充、共同协作的关系。

---

① Goffman E. The nature of deference and demeanor[J]. American anthropologist, 1956(58): 473–502.

② 朱知.组织传播活动中的仪式[J].华中师范大学研究生学报,2009(3):68–70.

③ 柯林斯.互动仪式链[M].林聚任,王鹏,宋丽君,译.北京:商务印书馆,2009:48.

对于绝大多数无法亲临现场的世博会传播受众来说,通过报纸、广播、电视等大众媒介进行远程观摩和了解成为唯一可行的途径。于是,世博会的新闻报道和文字记录成为呈现该盛会场景的主要来源,这种"参观"方式恰恰对应了世博会通过现代媒介来呈现其仪式图景的典型特征:马歇尔·麦克卢汉提出"媒介即讯息"的理论,强调"每一种新媒介的产生,都影响了人们感知和认识世界的方式;每一种媒介都为思考、表达思想和抒发情感的方式提供了新的定位,从而创造出独特的话语符号"①。由此推论,世博会被各大媒体广泛报道的"媒介呈现"实质上就是其仪式本体、内涵、展演过程被"符号化"的结果,近代以报刊为主的图文表述,就是构建这一仪式的符号象征体系的一部分,它们同现场的展品、展馆和园区场景一道,帮助世博会实现其文化传播目标和社会化功能。

二、近代国内报道中的世博展品"符号化"发展过程

总体来看,近代国内报刊对世博会展品的描述成为世博报道的内容主体和焦点之一。早期对展品的报道集中于"观奇"的诉求层次:如《申报》介绍1873年清政府首次官方派员参加的奥匈帝国维也纳世博会时,曾刊发一则《新到钢炮、前年奥国所开赛珍会时昆炮曾亦入会人皆叹赏不已》②的报道,通过描述西方军火展品的外观和参数,传达出洋务运动时期一种羡慕西方"器物文明"和"坚船利炮"的情绪。随着人们对世博会理解的深化,展品报道也从简单地对外观、功用的赞叹发展到探寻展品背后所反映的生产技术、产业基础以及价值外延的内容:如《申报》1928年重新解读1878年法国巴黎世博会上的塑料制品工艺:"赛路璐之制造法及其制品之功用,经一八七八年法国巴黎博览会中之陈列。而制品遂广布于全世界。需要顿增。"③该报道从塑料工艺展品的切入点,对西方工业技术和产业基础展开分析,尤其是对半个世纪以前的世博会展品进行重新发掘解读,其传播意图重在宣传世博会推动工业文明进步的理念。这种从物态的展品信息中提炼文化内涵、倡导文明创新的进步恰恰反映出世博会的"媒介呈现"过程中将具体展品"符号化"的报道方式和诉求目标。

具体而言,世博报道中对展品的介绍方式、解读视角的丰富和深化是与国人对世博会的送展方式、展示意图、效用认知的变迁相呼应的。主要

---

① 卢蓉.电视艺术时空美学[M].北京:中国传媒大学出版社,2006:70.

② 佚名.奥国所开赛珍会[N].申报,1875－05－22(2).

③ 佚名.费城赛会观感录出版[N].申报,1928－09－19(2).

体现在以下两个方面:

(一)对展品符号的解读变化呼应了国内世博展示理念与实践的进步

依据世博报道的不同发展时期,可从以下几个阶段来阐释这种变迁:

首先,19 世纪下半叶国内对世博会缺乏认识,基本以保守、淡漠的态度来应对参博邀请,因此有少量对展品的报道介绍也多局限于器物展示和"观奇"的层面。例如,首届伦敦世博会时,中国官方对于英国的邀请并未理会,而民间如徐荣村及在华经商的一些外商等则用丝绸、茶叶和中药材等商品代表中国送展展品前去参展;虽然展品获得多项大奖,但在报道方面因国内报刊尚处于萌芽期,缺少时效性,尤其缺乏对国际事件的关注,未有见诸报端的新闻。这种情况直到 1873 年清政府应奥地利维也纳博览会主办方的一再邀请,首次同意以官方形式参展才有所改变。此届世博会展品筹备事务交由熟稔外务的海关办理,由担任总税务司的英国人赫德全权负责,派员参加的也是时任粤海关副税务司的英国人包腊①。展品方面征集了来自沪、津、甬②、杭等 14 城的地方海关组织的产品,以丝绸、茶叶、中药材等传统商品为主,以及纺车、沙船等首次参展的物品;并应奥方多次外交申请,按法国博览会的先例准许免除了华、洋物品的出口税③。但总体上官方依旧采取了淡漠和应付的态度:"如有愿持精奇之物,送往奥国比较者,悉听其便。"④因此,国内传教士报刊《中西闻见录》上 1873 年才始现对世博会的报道⑤,对展品的专门报道也在 2 年之后才初见⑥;此后的 1876 年美国费城世博会、1878 年法国巴黎世博会上中国均以"官民组团参加、派出以海关洋员为主的少量官员"方式参展,采取了"将土产奇珍、妙品奇珍备送参展"⑦的原则,由赫德负责的海关组织送展了瓷器、银器、景泰蓝、漆器、象牙雕刻、镜屏、绣屏、绸缎、折扇、字画等手工业制品和工艺品,获得了大量奖凭,但国内媒体发布的世博报道基本以外事简讯动态为主,在介绍展会盛况的报道中有少量基于"观奇"层面的展品文字描述,却未见专门的展品类报道。

---

① 上海图书馆编. 中国与世博:历史纪录(1851—1940)[M]. 上海:上海科学技术文献出版社,2002:47 – 48.

② 甬,浙江宁波别称。

③ 九月初九日总税务司赫德呈[A].1872. 外交档. 档案号:[不详].

④ 八月十九日北洋通商大臣李鸿章文[A].1872. 外交档. 档案号:[不详].

⑤ 丁韪良. 各国近事:赴炫奇会[J]. 中西闻见录,1873(6).

⑥ 佚名. 奥国所开赛珍会[N]. 申报,1875 – 05 – 22(2).

⑦ 十二日美国公使卫廉士照会[A].1872. 外交档. 档案号:[不详].

1883 年荷兰世博会,中国以官民组团的方式参加,派出了海关外籍官员,并由驻地公使李凤苞负责当地参展事宜。他吸取 1878 年巴黎博览会时官方超支、华商亏本的教训,建议"官办物件只需每种各办少许,略为点缀,仍须招徕商人集货赴会"①,华商送展时以选择"销货取利"的易销商品为主②,尽量"设法使收支平衡"③;且考虑政治因素,建议海关总署往"属邦炫奇会"寄送"与南洋、旧金山贸易的物产器用,至于台湾后山、苗猺土产虽符合章程,但断不可送会,以杜各国觊觎"④。可见,这时的筹备经验更为丰富,对世博会的理解也更深入:最终本届世博会送展了北京景泰蓝、江西瓷器、广东牙雕、福建漆器、苏杭的丝绸、锦绣以及茶叶等展品⑤;国内也首次出现了有关的展品征集专题报道——"和国开设赛珍会本埠关道宪搜采珍奇各物"⑥,从报道视角和内容主题上看较十年前维也纳世博会时更加关注商贸利益,经济视角的新闻占当届总量的 50%(8 篇),体现了国内士商阶层在洋务运动高涨时期的观念进步;到 1900 巴黎世博会筹备阶段,展品介绍的专题报道较为少见的情况才明显改观,从 1898 年开始国内媒体陆续刊载了有关世博会《展品分类目录》⑦、《一百迈当径线之钢轮》、《赛珍会所用电光灯较之 1889 愈多愈精》⑧、《格致:赛会巨镜》、《赛珍会巧制》⑨等多篇展品专题报道,这反映出国内变法时期对西方先进技术愈发浓厚的兴趣。但这一时期的报道基本局限在解读展品符号本身的"能指"层面,缺少对展品背后的西方产业基础、社会环境等方面的深层解读。

其次,进入 20 世纪初的清末最后 11 年间,国内博览会事业进入一个发展高峰期,借助博览会振兴商务、实业救国成为工商业界的共识,相应的世博会展品报道视野更加开阔,国家意识觉醒,见解更加深刻、成熟。从 1900 年由海关组织筹备参加法国巴黎世博会、1904 年美国圣路易斯世博会、1905 年比利时列日世博会,到 1906 年由商部自行组织参加意大利米兰世博会、1908 年伦敦世博会、1910 年比利时布鲁塞尔世博会,几乎 2 年一

① 五月十三日出使德国大臣李凤苞文[A].1883.外交档.档案号:01 - 27 - 9 - 2.
② 二月十二日美股抄付出使德国大臣李凤苞函[A].外交档.档案号:01 - 27 - 9 - 2.
③ 五月十三日出使德国大臣李凤苞文[A].外交档.档案号:01 - 27 - 9 - 2.
④ 二月十二日美股抄付出使德国大臣李凤苞函[A].外交档.档案号:01 - 27 - 9 - 2.
⑤ 三月十九日出使大臣李凤苞函、五月十三日出使大臣李凤苞文[A].外交档.档案号:[不详].
⑥ 佚名.奇珍孔多[N].申报,1883 - 01 - 22(3).
⑦ 佚名.展品分类目录[N].昌言报,1898 - 09 - 21.
⑧ 佚名.展品分类目录[N].昌言报,1898 - 11 - 19.
⑨ 佚名.格致:赛会巨镜[J].知新报,1899(92):21.

届,密集地参展引发了国内媒体的高度关注,报道中对展品的描述和评论也更加丰富、深刻。例如,1900 年巴黎世博会中国送展的展品增加了动态展示的内容,除了瓷器、茶叶、纺织品、象牙工艺品等传统静态展品,还组织了工匠数十人,每天公开展示传统手工艺品的制作场景,这种动静结合的方式吸引现场大批观众的注意。对此,国内媒体本届共刊载了 38 篇报道,涉及的刊物也有 14 种,涵盖了从信息简讯到政策性公告、深度评论以及现场通讯、图片报道等多种报道方式,为国内报道法国举办的世博会数量之最,其中展品报道如《各国近事:大法:中国赛会留亭赠物》[1][2],反映出中国借助参加世博、赠送展品来拓展邦交的方式。1904 年美国圣路易斯世博会期间中国送展的展品之中,最为著名的展品是慈禧太后的油画像。出于希望缓和与西方关系的目的,慈禧破例允许美国画家卡尔入宫生活九个月,为其完成了四幅油画像送往美国世博会参展。画像抵达圣路易斯后,还由溥伦主持了揭幕仪式;画像在世博会上展出后,由于"美术宫就处于世博会中轴位置的顶端,慈禧画像又是美术馆正馆的重要位置,尺幅远大过旁边的作品,受到极大礼遇,为众人所瞩目,并且广受欢迎与赞美。"[3]展览结束后画像被运往华盛顿,由美国总统西奥多·罗斯福在白宫举行了盛大的画像接受典礼,终为美国国家博物馆收藏。而普通展品也种类丰富,包括玉器、瓷器、宁波木器、丝绸、古董、折扇、笔墨等,在筹备阶段清政府就屡次督促地方通过各商务局向商家广泛宣传,从而引发工商阶层积极选送商品、踊跃赴会。其中,京师工艺局送展的编织地毯荣获了一等奖章。总体上来看,中国展品大部分置于艺术馆,获得了相对完整的展示空间来呈现工艺水平和生活面貌。受官方高度重视的引导,此届世博会也是国内媒体的首次报道高峰(92 篇),新闻内容多出自经济与外交的视角,主流媒体刊载了多篇征集展品的通告,如《大美国三鲁义师省城特设博览会征送赴会赛物启》[4];也有从展品有利于开拓商贸出口角度的评论,如《从此中国每年所出口之货可望多几兆银两、同时察看他国如何经营》[5]。但此届世博会中国展品的组织陈列方式和部分展品的粗劣却广为国人所诟病。例如,

---

① 佚名.赛珍会巧制[N].知新报,1899 - 10 - 21(106).

② 各国近事:大法:中国赛会留亭赠物[N].万国公报,1879(527):19.

③ 王正华.呈现"中国":晚清参与 1904 年美国圣路易斯万国博览会之研究[M]//黄克武.画中有话:近代中国的视觉表述与文化构图.台北:"中研院"近代史研究所,2003:421.

④ 佚名.记中国输物赛会事[N].申报,1903 - 03 - 20(10743).

⑤ 佚名:从此中国每年所出口之货可望多几兆银两、同时察看他国如何经营[N].大公报,1903 - 03 - 18(3).

中国的矿产、农产、工艺、制造展品全部堆挤在艺术馆一角,杂乱无序;多种优质矿产缺乏说明、讲解以及采掘加工的工具陈列,农产品也未做种植和制作说明,这反映出清末的中国参展观念落后,尚缺乏现代的展示分类意识,"思维还停留在以货品买卖为主的杂货店摆放方式里"①。尤其是赫德把持的海关为迎合西方猎奇的所好,按照惯例依旧筹集了诸如小脚女鞋、鸦片烟具等"有辱国体"的展品,加上展览期间海关洋员欺辱华商的种种行为,引发了国人的愤慨与谴责,也为清政府收回世博会的自主筹办权奠定了舆论基础。1905 年 9 月,清政府从把持海关的英国人赫德手中收回了国际博览会事务的自主承办权,转交商部负责筹办事宜之后,国内对展品征集的热情和重视度进一步提升。1906 年米兰世博会选送展品涵盖了沪、粤、湘等 13 个省地,共 371 箱,代表了当时国内生产力的最高水平,主要包括传统的茶叶、丝绸、针织、折扇、古玩、雕刻、瓷器、金银器等工艺品,以及酒制鱼贝、干制海鲜等渔业产品。其中,张謇创立的盐业公司出品的"吕四场盐"荣获头等奖,颐生公司出品的罐头、酿造公司生产的酒类等夺得金奖;国内媒体广泛报道了展品获奖佳绩,"计得奖凭、奖牌百有余张"。② 1910 年比利时布鲁塞尔世博会期间,法国侨商李石曹、褚谊民成立的"豆腐公司"所陈列的 30 箱豆制品,引发欧洲当地媒体的报道兴趣:"陈列黄豆制品三十余种,百奇千异,为欧人所未见。复多印图说,各报喧播,各国争往研究,视为全会场中第一新颖之问题";被认为将风靡全欧,"此后黄豆将为欧人重要食品"③。可见,该时期的展品报道从关注国外开始转向国内,更多围绕选送展品的规制及所获收益、奖项的主题展开,跳出了 19 世纪仅艳羡西方展品的"器物文明"之局限,这种从关注展品符号的"能指"转向重视展品意义"所指"的进步,正是国家意识逐渐觉醒、对世博会展示理念深化的体现。

再次,北洋政府时期是世博报道的第二次高峰,展品报道具有强烈的现实目的,立足于服务振兴商务、拓展邦交的实践,目标更为明确、视角也更加多元、评论更有系统性。这一时期最主要的展品报道话题是围绕民国北洋政府筹备参加美国旧金山举办的"巴拿马太平洋国际博览会"展开的。1914 至 1920 年,正值民国经济的"黄金岁月",日益壮大的工商资产

① 王正华.呈现"中国":晚清参与 1904 年美国圣路易斯万国博览会之研究[M]//黄克武.画中有话:近代中国的视觉表述与文化构图.台北:"中研院"近代史研究所,2003:500 - 516.

② 中国第一历史档案馆.光绪三十二年中国参加意大利米兰赛会史料(下)[J].历史档案,2006(4):11 - 18.

③ 六月二十二日收远东通信社报告[A].外交档.档案号:02 - 20 - 18 - 2.

阶级希望借助世博会加强对外经贸联络、学习西方先进科技,因此在筹备参展的过程中担当了主力。该届世博参展团队努力借助多样化的展品向世界展示的是正在向现代转型的、积极向前的中国。为了增强展示效果,展览区甚至还专门准备了英文广播,提供中国的旅游指南服务,让世界认识到中国社会的巨大发展潜力。在这些系统而精心的努力下,中国取得了有史以来参博的最好成绩,共获 1211 项大奖,其中大奖章 57 枚、金牌奖258 枚、银牌奖 337 枚、铜牌奖 258 枚、荣誉奖 74 枚、奖词奖 227 枚,在 31个参展国中名列首位;最具代表性的酒类金奖有 5 项,茅台酒获世界名酒殊荣,从此一步步走上"国酒"的巅峰;张裕葡萄酒也荣获金质奖章和最优质奖状;此外,天津永利碱厂的"红三角"牌纯碱,上海吴蕴初研发的"天厨味精"也获得金奖;而传统展品方面,上海"葛德和"陶器、美华利插屏钟、北京鼻烟壶、安徽胡开文地球墨、浙江湖笔、温州乐清黄杨木雕、青田石雕、常州梳篦、湖南菊花石也夺得多项金银奖。丰硕的成果在美国华人最多的旧金山引起轰动,现场驻点的媒体也迅速地将喜讯和盛况传回中国,进而引发了国内更加高涨的"博览会热"。

　　各大报刊媒体自然也积极呼应国内各界借此振兴实业的热情,配合宣传筹备工作和参展情况:1913 年《政府公报》《直隶实业杂志》在展前筹备阶段分别刊载了《筹备巴拿马赛会局选译出品分类纲目》①、《专件:巴拿马万国赛会赛品分类目录》②③,指导商家有目的性地选送展品;1914 年物品送展过程中,《申报》刊载了介绍赴美展品的系列报道:《丢拿马赛会出品记》《丢拿马赛会陈列品记》④⑤⑥;1915 年展中阶段,国内媒体全面介绍了展品的陈列情况和园区见闻,如《申报》刊载的《参观巴拿马博览会记》⑦⑧⑨系列报道等;展后阶段 1916 年直至 1918 年,都有诸如《发布巴拿马赛会得奖名册》⑩等获奖展品和奖项的陆续刊载与评论。

　　从这些展品报道的持续时长和重视现实利益诉求这两点可以窥见,当

①　佚名.筹备巴拿马赛会局选译出品分类纲目[N].政府公报,1913(577):12 - 21.
②　佚名.专件:巴拿马万国赛会赛品分类目录[J].直隶实业杂志,1913(19).
③　佚名.专件:巴拿马万国赛会赛品分类目录[J].直隶实业杂志,1913(20).
④　佚名.丢拿马赛会陈列品续记[N].申报,1914 - 05 - 14(14819).
⑤　佚名.丢拿马赛会陈列品续记[N].申报,1914 - 05 - 15(14820).
⑥　佚名.丢拿马赛会陈列品续记[N].申报,1914 - 05 - 18(14823).
⑦　范永增.参观巴拿马博览会记.[N].申报,1915 - 09 - 05(11).
⑧　范永增.参观巴拿马博览会记(续).[N].申报,1915 - 09 - 06(11).
⑨　范永增.参观巴拿马博览会记(续).[N].申报,1915 - 09 - 21(11).
⑩　佚名.发布巴拿马赛会得奖名册[N].申报,1918 - 01 - 30(16152).

年国内媒体对美国巴拿马世博会具有空前的热情,呼应了"博览会"话题在国内振兴实业大环境下的舆论热度,发掘了展品符号所具有的现实社会功能,也体现出国人对展品符号功能的理解从主观认知到具体实践的跨越。

最后,南京国民政府时期的1926至1935年间是世博会报道的第三次高峰,展品报道理念趋于成熟,也体现了国内媒体相对完备的新闻表述方式。这十年间与民国经济发展"黄金十年"(1928至1937年)基本重合,期间我国参加了4届世博会:1926年美国费城世博会、1930年比利时列日世博会、1933年美国芝加哥世博会、1935比利时布鲁塞尔世博会。国内也召开了近代博览,如1928年上海等地的"中华国货展览会",近代阶段规模最大的1929年杭州"西湖博览会"等,因此可以称之为中国会展事业发展的"第三次热潮"。报刊媒体扮演了重要的舆论宣传和助推手的角色,将"博览会热"的声势营造起来,刊载了诸如《费城赛会自由赴赛出品规则》①、《参与费城赛会之开幕:下为会场门前之大自由钟》②、《万电炬自动齐明。芝加哥博览会开放。我国陈列品颇轰动一时》③、《博览会陈列稀世珍品大钻石价值五十万金元》④等大量报道,采用图文并茂、现场通讯等方式全面介绍了国内展品选送情况、征集办法和规章以及参博现场的展品陈列情形等内容;尤为可贵的是还注重中外比较,查找自身存在的问题,如《比国两大博览会略纪(上)》一文中分析到:"日人稔知西人心理。一切出品全以适用为目的。陈列之物既富于近代色彩丝绸本我国名产。乃日人陈列者反十倍于。"⑤此外,这一阶段中国参博展品中的教育、文化类项目成为获得国际赞誉的重要来源,受到媒体的普遍关注,陆续刊载了诸如《费城博览会中国教育品展览情形。郭秉文之报告》⑥、《费城博览会中国教育品获奖中国一百分;日本七十分》⑦、《中国教育机构得奖35项》⑧、《广肇公学艺术展览会书艺出品曾得比国博览会金牌奖》⑨、《农人之春特奖状凌其

① 佚名.费城赛会自由赴赛出品规则[N].申报,1926 - 03 - 18(19050).

② 佚名.美国费城赛会之开幕[J].图画时报,1926(311):7.

③ 佚名.大恒星一线光芒 使百万电炬自动齐明 芝加哥博览会开放 我国陈列品颇轰动一时[N].申报,1933 - 05 - 28(7).

④ 佚名.博览会陈列稀世珍品[N].申报,1933 - 07 - 10(9).

⑤ 六曾寄于巴黎.比国两大博览会略纪(上)[N].申报,1930 - 08 - 22(11).

⑥ 郭秉文.费城博览会中国教育品展览情形[N].申报,1926 - 10 - 22(12).

⑦ 佚名.费城博览会中国教育品获奖[N].申报,1926 - 12 - 06(8).

⑧ 佚名.中国教育机构得奖35项[N].益世报,1927 - 10 - 09.

⑨ 佚名.广肇公学艺术展览会[N].申报,1931 - 01 - 01(21).

翰携带回国比京万国博览会》①等教育文化类展品的获奖报道,显示出各大报刊媒体在中方参博情形的报道中对此类展品的更多关注。对此,《申报》在1930年列日世博会期间专门刊文评价:"教育则均属各省各级学校教育品之成绩,其他如中华书局宋版古书,商务书馆之华文打字机,外人见之均露警异之色"②,"以故每日参观者颇众谓中国馆系属美术化而有巧小精致之称"③。另一方面,这种关注也反映出国内对世博会上展示我们在文化创新、人文魅力等方面的相对优势有了更充分地认知与实践。例如,1930年比利时列日的"百年纪念万国博览会"筹备过程中,我国的文化教育、艺术界等知名人士积极参与了"中国参加比利时独立百年纪念国际博览会征集物品委员会",使文化类展示成为我国本次参博的一大亮点:不仅专门设立了教育馆,吸纳了1929年西湖博览会的教育馆内各种精美陈列品,展出了教育、体育领域的图画、仪器等30项成果;而且,在中国展区的中央及会客厅高悬孙中山的画像、遍插国旗,甚至在中国馆开幕日分发了专门赶印的3000册《三民主义建国大纲》法译本,充分利用这一国际舞台宣传了孙中山创立的"三民主义"政治理念;而1933年芝加哥世博会时,国民党中央党史编纂委员会则将孙中山及先烈革命重要史迹运往陈列,并在传统展品上进行了内容创新:以黄帝、老子、孔子、林则徐、孙中山等十大名人为造型的漆制塑像替代了传统的麻姑、寿仙等造型,《申报》撰文称赞这些具有时代创新性的展品体现了"以其在文化上、民族上均有伟大之贡献,足为后世人类之楷模"④的文化感召力;1935年比利时布鲁塞尔世博会上,中国教电协会拍摄的农村题材电影也获得了世博会期间举办的"国际农村影片竞赛"三等奖⑤和特别奖等⑥。可见,该时期展品报道开始出现重视定位与品牌化的传播,力图发掘和宣传体现中国特色与优势的教育文化类展品来提升国际形象,也折射出中国博览会事业的日趋成熟、展品符号向多元化、特色化发展的时代进步性。

(二)报道中对展品象征意义的发掘与延伸促进了国家意识的觉醒

世博会作为一个包罗万象的巨大的符号展示与互动交往空间,主要依靠参展国选送的展品来传播国际形象、进行国力竞技,其展品自然被赋予

①　佚名.农人之春特奖状凌其翰携带回国[N].申报,1935 – 12 – 23(9).

②　佚名.比国博览会中中国陈列馆之概况[N].申报,1930 – 07 – 13(10).

③　佚名.中华民国参加比利时博览会特刊[M].上海:上海大东书局,1932:117.

④　佚名.福建惠儿院出品芝经经过[N].申报,1933 – 04 – 06(12).

⑤　佚名.农村电影国际赛会获3等奖[N].益世报,1935 – 12 – 29(不详).

⑥　佚名.农人之春特奖状凌其翰携带回国[N].申报,1935 – 12 – 23(9).

带有国家象征意味的符号"所指"意义。对近代中国而言,作为尚处于从传统农耕文明向现代化艰难转型的国家,确难提供跟得上时代潮流的新式工业展品;且在西方工业国家的眼中更多是以落后或半开化的一种文明形象出现,在此"刻板印象"的影响下,西方组织者往往以"猎奇"的心态来选取、设置、看待中国展品。于是,东西方文化对中国展品的符号解读与认知差异在漫长的世博会展览史上出现了多次的"话语权争夺",文化阐释上的被解读与再解读的"拉锯战"尤其多见于展览期间的各类辱华事件或负面形象问题上。对于该类事件的报道多出现在历届参展过程中主办方对华人存在轻视与贬低行为的时候,如展示中国落后、野蛮的文化习俗的一些展品或传统,往往会使国人为维护国家尊严而产生强烈抗议,媒体对此也普遍给予高度的关注和声援:

例如,在1906年米兰世博现场曾展出了写有"万寿无疆"字样的中国女子弓鞋,这些旨在满足西方猎奇欲的"有辱国体"的展品引起了中方的愤慨,经驻地公使黄诰交涉后,主办方郑重道歉并迅速撤下[①]。1904年美国圣路易斯世博会和1915年美国巴拿马世博会期间也出现了抗议美方对华歧视的事件:1904年圣路易斯世博会前的筹办阶段,《中外日报》就揭露国内的闽海关英籍洋员代购办福建送展展品时,专门"探访闽中恶习劣俗以形容之,一系缠足处女,一系赤脚处女,一系新嫁娘,置于人类馆以辱华人"[②]。1903年《新民丛报》在清政府筹备参加美国圣路易斯世博会阶段发表的《杂评:圣路易博览会之待中国人》[③],强烈抨击了美方鄙视和排挤华人、华工的行为。对此,中方照会美外务部强烈抗议,也激起了国内媒体的舆论抗议和声援,这一辱华事件的广泛传播也为国内之后掀起"反美废约""抵制美货运动"埋下了伏笔;而1915年美国巴拿马世博会期间,则再次出现了诸如华人吸食鸦片、妇女缠足等丑态的展示,辱华展品设在了会场外"振黄公司"经营的"华埠地狱"展馆内,对此中方陈琪等官员与地方租地部立即严正交涉,在美华人组织中华会馆、华商会及教会等也致函抗议。国内媒体更是普遍刊文声援、表达不满,《申报》刊文《纪博览会中之华地狱》,"所陈列之种种,无非害群丧德之事。……华人奇耻大辱",还报道了当地华人的"同源会"印发英文布告以劝告观众"当父母者不要带儿

① 光绪三十二年六月十八日收驻意黄大臣信[A].1906.外交档.档案号:02-20-8-1.

② 佚名.所闻录:诸君曾闻美国赛会之亵视华人否[J].浙江潮,1903(10):119-121.

③ 佚名.杂评:圣路易博览会之待中国人[J].新民丛报,1903(37):88-90.

童游览"的抵制行动①。这两个时期都是清政府或民国北洋政府首次官方派出大规模参展团正式赴美，国外主办方此前也习惯于以落后文明的观念定位中国，对中国展品持有轻视和偏见。

从上述两方面运用展品符号的方式及其变迁历程可见，围绕着如何呈现国家形象，中国一直都在这一竞技舞台上努力遴选展品以改善外界和自我的认知形象；一件件展品作为具有国家象征意义的符号更如同一种"隐喻"（metaphora，希腊语意为"意义的转换"），帮助国人借此窥见外部世界、定位自身所在。这些展品是与送展国家紧密相连的物态"媒介"，它们在世博会的文化场域内也被抽象化为一种符号，世博会的仪式场域赋予其一种"隐蔽但有力的暗示，来为我们将这个世界进行分类、排序、构建、放大、缩小、着色，并告诉我们怎样来理解这个世界"②。在近代世博会报道中，这些被"符号化"的展品借助着纸媒上的文字符号，来建构我们想象中的外部世界，同时也来重塑国人的自我认知和思维模式，从而表征仪式的符号展示与建构现实的功能："仪式作为象征性的行为与活动，不仅是表达性的，而且是建构性的；它不仅可以展示观念的、心智的内在逻辑，也可以是展现和建构权威的权力技术。而政治权力亦不仅仅表现为简单的强制，而是力图呈现为一种合法合理的运用。"③可以说，世博会的竞技仪式场域是符号权力在参展各方形成的国际关系体系内集中运作并发挥效应的最佳舞台，围绕大大小小展品的国力竞技正是"通过象征性的传播方式，政治权力关系才得以广泛表达和调整"④。而这种象征符号的话语权争夺则唤醒了近代国人通过世博舞台构筑中国形象的身份意识和危机意识，培育了国民从传统国家向现代国家转型、加快融入全球化的积极性。

第三节　仪式场域视角下近代报刊对世博会的展馆描述

传统仪式往往是在特定场所内举行的文化展演，举办地通常是具有强烈象征隐喻的宗族祠堂、领袖和神灵诞生地、公共竞技场或其他拥有传说典故、历史意义的场所，这体现了仪式具有较强场域限制的空间传播的特

---

① 佚名.纪博览会中之华地狱[N].申报,1915 − 04 − 23(6).

② 波兹曼.娱乐至死[M].章艳,译.桂林:广西师范大学出版社,2004:12.

③ 郭于华.仪式与社会变迁[M].北京:社会科学文献出版社,2000:4.

④ 石义彬,熊慧.媒介仪式、空间与文化认同:符号权力的批判性观照与诠释[J].湖北社会科学,2008(2):19 − 22.

征。与作为符号象征的展品相似,世博会的展馆不仅是汇聚多种展品的大平台,它本身也是一种通过建筑、装饰等设计元素来展现参与国形象的象征载体;在展馆的场域内,所有参展方精心设计、排布的各类展品集中地呈现了该国的展示定位与特色,置身其中的观众可以强烈感受到文化场域效应,参展方的意图就是要使展馆内成为集聚多元符号与象征意义的集合空间。由此可以说,展馆内外部所运用的符号要素使之构成了一个巨大的"展品",除了静态的展示以外,它还是国家日庆典、开闭幕仪式、展品竞赛与颁奖等诸多展演环节的举办场所,这里是囊括各国文化习俗、特色等相关的有形物品与无形形象的世界微缩"景观",是世博会园区所建构的仪式场域的核心组成部分,展馆本身成为一种规模宏大的物态媒介和具有丰富内涵的象征符号。正因为其极大的符号传播价值,各大媒体使用了大量篇幅来介绍这些能最鲜明地呈现国家特征的展馆,让观众置身于一种宏大的象征物之间,一是感受人类文化成果的多样性和震撼力;二是通过在展馆内进行的各类展演活动,引导并塑造观众对世博精神、人类文化共享等新型国际交往理念的认同。具体体现在如下普遍存在的报道内容当中:

例如,1900 年法国巴黎世博会,国内媒体首次专题刊载了一篇以世博展馆为题的报道《文篇:记巴黎世界大博览会农产馆》[1],详细记述了展馆的规模及其展示的相关农业设备。实际上,世博报道里对展馆话题的关注由来已久,首届伦敦世博会的水晶宫就引起了国内有幸目睹的少数官商人士极大兴趣和由衷赞叹,时任驻英大使的郭嵩焘在后来抵达伦敦时还专程前往观看;由于我方在本届世博会筹建了中国馆,故国内媒体对这一话题更加青睐,已经认识到展馆对宣传参展国形象的重要意义。因此,该届世博会的中国馆规模庞大,面积为 3300 平方米,共有 5 座建筑构成,外形分别模仿了万里长城、孔庙等标志性建筑,以及拱桥、塔楼、城墙、城门等传统造型,成为宣传中国传统形象的重要象征载体。

发展到 20 世纪,世博会的关注度和影响力因清政府 1904 年派出最大规模的代表团赴美参博而大大提升,清政府调拨库银 75 万两,派出了以亲王溥伦(贝子)为赛会正监督的庞大使团,给予了组织、经费上的相当保障,被外国媒体称为"中国政府正式登上世博会舞台的开端"。清政府斥巨资修建了"中国村"特色展区和展馆,是继英国之后第二个举行展馆奠基仪式的国家:主展馆则由 5 间正厅构成,左右各两厢厅,馆外是一座门楼、八方小亭和牌坊。展馆设计上汇聚了园林亭榭等中华元素,辅以上等

① 佚名.文篇:记巴黎世界大博览会农产馆[J].农学报,1900(126):[不详].

中式器具、绣画、对联与龙、神等图形装饰，外观金碧辉煌；在中式会馆的国亭内部，则有悬挂中堂的天官锦绣图，两侧对联上书"宗支瑞毓长春树，世泽祥延积庆图"，中厅内摆有清式紫檀椅；左厢厅2间放置了镂刻木床、花绣锦褥，右厢厅两间分为书房式、办公式；大门上方的红匾书"大清国会场公所"（见图5－1）。整体上，"中国村"内汇聚了戏院、佛殿、茶室、市集、屋顶花园等设施，均体现了浓厚中华文化气息，成为该届世博会上最具特色的东方建筑。

图5－1　1904年圣路易斯世博会的中国村及展馆照片

在官方高度重视的引导下，国内报道热情高涨，除了介绍美国世博会及各国组织筹备的近况外，还有专门刊发了3篇图片新闻：《路易博览会之景：机械馆、运输馆》、《圣路易博览会之景：工业馆：［照片］》①②、《世博圆简介全景图》③、《圣路易博览会全图：［照片］》④。这种图文并茂的报道方式在当时报刊印刷技术尚不发达的条件下是十分难得的，足以证明媒体对于展馆和本届世博会上中国形象展示的高度重视。此外，陈琪在回国后撰写的《环游日记》《新大陆圣路易斯博览会游记》《漫游记实》等书，记叙了该届博览会的缘起、会展大事记、世博园区的概况、各展厅的陈列、游观花絮等信息。尤其提到了美方所设的"游戏园"，"占会场之一区，境地轩敞，院落雅洁，铺陈奇丽，费巨万金，聚千百团，演数十世纪历史，事繁法备，洵

①　佚名.路易博览会之景［N］.新民丛报，1903(42)：14.

②　佚名.路易博览会之景［N］.新民丛报，1903(43)：15.

③　佚名.世博园简介全景图［J］.东方杂志，1904(6)：8.

④　佚名.新大陆游记［N］.新民丛报，1904(临时增刊)：48.

大观也",称赞展馆"构造之坚固,道路之广大,与赛物院等";介绍展馆内部设施时,则评价采用科技的先进性,"戏院以格致新学造成贯通之电气、灵动之机器,昼则钲鼓笙簧,歌巾舞扇,夜则灯花电彩,珠阙玉堂,令人莫测其神妙。盖游乐所以演试人民技巧之一端,无伤文化,故由政府准许为开拓国民智识起见,人人皆得与游焉"①。

1910年比利时布鲁塞尔世博会,中国再次专门建造中国馆,其建筑风格"参酌中西",一定程度上反映出清政府改变传统形象的尝试,但却被国人批评为"不中不西""不知何取",无法展现中国文明的特色;也有人指出过于苛责中国馆的设计展示是急于提升国家形象而忽略当时的财力和局势窘迫的体现。但就聚焦于展馆的新闻话题选择来讲,则能充分显示出国人期望借助展馆改变落后国家形象的认知和关注。

进入民国时期,我们对展馆其符号象征意义的理解和运用有了更显著的进步:1915年美国在旧金山举办巴拿马太平洋国际博览会,中国北洋政府对美举办的本届博览会高度重视,想借此大规模国际交流的机会,展示并塑造新的"中华民国"形象:在展馆建设方面,仿照北京紫禁城太和殿的建筑风格,中方搭建了具有浓郁民族风格的"中华政府馆"。虽然沿用了前朝的政治符号,但也表明了代表中华传统的文化元素"对于自身形象的塑造同样是不可或缺的",并赋予了它在世博仪式场域内一种新的"宗教和政治场所的功能"②(见图5-2)。

图5-2 1915年巴拿马世博会上的中国展馆照片

① 陈琪,陈辉德.新大陆圣路易博览会游记(又名:美洲博览会记)[M].[出版地不详]:[出版者不详],1905:127.

② 苏珊,肖笛.一个预置的紫禁城?——记1915年中华民国参加巴拿马—太平洋世博会[J].美术馆,2008(2):81.

对此,国内报刊借助印刷技术的进步运用了更多的图文报道方式来呈现世博会场景:《东方杂志》在 1913 年第一期发表了多幅旧金山世博园区的建筑照片——回声塔、瀑布式建筑、机械馆、总务部之高塔、凯旋门等;各类画刊也刊载了诸如《记支加哥博览会之中国建筑:仿照热河行宫之金亭式样建造,我国建筑艺术在西方放一异彩》①等中国展馆的新闻图片;《申报》《民国日报》也有大量从外交、文化角度对美国举办世博会的意义剖析和过程解读,尤其是出现了多篇图文并茂地介绍旧金山世博展区的面貌以及城市风光的新闻。(见表 5 – 1)。

表 5 – 1 巴拿马世博会各类展馆、现场的部分报道统计表

年份	报道标题	刊物
1911	巴拉玛运河纪念博览会地址	申报
1913	回声塔、瀑布式建筑、机械馆、总务部之高塔、凯旋门	东方杂志
1915	图画:巴拿马赛会会场之宇宙苑	直隶实业杂志
1915	图画:巴拿马赛会会场内之礼堂	直隶实业杂志
1915	报告:巴拿马赛会会场大概情形	直隶实业杂志
1915	图画:巴拿马赛会会场之园艺馆	直隶实业杂志
1915	杂俎:国外纪闻:巴拿马赛会会场之余兴	直隶实业杂志
1915	图画:巴拿马赛会会场园艺馆之夜景	直隶实业杂志
1915	巴拿玛赛会风景(一):会场大门之南园[照片]	进步
1915	巴拿玛赛会风景(二):上届博览会时之夜景:在圣路易[照片]	进步
1915	巴拿玛赛会风景(三):四季厅之前面[照片]	进步
1915	巴拿玛赛会风景(四):琴塔(夜光)[照片]	进步
1915	巴拿玛赛会风景(五):右为矿学馆,左为机械馆(侧形)[照片]	进步
1915	巴拿玛赛会风景(六):美术馆后之池[照片]	进步

---

① 佚名.记支加哥博览会之中国建筑[J].小世界:图画半月刊,1932(10):1,23.

续表

年份	报道标题	刊物
1915	巴拿玛赛会风景（七）：教育馆意大利塔之远景［照片］	进步
1915	巴拿玛赛会风景（八）：海陆军青年会馆［照片］	进步
1915	物质文明识小录：巴拿马博览会之一班	进步
1915	巴拿马赛会风景（二）：上届博览会时之夜景：在圣路易［照片］；今届博览会之夜景［照片］	进步
1915	巴拿马博览会之概况	进步
1915	巴拿马博览会陈列装饰法之一斑	申报
1915	世博教育馆介绍美国教育介绍	申报
1915	参观巴拿马博览会记（续）	申报
1915	罗斯福巴拿马博览会演说辞	申报
1915	参观巴拿马博览会记	申报
1915	参观巴拿马博览会记（续）	申报
1915	参观巴拿马博览会记（二续）	申报
1915	巴拿马赛会风景：矿学馆、机械馆：照片两幅	兴华
1915	调查：特别调查：参观巴拿马博览会记	中国实业杂志
1915	巴拿马博览会全图［照片］	中国实业杂志

　　上述报道中对展馆图文并茂的"奇观化"描述方式恰恰体现了仪式力图用文化象征与群体共享来实现社会整合的目标。例如，在传统的基督教"圣餐仪式"中，教徒们往往通过分享那些象征着耶稣身体、血液的面饼与葡萄酒来完成纪念仪式，在这种仪式场域内，日常生活中的食物首先已经超越了其现实价值，而转化为一种仪式"语境"中的符号化表达；其次是这种象征意义的共同分享过程实现了一种去个体意识和强化族群文化整合的效果，使仪式实现了类似巫术一般的神奇功能，创造一种对"奇观"或"圣迹"的表述方式。而世博会的组织和参与者正是通过呈现这些象征人类文明成果的巨大"奇观"来共同营造一种仪式盛况，并借助这些人文"奇迹"将世博园区转化为一个宏大的文化场域和符号象征系统。这项"国家

级盛事"的表达主题则设定为鼓励工业创新、倡导多元文化的共享与共存。林立的展馆在现实世界塑造了一个微缩版的"地球村",展馆及整个世博园区正是现实版的李普曼所言的"拟态环境",它与滚动播出的世博会新闻报道一起构建了一种"象征性现实",在世博会现场展示和远程再现的混合时空内放大了文化场域效应。在这个充满象征寓意和有形、无形符号的"拟态环境"中,人们迅速地感知世界、分享科技与文化精粹,在现场组织者与大众报刊媒体的"共谋"中该文化场域的情绪感染力格外强大,卷入各方在互动中呈现一种"场效应"的螺旋式递增。从而实现对"地球村"愿景的价值认同,推动世博会助力全球化的仪式目标。

第六章　世博会报刊传播的模式与效果：媒介仪式的营造

第一节　世博会传播过程中的媒介仪式功能与目标：文化制度化

涂尔干认为："仪式是行为规则，这些规则规定了一个人在那些神圣的对象面前应该如何表现自己。"①这一表述实际上是在强调仪式的"行为规范"是其核心要素，之所以突出"规则"的意义主要是基于仪式行为的主要目的："人类学家倾向于把仪式看作社会结构的一部分，它的正式设置在于维护秩序，或者为了彰显文化和价值。"②这种秩序性不仅是仪式活动的目标，更是发挥社会整合效能的手段及其表征。内德尔强调，任何类型的行为习惯一旦程式化或形成模式，并按照这种形式不断重复之后，就可能变成某种"仪式"③。埃德蒙·利奇（Edmund Leach）则把仪式视为"个人与群体之间，经过社会许可的恰当'关系"的"符号模式"④；柯林斯也认为仪式就是"一种表达意义性的程序化活动"⑤，作为互动情境下的仪式参与各方，其行为需要借助组织化、规范化的约束⑥来保证仪式模式的可延续性

---

① DURKHEIM, EMILE. The elementary forms of religious life[M]. New York：Free Press, 1965：56. 转引自：柯林斯. 互动仪式链[M]. 林聚任，王鹏，宋丽君，译. 北京：商务印书馆，2009：49.

② 柯林斯. 互动仪式链[M]. 林聚任，王鹏，宋丽君，译. 北京：商务印书馆，2009：36.

③ NADEL S F. Nupe religion [M]. Washington：American Anthropologist, 1954：99.

④ LEACH E R. Political Systems of Highland Burma [M]. Cambridge, MA：Harvard Univ. Press, 1954：15.

⑤ 柯林斯. 互动仪式链[M]. 林聚任，王鹏，宋丽君，译. 北京：商务印书馆，2009：前言.

⑥ 诸如仪式上使用的符码，即为一套规则性的体系，意指信息从一地到另一地的转换过程中所遵循的一系列规范，包括信息的组织、传递和表达方式，以及符码的形式与内容相互依赖、相互影响的方式. 参见戴维斯. 人类学[M]. 孙静，译. 北京：当代中国出版社，2014：127.

与可复制性。从上述对仪式内涵的表述可见,行为"规则"或"符号模式"是构成仪式概念的核心要素,对此杰克·古迪还在解构了涂尔干关于界定仪式概念的"神圣—世俗二分法"基础上,进一步提出了仪式概念的最本质特征:"我们用仪式一词指代一种标准化的行为方式(习俗)"[1]。

而世博会作为更大的、国际规模的仪式性庆典,必须建立并维护一套严密的组织规范和程序性,以保证活动顺利实施,并能够长期在各国、各地被复制,实现持久的国际影响力。具体体现在参展方式与办展制度上,世博会具有周期性举办、国家日庆典、开闭幕典礼等一系列仪式化的程序与规则;此外,这种规范性也协助建构了世博会作为仪式的符号象征系统,并有助于实现其场域内进行文化传播的强效性。因此,组织性、规范性的程度也是一种文化组织行为其内在的制度文明程度的体现。

以 1906 年米兰世博会我国的筹备情况为例,该届世博会期间的组织方式变革与随之带来的制度文明进步在我国博览会发展史上留下了重要一页。首先,关于此届世博会,清政府应国内官商阶层的强烈呼吁,从海关洋员控制下收回了世博会自行筹展权,依照刚刚颁行的 20 条《出洋赛会通行简章》开始了展品征集工作。在相应规制上明确了选送标准:"赴赛之物必须选择精良",且"凡有害风教卫生各品不准赴赛"[2]。其次,执行方面,我国采取官民合作的方式开始了筹备工作,商部头等顾问官、民族资产阶级的代表性企业家张謇负责总体筹办事务,驻意大利使臣黄浩担任驻外的华员监督,大大提高了筹展工作的效能。再次,组织工作上进行了明确的分工,由商部和外务部联合主导,设有专业的管理机构,国外由驻当地大使负责协调沟通,国内则成立专业性的"公司",或组织"公会",原有的海关只保留了传递信息的功能;驻外华员监督的职责主要负责展馆的场地勘察,展位预布置,展品的陈列检查,与主办方的联络商议,对华商权益的保护与交涉,管理经费开支等事务;而国内公司团体则负责征集展品,物流保障、会后的奖励统计等工作。如张謇牵头成立的"七省渔业公司",组织汇集了沿海各省的特产,整合各地的优势资源以参与国际竞争,在闭会后还协助统计各地的获奖成果、发放奖凭等事务。这些分工明确、多方协调、规划系统、征集标准严格的筹办举措,使我国选送的展品遍及沪、粤、湘等 13 个地区,共 371 箱,并代表了当时国内生产力的最高水平。自此以后,中国博览会事业的经验和筹办水平有了飞速地进步,从中也可以窥见制度改革的关键作用。

---

① 古迪. 神话、仪式与口述[M]. 李源,译. 北京:中国人民大学出版社,2014:33.

② 章开沅.苏州商会档案丛编:第 1 辑[M]. 武汉:华中师范大学出版社,1991:462 - 463.

第二节　国内报刊在协助世博会组织水平提升与制度进步方面的表征

除了世博会具体组织工作的制度改进,大众媒体也在其组织筹备过程中发挥了重要的宣传作用,成为传播世博会的组织方式及其制度文化内容的重要载体;大众媒体的全面介入也使世博会自身的媒介化过程生成了一种"媒介仪式"的传播模式,这在前述媒介仪式性的传播特征中有详细论证,此处不再赘述。

一、媒介仪式中文化场域的延伸

世博会除了借助仪式化的现场展示与互动进行文化传播以外,还借助了另一个重要传播渠道——就是同步兴起的大众媒体。它可以较之传统仪式卷入更大范围的活动参与者,借助大众媒体的全方位报道,使近代伊始的仪式传播逐渐步入了"媒介化"的时代。"媒介化"使事件本身超越了发生现场的时空限制,经由大众媒体的多视角再现,建构了一个虚拟的仪式场域,即"媒介仪式"的文化场域。也正是借助了大众媒体,仪式结构的开放性、动态性以及意义传播的多向性、自由性、影响范围都在大大增加。

近代世博会创始期处于大众报刊时代,对中国而言,当时大众传播的主要渠道就是报纸、杂志、书籍等纸媒。因此,世博仪式在中国近代极为有限的赴会者现场参与的情况下,其仪式传播主是以跨时空的文字传播形式为主。例如,借助场外不胜枚举的跟踪报道,尤其是大量的世博会简介类新闻、描述世博园区的现场通讯类新闻等,"不在场"的观众也可以借助大众媒体的"远程"呈现进入观摩、热议世博会的"媒介事件"情境,更加灵活、自由地进行主题解读和场外交流。可见,世博会现场内外的多渠道展示与传播,更大范围地构建了世博会的"文化场域",也使世博会充分地营造出一种丰富多元的互动仪式情境。在这一传播过程中,报刊、书籍的议程设置和框架式的报道解读都对于世博仪式的呈现产生了一种必然的扭曲。例如,近代世博会的报道更多地对展品及中国参展的成绩和国家面貌进行解读。呈现给世人的是这些近代报刊把关人所关注的西方科技成就、文明观念、商贸意识等,以及与中国的国家形象、国际地位和民族意识有关的参展表现等,总体上进一步放大了仪式所传达的内容及承载的意义、价值观等信息。可以说,世博会期间的报刊报道营造了大众传播时代全新的、虚拟的一种仪式场域，它在尽力呈现仪式盛况的现场感同时，使仪式的传播跨越了时空的局限，大大拓展了其文化影响力和社会关注度。

二、历届中国参博筹备过程中的报刊媒体引介与宣传

大众媒体力量的介入最显著地体现在历届世博会筹备过程中的大众报刊媒体引介与宣传活动。在国人最初接触世博会时，对这种西方舶来的大型活动十分陌生，世博会所蕴含的制度规范是历届政府尝试参与时的行动指南。世博报道中大量有关组织规制的公告实际上都发挥了这种简介与指南的作用，它们为我国逐渐熟悉、运作世博会的筹备工作提供了参考依据，也是我国接轨国际、制度文明进步的重要标志，具体体现在国内报刊的公告类报道方面。

此类报道以发布国内筹办、参展、奖励的官方政策为主要内容，从传播目标及宣传效果上看，它们是一种制度建设的过程，体现了官方对近代博览会事务的一种态度和具体的实施办法，发挥了行为规制的影响力，报刊媒体在这方面的传播过程也有效发挥了媒体喉舌宣传的社会职能。总体上，媒体发布的有关世博会的公告数量占所有世博会新闻的第二位（见图6－1），反映出国内报刊机构承担了组织、宣传世博会筹备工作的媒体职能。从数量上体现了三次增长高峰时期：1903 至 1906 年、1913 至 1916 年、1930 至 1933 年，三个阶段均与国内近代博览会事业的快速发展期紧密对应（见图6－2）。

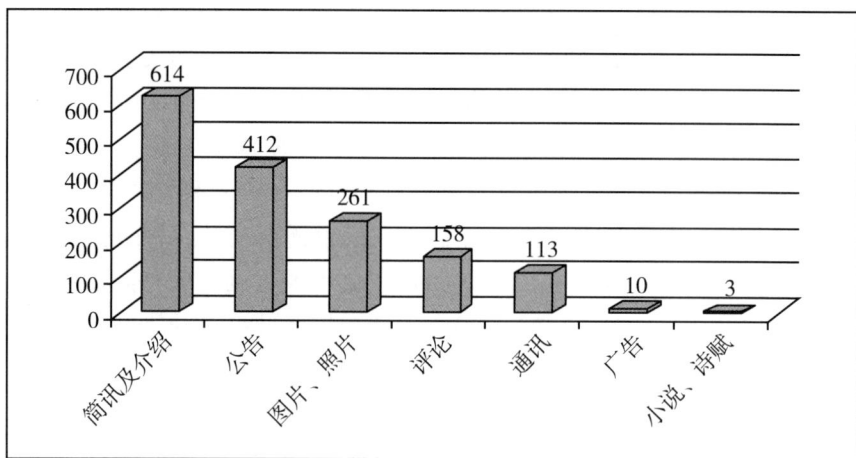

图6－1　国内报刊中不同类型的世博会新闻数量统计图（单位：篇）

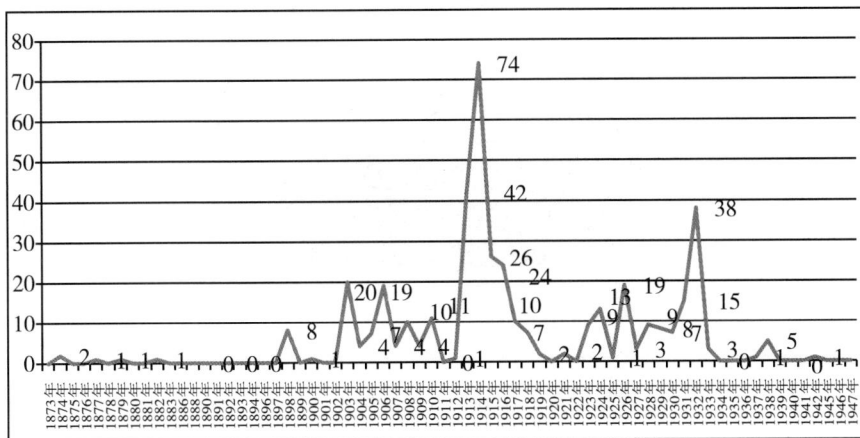

图 6 - 2　国内报刊中公告类型世博会报道量变化趋势图（单位：篇）

具体各个历史时期的阶段性变化特征如下：

首次公告数量高峰出现于 1904 年清政府派出空前规模的赴美国圣路易斯世博会使团之前，这一时期清政府开始重视世博会带来的外交、经贸利益，并在参加 1906 年意大利米兰博览会时，应国内的强烈呼吁而从海关洋员手中收回世博筹办权。由此，官方的重视、权利的收回与自办的热情这三方面主要因素，促使政府通过报刊媒体积极发布动员令、鼓励政策等公告信息，以发动民间的工商业界力量投入到参展筹备当中。具体表现在国内对于近代博览会事业的规制纷纷出台，数量上有显著增长（参见图 6 - 2，具体数量见表 6 - 1）：

表 6 - 1　1903—1906 年国内报刊中公告类型世博会报道统计表

年份	发布公告数量（篇）
1903 年	20
1904 年	4
1905 年	7
1906 年	19

从内容上看，这些公告涉及对世博会参赛征集品类的预告和汇总表、参展行为章程，以及参会人员公示、国外世博会邀请函或参会事项的请示、批示等；发布的媒体来源中：《申报》19 篇，数量居首；《政艺通报》（14 篇）、《东方杂志》（7 篇）分居 2、3 位，说明商业报刊成为此时发布公告的主要平台。（见图 6 - 3）

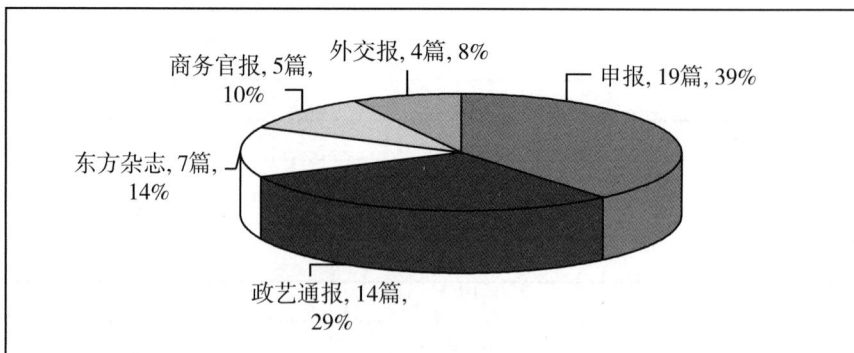

图 6 - 3　1903—1906 年国内报刊中公告类型世博会报道数量及占比情况

其中,最具代表性的是 1906 年清政府商部颁布的有 20 条专门条款的《商部新订出洋赛会章程》,政策上明确鼓励华商参加各类国际博览会,旨在以中国物品与各国所陈同类之品"用心比赛,取彼之长,补我之短,以图改良之计"[①]。这标志着近代博览会事业的制度化水平提升到一个新的阶段。

一系列公告的出台反映了国内近代博览会的制度化建设开始接轨国际,也体现出官方的认知迅速转向学习西方新知和工商业模式等更高层的制度文明方面:如 1906 年意大利米兰博览会期间,使馆官员谭祖任考察到西方博览会之所以起到振兴实业的功用,主要体现为"出新法、制新器"的创新传播:"万国赛会之举,原以振兴实业,鼓励商情……何人能出新法,何人能制新器,各国耳目注重于斯。"[②]而在落实制度的具体机构上,1903 年清政府设立工商部,相当于有专门的管理机构直接负责世博会及博览业事宜,通过官办的各省出品协会和出品展览会征集展品等筹备工作。

第二次公告数量高峰出现在 1915 美国旧金山巴拿马太平洋博览会前夕。这一时期中国建立了亚洲首个资产阶级执政的民主共和政体,新政府迫切希望通过参加世博会展示形象、拓展外交与经贸,国内形成了有利于博览会事业发展的制度环境。具体表现在政府发布的对近代博览会事业的规制又有了显著的数量增长(参见图 6 - 2,具体数量见表 6 - 2)。

---

① 佚名.商部新订出洋赛会章程[J].东方杂志,1906(3).
② 光绪三十一年九月十四日收驻义大使许环函[A].外交档案·各国赛会公会.档案号:02 - 20 - 8 - 1.

表 6 – 2　1913—1916 年国内报刊中公告类型世博会报道统计表

年份	发布公告数量
1913 年	42
1914 年	74
1915 年	26
1916 年	24

而从公告内容上看,仍以参赛征集品类的说明、参会章程以及事项的请示、批示等为主,但中央和地方政府发布的行政命令,如训令、批令、指令、省令等数量最多;在发布的媒体来源中,以《政府公报》(48 篇)、《江苏省公报》(44 篇)、《申报》(30 篇),分居前三位,说明官方报刊超越商业报刊成为发布公告的主要平台(见图 6 – 4)。

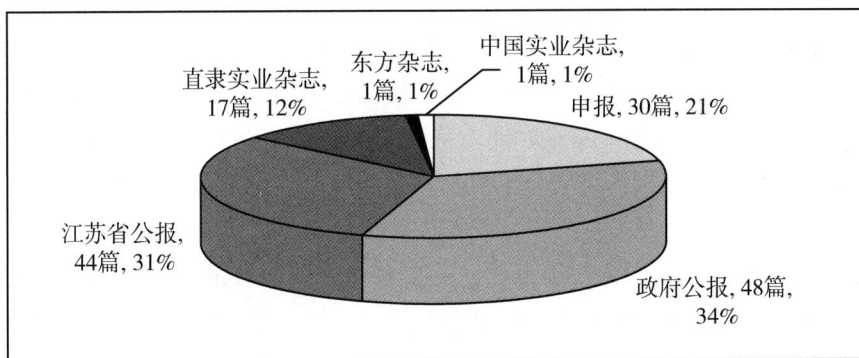

图 6 – 4　1913—1916 年国内报刊中公告类型世博会报道数量及占比情况

这一时期国内政局稳定,民族工商业在 1914 至 1920 年迎来了发展的"黄金岁月",在对世博会的经济功能方面,官民的认知趋近统一,报刊媒体尤其是官报成为宣传参博激励政策的号角。例如,曾担任民国工商部副部长的向瑞棍就在《中国实业杂志》上刊文宣传博览会的进步意义:"盖博览会之宗旨,一曰生计之竞争;二曰世界之教育;三曰国家之盛典;四曰国民之外交……凡经博览会闭会以后,该地方每因之发达。美国芝加哥博览会以后,而该市之高架铁路、电车因之而设,荒芜一变而为通街,人口遽增至六十万。美术会、博物馆等,建筑一新,工场之烟囱增有二倍,商业之资本增数倍。……"①大量的公告在制度上构建了国内各行业制定的征集物

---

① 李文权.论南洋劝业会之影响[J].中国实业杂志,1914(1).

品章程体系以及人员激励方法,如 1913 年《政府公报》上的系列公告《筹备巴拿马赛会局选译出品分类纲目》、同年《江苏省公报》上的《美国巴拿马太平洋万国赛会章程》等,巴拿马赛会事务局还专门颁发了《办理各处赴美赛会人员奖励章程》,以提升各地征集人员工作的积极性;在这轮制度保障和政策激励下,1914 年 6 月国家农商部派员赴各省审查送展展品,最终根据《筹备巴拿马赛会出品检选规则》精选出了来自 19 省的 10 万多种展品,共计 1800 多箱,重达 1500 余吨[①],成为近代参博展品最丰富、获奖最多的一次;展览结束后,《政府公报》《江苏省公报》《申报》等都刊登了获奖名录如《农商部核定江苏各县筹备巴拿马赛会出品得奖名册》[②]、《赴美赛会之奖凭》[③]等,并对人员予以奖励,见《农商部奏本部派赴各国赛会异常出力人员胡宗瀛等拟请分别给予勋章由(中华民国四年十二月二十三日)》[④]。

第三次公告数量高峰出现在 1930 比利时列日产业与科学博览会以及 1933 年美国芝加哥博览会期间。1930 比利时列日产业与科学博览会是南京国民政府成立后首次参加的世博会,南京国民政府希望借此参加世博会的机会改善对外关系。这一时期南京国民政府经济上的"训政"和外交上的"改订新约",使国内经济自主权和发展环境有了明显改善,官方对参加世博会保持积极态度,并视其为一种国家行为,强化了对组织、参展过程的控制。具体表现在国内对于近代博览会事业的规制数量上又有显著增长(参见图 6-2,具体数量见表 6-3)。

表 6-3 1930—1933 年国内报刊中公告类型世博会报道统计表

年份	公告数量
1930 年	7
1931 年	15
1932 年	38

这一期间从内容上看,公告仍以世博会参赛征集品类汇总、参展行为

① 陈琪.中国参与巴拿马太平洋博览会纪实[M].[出版地不详]:[出版者不详],1916:89,95,261.

② 附录:农商部核定江苏各县筹备巴拿马赛会出品得奖名册[J].江苏省公报,1915(625):11-17.

③ 佚名.赴美赛会之奖凭[N].申报,1915-10-10(15325).

④ 佚名.农商部奏本部派赴各国赛会人员给予奖章[N].政府公报,1915(1304):17.

章程、参会事项的请示、批示等为主,但中央和地方的经济类报刊所发布的行政命令(训令、批令、指令、省令等)数量最多;在发布的媒体来源中《实业公报》23 篇,数量居首;《申报》(14 篇)、《国际贸易导报》(10 篇),分居第二、三位,说明经济类报刊成为此时发布公告的主要平台(见图 6 - 5)。

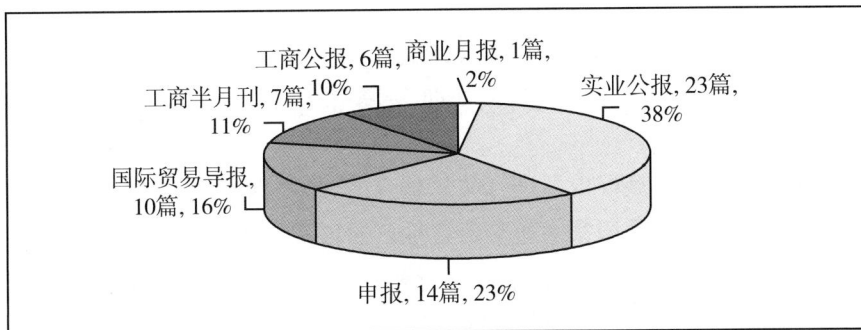

图 6 - 5　1930—1933 年国内报刊中公告类型世博会报道数量及占比情况

　　1930 年工商部任命褚民谊为代表参加比国博览会,并成立了国民政府参加比国博览会代表处,负责组织参展事宜;制度上沿袭了北洋政府时的拨款方案,所有参展经费都由政府负担,对送展展品的税厘和运费予以减免;在展品征集筹措过程,官方垄断的色彩体现得尤为明显:如各省出品协会和出品展览会以官办为主,协会总理和展览会会长主要由行政官员担任,各项筹备活动皆在事务局和政府的催导下进行。褚民谊敦请上海商会、全国商会联合会、国际贸易协会、国货维持会等民间组织,以及商品检验局、教育局等政府机构,还有工商、文化教育等各界人士,协商成立了"中国参加比利时独立百年纪念国际博览会征集物品委员会",议定了征集出品规则,规定征集物品需具有三大要素,明确要求"非选择精良出品运往与赛不足以资比较而扬国光",面向全国厂商发函鼓励各地选送精品,《工商公报》等多次刊载外交部的相关公函和工商部的"训令";正是得益于制度、机构的充分保障,我国此次参博共获奖 310 项,在 28 个参赛国家中取得了获奖总数第三名的佳绩。

　　1939 至 1940 年美国的纽约—旧金山世界博览会正值国内抗战期间,中国早期应邀参加,但因局势紧张而被迫中止筹备工作。应国内工商业界的强烈呼吁,官方成立了"参加芝加哥博览会筹备委员会"作为领导机构,民间则以"出品协会"为主要组织机构,克服了时间、经费紧张等不利条件,协调筹备工作。《工商半月刊》《实业公报》等各大报刊多次刊载《中华民国参加芝加哥博览会筹备委员会征集出品规则》①、《中华民国参加芝加哥博览会筹备委员会办事细则》②等公告,为世博会的筹办工作承担了制度宣传的政治喉舌功能。

第三节 沟通与说服:跨文化传播语境下的国际交往规则与愿景呈现

相对于专注在族群内部进行文化整合的、封闭保守的传统仪式,世博会作为一种新形态的国家沟通平台在推广阶段采用了更加开放的文化姿态,在倡导全球化的跨文化传播中进行相对自由、平等的国际交往。这种开放的心态来自于西方工业强国的竞争力自信,他们鼓励用竞技的方法来刺激、吸引更多的国家参与,并在围绕世博会的国家沟通过程中形塑了一种工业文明时代的国际交往规则。

诸如世博会的国家日表演仪式和开园仪式,往往被视为整个仪式体系的叙事纽带与核心,它们象征参展国作为"人类命运共同体"的成员身份共同参与到该互动仪式情境当中,呼应了柯林斯所阐释的:"意象和情境使仪式的抽象内涵形象化、生动化、情境化,进而情感化、审美化,使仪式成为一个具有独特文化结构的艺术品,使参与者在一种艺术的审美享受中感悟到仪式的神圣性与震撼力,从而使仪式内涵得到有效传播。"③在世博会的展示现场,来自不同文化领域的参与者在相互比较、竞合过程中培养了一种"人类文明共同体"的国际意识,也激发了对自身特色、全球地位的"文化自觉"。不同文明主体间的互动行为不仅交流了物品与信息,更为关键的是形成了一种基于和平竞技的文化交往规则,有利于构建了面向全球化时代的未来愿景:正如马克斯·韦伯所言,他把人比作"悬挂在由他们自己编织的意义之网上的动物",认为人类就是"意义的创造者",人类的社会活动就是不断地创造意义、利用意义、规定意义又被意义所规约。对世博而言,一种全球化的国际规则及其培养的现代国家意识就生成在其展演过程中:无论是观众或是参展国的团队,他们在世博会上的仪式化行动背后

---

① 法令规章:中华民国参加芝加哥博览会筹备委员会办事细则[J].工商半月刊,1932,4(11):2.

② 佚名.中华民国参加芝加哥博览会筹备委员会办事细则[N].实业公报,1932(76):55.

③ 周文,周兰.传统节日国家传播的仪式体系构建[J].现代传播,2012,192(7):133-134.

的象征意义远远超过了个人和团体的范畴，而是直指民族与国家；并对现代社会所倡导的自由开放精神乃至民众的文化自觉性启蒙都有着潜移默化的培育功能。

例如，在世博会创办之初，在英国国内就有许多不同意见：人们对大批外国人进入英国并带来各种产品顾虑重重；而中国在早期接触世博会时也有类似的担忧，害怕暴露丰富的物产引起列强窥视。清政府对于世博会早期仅仅从"炫奇""有益邦交"的角度考虑而被动参会，世博初期有人曾谓之："吾国旧时于赛会二字，不求本意，谬译曰赛珍，遂若赛会为炫奇斗异之举者。"①甚至一度将参展组织交由英国人赫德把持的海关全权办理，导致辱华展品、海关洋员压制华人事件屡有发生；而到了民国时期我国已高度重视参博对于"振兴实业"的作用，一度掀起"赛会热"，视之为"振兴工商实业、挽救中国于危亡的灵丹妙药"②。可见，世博会本身就起到了一种对世界文明形的示范与教化功能。纵观近代世博会的发展史，国人从透过它来"观奇""看世界"，逐渐发展到重视世博会、"有益邦交"，再到后来将之视为国际"商战"和"振兴实业"的有力工具，这正反映了一种新型国际交往规则和现代意识的建构过程，客观上说明世博会仪式起到了一种催化剂的作用，推动了民众的"文化自觉"进程；它带来的"全球意识""文化自觉"等观念变革正是作为现代仪式活动的、最重要的文化影响。

究其原因，世博会生成于工业文明强国主导的、以构建全球一体化为目标的文化语境之中，是人类历史上首个国际规模的文化交往模式，其观念的传播受到拓展全球市场的经济利益驱动和建立更加紧密的国际交往体系的外交利益驱动，因此，在组织方式与仪式规则上自然要适应立足全球视野的跨地域、跨文化交往的要求。而这种活动立意上升为"全球化"的目标是世博会文化创新的最显著特色。决定了其叙事脉络遵循着这样一条主线：多元集聚—展示竞争—观念沟通—价值认同—国际合作—文化共赢。首届世博会维多利亚女王的致辞就明确表达了这样的理念："在上帝的祝福下，我诚挚地与诸位一起祝祷，此次盛会能增进吾国人民之福祉与全体人群之利益；能激发和平与工业的巧艺；能凝聚世界各国间的关系；更能将仁慈上帝所赋予人的禀赋用于友爱与高尚的竞争，以促进全体人类的美善与幸福。"③世博会的创办宗旨正是作为仪式世博会所追求的理想，也是通过世博会向全世界传达的意义和讯息。在此目标下，世博仪式真正

---

① ② 光绪三十一年十月十七日收留欧学生、商人公禀[A].1905.外交档.档案号：[不详].

③　Queen Elizabeth I. Illustrated London News[N].1851 - 05 - 03:349.

嵌入社会过程,不仅仅是形式上的表演过程,更重要的是它通过仪式过程达成了社会化的建构目标。对此,特纳的仪式"社会剧"观点恰如其分地提供了解释:他通过提出仪式的"社会剧"问题传达了不同文化谱系的整合观点,对于作为仪式形式上的"社会剧"和作为仪式功能上的"社会剧",特纳更强调后者的现实意义,他认为仪式最重要的特征就在于"过渡和交通"的功能①。他指出仪式通常不是为了满足人们的本能和肉体的需要,而是为了展示人类的成就获得精神的激励和价值观的维系与传承,世博会正是这样一种"社会剧"类型的仪式活动。

对于近代以来进入剧烈的文化转型期的中国而言,我们对世博会文化规制、价值核心的理解是一个循序渐进的学习过程:从器物层面的好奇到商贸实利的追求,再到国际思维的重塑,国人对世博会的理解过程侧面反映出中国文化的现代化转型进程。世博会也在近代中国对现代工业文明的呈现与传播中,承载并实现着它的历史使命。具体来看,世博会通过三种基本的方式启发国人的国际意识和对世界大势的认知:一是通过国际造势,强调现场盛况、参与国家主体的存在感、尊严感,唤醒政府、民众的国家形象意识以增强参与度和关注度,造成国际影响力无出其右的"仪式事件";二是通过实利唤醒国际经贸意识,使得更多的官商阶层的精英人士卷入其中、引导民众;三是通过新奇的展品、文化的展示与创新唤醒广大民众的好奇心乃至崇尚工业科技的现代意识。这些方式实质上对应了仪式实现社会整合功能主要依靠的两条基本途径:一是造势,二是利诱。首先,造势需要一定的组织行为规制和强制力来实现,要求集体参与和现场的融入,通过传统仪式中的巫师、象征主体的表演行为来营造氛围,通过族群、家长的权威领导来组织成员定期、虔诚的现场参与;其次,利诱需要从参与成员的个体内心层面激发行动热情和精神关注,如传统仪式中的祈福、求雨、祭祀等,都是源于现实需求的驱动,将每个成员想要向"神明"表达的功利愿望升级、内化到精神信仰层面。这些组织化的运作模式实质上就是仪式制度之所以能够持久发挥社会效能的核心机制。由此可见,世博会使用的文化制度化的组织方式及其象征与表述系统,实质上只是一种具有现代色彩的文化行为规制和隐喻符号,它最终向世人传达的依然是同传统仪式一样的价值理念,即面向未来的、更加美好的生活和人类世界。

综上所述,就世博会总的设计架构、组织形式与文化传播导向上看,该

---

① 彭兆荣.人类学的理论与实践[M].北京:民族出版社,2007:247.

"大型事件"彰显了一种面向全球的、强烈的"现代性"①指向:从作为符号"能指"的展品、展馆,到符号"所指"的展示主题及其展示方式、组织"行动规范",世博会建构了一个庞大而严密的文化象征系统,在其生成的仪式文化场域内,通过现场传播和大众媒体传播两种方式,向公众讲述了一种步入工业文明时代的世界图景,指明了适应全球化发展需求的、倡导人类命运共同体的文化目标。世博会在近 170 年的文化传播史中,恰恰贯彻了这样一种历史使命,或者至少在其文化表征上引发了这样一种历史影响。虽然"历史并不具有由进化论的概念所创造的'总体性'形式……但是这并不是说世界万物都处于混乱之中……也确实存在着历史变革的一些确定性事件,人们能够辨认其特性并对其加以概括"②。对于世博会这种借助国家事件的文化交往、蕴含丰富的象征隐喻和行为规制的仪式传播方式,其助推现代化的效应无疑是成功而持久的。

---

① 吉登斯认为,现代性动力论的三种来源:时—空伸延,脱域机制和反思特性。(这种现代性在全球范围内的跨文化传播表现为)现场卷入(共同在场的环境)与跨距离的互动(在场和缺场的连接)之间的关联……不同的社会情境或不同的地域之间的连接方式,成了跨越作为整体的地表的全球性网络,就此而论,全球化本质上是指这个延伸过程。……如果不是铺天盖地而来的由"新闻"所传达的共享知识的话,现代性制度的全球性扩张本来是不可能的。吉登斯. 现代性的后果[M]. 田禾,译. 南京:译林出版社,2011:56,68.

② 吉登斯. 现代性的后果[M]. 田禾,译. 江苏:译林出版社,2000:5.

第七章 世博会传播的动力与启示：
中国语境下的转型

第一节 世博会媒介仪式传播的历史选择及其新闻生产动力

一、世博会文化传播过程中的仪式内核及其媒介生产诉求

（一）时代转型语境下世博会的文化目标设定及其仪式传播的有效性

1. 世博会的创办定位与仪式活动主题适应了近代世界历史发展的时代需求

近代阶段是传统与当代文明形态之间的过渡期，向工业化、全球化、现代化转型是该时期社会发展的主题，主流史学观的"二分法"中常以能否与现代化需求对接的标准来衡量一种文化事物的形态特征。而诉诸全球化、工业化、倡导人本主义和创新精神的世博会，无疑可称之为符合历史发展方向的新事物。这一仪式化、组织化、事件化的文化行为在一个半世纪的漫长发展史中证明了其生命力，一方面源于它在文化组织上采用了具有传播强效性的仪式组织方式，所传达的核心价值理念即仪式传播主题也容易激发主流的社会精英阶层乃至普通公众对未来的愿景和"世界大同""人类文明共同体"的向往，直至今日这一文化主题和国际愿景仍未过时。

2. 世博会在近代中国转型的复杂环境下成功传播的关键是其仪式组织方式能较好地适应文化冲突与社会发展的实际需求

就仍处于农耕文明社会形态、传统势力占主导地位的近代中国而言，舶来的新兴事物进行文化传播的最大难题在于能否突破种种固有文化惯习、保守观念的束缚。早期国内最早接触世博会的官商等极少数"精英人士"，也不免将其视为西方"四夷"的"奇技淫巧"的竞技活动而已，仅仅以"炫奇""赛奇"来定义世博会；而当"洋务运动"迅速开启之际，来自"异域"世博会展示的先进技术和展品恰恰能够迎合当时的学习西方"器物文明"的诉求；再到后来的清末"新政"改革，世博会得以成为中国走出国门、

展示"国体"、开拓商贸联系的重要机会;而发展到民国时期,在"实业救国"的利益诉求和观念影响下,官商合力筹备参与世博会、自行举办近代博览会成为借鉴西方先进组织方式和经贸制度的重要抓手。

世博会的跨文化适应性在于:作为一种相对于传统保守、封闭的国家交往方式,世博会新的文化形态能够相对平等地吸引各国参与,包容更加多元、更具特色的不同文化内涵。在这一开放性、竞技性的国际平台上,无论是来自传统文化语境,还是"蛮荒"地域的陋习粗俗,都可以被西方文明中心者以"观奇"的态度观赏、品味,这时对待中国参展也更多的是出于对"异域"的猎奇心驱使,也可以解释为何世博会上常有"小脚女人"、"鸦片烟枪"、各类东方"刑具"之类的"辱华展品"出现;从另一个侧面,也可以反映出世博会无论良莠皆可吸纳进来的包容性思想。这种活动组织方式及其体现出来的文化理念对近代处于现代转型中的民众智识启蒙具有重要的意义。例如,19世纪下半叶工业实力迅速增长的美国,希望通过各种方式将自身强大的实力投放到世界,借助贸易与文化交往渠道对实现这一战略目标十分重要。因而,美国也成为近代阶段举办世博会次数最多的国家,它与大量兴建的博物馆一样,"其创办者希望能借助这些展览使公众相信将美国商业拓展到海外是完全可能的。……博物馆的创办者们热情地鼓吹着美国在海外的商业拓展,将商业描述成无须殖民统治就能使人们享受到帝国所带来的一切好处的新的途径。从这个意义上讲,博物馆在关于美国帝国主义的争辩中扮演了相当重要的角色"[1]。对大众教育体系尚未建立的中国来讲,世博会无疑也是知识分子阶层乃至民众认知外部世界、接触西方先进科技成果的重要机会,它利用园区内微缩版的各国精品展示项目,向国人呈现了一个正在迅速变化着的现代世界;同时,也向世界展示着一个同样在发生剧烈社会转型的传统中国,为中国融入国际社会提供了一个可贵的、相对平等的表述机会,世博会正是在这种双向互动的共同需求下得以顺利实现其文化目标的。

(二)文化功能主义视角下世博会采用仪式方式的必然性及其内在原因

我们通常普遍地视世博会为一种展会形式,但置于文化传播研究的视角下,其活动目标与组织方式,尤其是文化传播及其社会效能绝不局限于此。本书将反证学界惯常认知中的展会、竞赛、会议、娱乐狂欢、媒介事件等类型,从而厘清世博会在近代文化转型语境下作为仪式活动的本质及其进行仪式传播的独特功能机制。

---

① 康恩.博物馆与美国的智识生活:1876—1926[M].王宇田,译.上海:三联书店,2012:28.

1.具有超越单纯经贸或文化类展览的互动性和竞技性

世博会为何不仅仅是展示行为？其巨大的历史推动作用为何不能仅通过分析其展示与传播功能来解释？对于展示活动所发挥的历史作用与局限性，其实已有美国学者做过系统研究。美国俄亥俄州立大学教授史蒂芬·康恩曾对1876至1926年与近代世博会同期的展示方式及文化效应进行了针对性地探讨。其著作重要的结论是：展示以物品为中心已经在20世纪20年代走向末路，以美国失败的1926费城世博会为象征。虽然世博会、展览馆等展示活动对于美国以此种和平方式获得全球影响力并成功地进行经济技术的全球展销在19世纪取得了成功，例如，"博物馆的创办者们热情地鼓吹着美国在海外的商业拓展，将商业描述成无须殖民统治就能使人们享受到帝国所带来的一切好处的新的途径。从这个意义上讲，博物馆在关于美国帝国主义的争辩中扮演了相当重要的角色"①。但失败的1926年美国费城世博会标志着"博览会的倡议者们在以物品为中心的认识论已经逐渐退出历史舞台的时候，依然试图依靠这样的认识论来向参观者展现当时的世界。其时这种认识论已经不再能像19世纪末和20世纪初那样在公众心中引起共鸣。……这次150周年庆典博览会也同时标志着美国人通过物品了解世界的时代走向终结"②。可见，对19世纪的欧美强国来说，借助世博会、博物馆这些舞台的成果展示是一种实力的表征，物态的展品作为一种符号或载体，凝聚了无形的文化张力，传播价值远远超过了物品本身。围绕展品背后的国力竞技成为吸引西方各国的重要动力，它们希望通过经贸与科技实力的展示相互切磋、和平竞技，从而谋求迅速建构起来并变化着的国际体系的主导权和更大范围的影响力。而这种竞技是发生在仪式场域内的文化交往行为，是超越展品物质层面的符号象征性表述和话语权的争夺。尽管我们的思想是唯物的，但完全以物品为中心的拜物教不是全部，局限于展品展示恰恰让我们忽视了所有的展品是在当时的文化情境下发挥形象传播作用的前提。它形成了一种仪式形态的文化场域，通过仪式特有的互动性和强制形式将这种展品为中心的文化传播功能发挥到一个新的历史高度。世博会不同于完全静态展示的博览会，它更强调周期举办以及竞争的要求，是一种互动仪式，而非完全松散、被动的静态展示。世博会以展品为核心的视觉符号载体在文化情境下为西方文明系统的推广、创新与传播起到了重要的促进作用。这是一种互动情境下

---

① 康恩.博物馆与美国的智识生活：1876—1926［M］.王宇田，译.上海：三联书店,2012:28.
② 康恩.博物馆与美国的智识生活：1876—1926［M］.王宇田，译.上海：三联书店,2012:31.

的仪式行为,在自由观展的状态下,观众之于展品的关系绝非仅仅是单向、被动的形象传播过程,这一文化场域给观众的感受是全方位的知觉体验,世博会必然要借助于展品以外的渠道以及互动仪式的方式来实现这种更为强大的文化传播效果,因此静态的展品仅仅是构成世博会巨大仪式传播系统的一个主要组成部分而非全部,所以仅做展示方面的研究难免挂一漏万。

2. 世博会的文化远期目标旨在通过竞争激励的方式推动全球一体化进程

世博会围绕国家间的经济、文化、科技等综合国力的竞赛并非其最终文化目标,单纯的竞争主题无法提供世博会之多重社会影响和文化价值的答案。诚然,世博会是以国家为参与主体的国际展示舞台,它以和平方式来展示实力和相互竞争是吸引并激励各国积极参与并主办的内在动力,也是近代以来各国参博、办博的重要关注点。从仪式的主要特征上看,竞争、征服、加冕也是仪式活动过程中所包含的关键文化意义。但这种方式仅仅是一种手段,而非仪式行为的终极目标。仪式的根本目的则是通过文化传播最终实现族群乃至社会的整合。因此,仅从仪式组织者来寻求话语权的角度即文化传者一方来分析它的社会价值依然是片面的,尤其是忽略了广大的文化传播受众的能动因素。世博会的国家行为不仅仅是满足统治阶层的权力意图,葛兰西的文化霸权视角也无助于解析游离于国家权力话语体系之外的多重文化场域,尤其是解释世博会对普通民众的认知与教育意义及其产生的非意识形态影响。前文提到,在19世纪的美国以博物馆作为智识中心的文化教育功能是强大的,甚至超过了专职教育机构——大学当时所发挥的作用。库欣对《费城日报》记者说:"我们有一个共同的理念——从这些展品中发现故事,让这些故事自己在那些未经专业训练的参观者面前展开。"①对于世博会这个拥有来自不同文化场域的众多展品集合来说,史蒂芬·康恩认为它也是重要的知识来源:"19世纪末的美国人认为,物品和文字一样,是智识和价值的源泉。……作为最易接近的公众场所之一博物馆以实物的方式宣扬了一种实证主义的、进步的、极具影响力的世界观,并赋予了这种世界观以科学合理性。……充分体现了维多利亚时代人们追求秩序的热潮。"②无疑,世博会当时作为一个流动性的大型

---

① 康恩,泥土中的生命故事[N]. 费城日报,1894-09-20.
② 康恩. 博物馆与美国的智识生活:1876—1926[M]. 王宇田,译. 上海:三联书店,2012:3, 5-7.

博物馆在给民众带来多元文化认知及推动国际化的进程方面是非常成功的,这也是同期美国举办世博会的次数最多(1876至1926年,共5次)的原因之一,这种教化目的就并非竞争所致。此外,仪式的文化竞争意义研究也并非世博会最典型的发展趋向,尤其在世博会日益强调共赢与合作的今天。相比之下,奥运会更加专注于仪式竞赛目的,而世博会仪式的竞争本质也不同于奥运会,它更具有严肃的政治功能和现实的经济诉求,与国家宏观的发展目标更加贴近,强调平等的参与性和多元文化的共享、开放则逐渐成为主流思想,这从后期世博会干脆取消评奖机制的变革中就可见端倪。

3. 世博会的组织与交往模式注重发挥仪式的强效性与文化场域效应

世博会为何不仅仅是全球规模的会议性质的交流活动? 从世博会的参与规模和行为效果上看,它是人类开始步入全球化时代以后首次国际规模的主题型交流活动;它以各国最具特色的展品为载体的集中交流方式有力地提升了不同国家之间、不同区域文明间的交往水平。但是,这种特定时空内的周期性集聚活动并非只有交流、交易这唯一目标,通过这种交往方式旨在激励各国文化创新、并通过综合国力的较量谋求文化霸权才是其根本目标与现实效果,单纯的国际交流与交往行为只是为参与各国提供了一种互动平台和展示机会,而没有凸显出竞技仪式的强效性和场域化的传播优势:作为仪式它是一种通过强调行为规制和成员身份的文化交往方式。这些具有一定强制性的组织手段旨在实现仪式场域内的文化整合效果。诸如世博会的周期性举办、承办地的竞标规则、对承办者与参展者地位的国际认可,乃至对展品、展馆等展示方式的强制性规定、对展示内容的评选办法,尤其是强调凸显工业文明成果的主题要求等,都使参与国不得不遵循主办方的要求来调适自身的"行为规范"和交往规则,从而有助于主办方在开放式的交流和展示载体的互动情境中谋求国际话语权和文化影响力。例如,19世纪末的美国恰恰是通过数次主办世博会,让来自世界的观众现场见证其强大的工业生产与创新能力,从而部分地利用这种和平方式实现了欧洲殖民国家希望依靠传统军事手段所谋求的国际影响力与霸权地位的①。

4. 满足"奇观体验"的娱乐需求是表征其人本主义价值关照的辅助手段

为何世博会的真正魅力不仅仅在于满足娱乐需求? 它的漫长发展史

---

① 康恩. 博物馆与美国的智识生活:1876—1926[M]. 王宇田,译. 上海:三联书店,2012:8.

为何不仅是娱乐与好奇心驱动的? 尽管从 1893 年美国芝加哥世博会开辟大道乐园伊始就找到了通过娱乐活动增加人气、扩大社会影响的有效方式,而且现代大型活动的发展趋势就是娱乐化,通过新奇的物品或者行为满足人类的好奇心和求知欲,这也是今天的世博会现场最具人气、最有吸引力之处。世博会提供的各类人文"奇观"内容是满足民众娱乐诉求的重要卖点,也是它提升社会参与度的重要手段和体现人文主义价值关照的重要表征。但是世博会的价值不仅仅在于满足人们好奇心,更在于通过娱乐化包装的新奇物品展示和狂欢活动引发更为持久的先进文化扩散与多元文化交往的效果。娱乐虽然是推动世博会走向成功的动力之一,却非全部。虽然在后现代文化环境中,娱乐元素在大型活动中发挥了关键作用,但是在 19 至 20 世纪,以生产为主导的工业文明时代,娱乐远不如今天那样无处不在、至关重要。"庆典通常和仪式有关,但仪式不仅仅是为了好玩……总之,仪式是高尚生活的一部分。"①因此,研究近代世博会不能脱离于当时的文化环境和社会需求的主要特征。显然,在尚未因物质生产过度丰富而进入休闲时代的近代阶段,以娱乐为主线还未找到其现实对应的庞大社会需求,只是作为近代世博会吸引公众关注的辅助性手段之一。

5. 考察世博会的媒介呈现是文化传播研究的起点而非全部

全面研究世博会的文化传播机制与规律为何不能只从媒介事件的角度来解析? 虽然近代世博会的发展与大众媒体的发展几乎同步,1853 年以《太阳报》为代表的大众便士报纸几乎与 1851 年首届世博会同期诞生,而且世博会作为首个国际性的大型活动自然地成为当时首屈一指的媒介事件,从而获得世界媒体的普遍关注与大力推销,并因此迅速风靡世界;甚至即使在近代中国相对落后的媒介环境下,也产生了由于报刊媒体数不胜数的介绍而兴起的"博览会热"。但是就世博会而言,作为一种展会活动,它的现场互动是其最根本的特征,而且现场互动也是媒介事件得以形成的必要条件,是媒介仪式的重要起点,离开了现实的事件活动,后续的媒介传播过程也无从谈起。因此,仅仅从媒介关注开始介入对象,就如同镜中观月一般,必然会割裂世博会作为媒介事件进行文化传播的完整过程,忽略了这一事件本身所具有的传播价值的内核。虽然本书的重点放在这一媒介事件何以形成,并如何发挥文化传播功能的过程与机制上,但想要清晰地解构世博会,挖掘它在大众媒介关注之下的传播价值则必须求本溯源,

---

① ROTHENBUHLER E W. Ritual communication:from everyday conversation to mediated ceremony[M]. London:Sage Publications,1998:preface 11.

先将世博会作为仪式活动的基本要素拆解开来，进而推导其进行仪式传播的内在机制与发展规律。

此外，即使是对现代世博会而言，已有的传播研究也多关注到世博会的媒体营销经验与社会效果评估等环节，尚未跳出策略研究的层面。如果局限于"就新闻论新闻"，恐怕也只能得出如雾中花、水中月的结论。当然，基于媒介事件这一视角的研究局限性根源于世博会本身的文化传播方式。虽然现代媒介高度发达，甚至可以做到"超真实的拟态"，但它终究无法代替人们身临其境去全方位地感受世博会的文化场域所带给我们的震撼。大众媒介的非现场性在此无法实现媒介事件的完整再现，尽管对于文化活动内容和信息相对单一的奥运会、世界杯来讲，借助当今发达的视频直播可以较大程度地进行现场感的再现，但就包含着极其丰富多元的文化场域信息的世博会而言，尤其是以静态展示为主的文化传播形式的局限性，都说明它难以通过强调再现或拟态的媒介事件方式去实现其所承载的文化传播的全部功能。

综上所述，在评估以上几种世博会研究的理论视角后，本书基于这些研究领域所积累的成果选择了仪式传播这一学术视域。如前所述，世博会可被视为一种现代类型的仪式，它借助大众媒介的渠道从传播空间上突破了传统仪式的地域限制，但仍保持了仪式传播的强效性、明确的目标性、严密地组织性等优势，从而使之在近 170 年的现代化历史中保持了巨大的全球影响力，在推动世界各国迈向工业文明时代、加速全球化的进程中不断积累经验并改进着自身的仪式传播方式。因此，仪式的丰富内涵和强效形式能够较全面地概括和解释世博会的文化本质及其传播功能的内在机制。这种选择既考虑了仪式研究与其他几种视角具有内在联系的相关性，也开拓了其他几种视角所不具备的交叉视域，是基于已有各种论证基础的一种理论融合尝试。

二、世博会的新闻生产服务于社会转型的时代主题

（一）近代中国报刊新闻生产的基本法则与阶段性特征

如前所述，中国近代报业的发展阶段大致分为三段：第一阶段即从鸦片战争到洋务运动；第二阶段是 1895 年的甲午战败、戊戌变法、清末新政直至辛亥革命；第三阶段则是民国成立之后到近代史结束。不同阶段的新闻生产实际上是围绕社会信息需求而运作的，近代政治、经济、文化都处于"三千年未有之大变局"之中，社会各阶层从生产方式到生活方式都在从传统向现代形态发生着剧烈转变，这种现代化的转型实质上就成为近代阶

段的社会发展主题,由此产生的服务于时代转型的信息诉求也自然决定了大众媒体的新闻生产法则;它使各类报刊无论代表哪个阶层或群体的声音,其新闻话题的选择乃至采编思想至少都呈现了一种共性的趋向:无论有目标或者无意识,大众媒体的新闻生产都难以跳脱时代的语境,它们始终被卷入到呈现并服务于现代化转型的时代主题之中。

大众媒体作为服务于经济基础、呈现并传播社会意识形态的上层建筑,一般随着中国经济与社会发展的大环境变迁而表现出阶段性的特征,进而决定了报刊的新闻生产逻辑。根据普遍的近代经济史观点,第一阶段的经济大环境是处于资本主义世界的自由市场竞争时期,西方列强对华经济侵略主要体现为商品输出(棉布、毛纺、鸦片等)和原料榨取(茶叶、生丝等);鸦片战争前,国内报刊大多数为外商或外资所办,这些以传教士报刊为主的媒体多倾销鸦片政策辩护,鼓吹战争;战后又为经济殖民化制造舆论:如香港商业报刊的航运信息报道大增就是源于《天津条约》《北京条约》的签订使中国对外开放口岸增至 16 个,外国船只可以在内江各口岸间自由航行贸易服务的;与此同时,"洋务运动"后国内官商阶层对外资所办报刊所载的各类经贸、文化信息也有现实需求,围绕此类信息的新闻生产一方面部分也为华商所用,有助于国内的商品流通和近代工商业的发展;另一方面传教士报刊积极介绍来自西方的自由竞争市场规则、贸易国际化的经济理念等制度以及先进的科学技术成果,对中国知识分子、绅商阶层也有积极的启蒙作用;但当时国人的新闻观念普遍局限于学习西方器物文明的认知阶段,信息传播的通信手段相对落后、采编人员短缺,西方世界的各类信息来源相对匮乏,导致中文报刊新闻生产的总体信息量相对较少。因此,在世博会召开之际,它也成为传教士报刊展示和引介西方先进技术文化的新闻素材而周期性地出现在国外动态等栏目内容之中。

第二阶段起始于甲午战败同日本签订的《马关条约》,条约依据国际普适性原则正式确立了西方列强在华设厂经商和投资开矿的权利,标志这以资本输出为时代特征的帝国主义经济殖民化侵略加剧。败于日本这一"蕞尔小国"的屈辱、内忧外患的危机使国人在观念上有了更深刻的社会变革的共识。这些主张尤其反映了新兴民族资产阶级的诉求,突出表现在国人自办报纸的爱国、反帝、反封建的进步性质,与外国在华报纸形成了鲜明对照:报刊内容在介绍"师夷长技"学习西方科技创新的同时,也对洋务运动的弊端进行了批评和反思,主张"以富民为本",重点发展商办企业,从政党报刊到商业报刊,越来越多地在经济报道中进一步融入了全面改革政治经济制度的主张，与政治、外交报道一道为变法维新、清末新政乃至资产阶级革命运动提供了舆论准备。虽然这一阶段新闻生产仍以评论为主，但是从世界经济形势的国际化视野以及市场理论和商业竞争的意识等方面，经济、文化类报道在理念、见解、表述方式等问题上的总体水平都有显著提升；它们努力地改变国人在经贸观念方面的"商战"意识和国际竞争意识，这种思想普遍地反映在世博会报道表述中，进而促成了1910年南洋劝业博览会等一系列清末博览会热潮。

第三阶段是从中华民国政府成立，我国建立亚洲第一个资产阶级政党执政的国家开始。南京临时政府1912年即通过立法手段建立起自由新闻体制，使中国的新闻事业迎来了宝贵的"报界的黄金时代"。这一时期无论从各类新闻的数量、新闻信息的时效性，还是从内容丰富度、深度报道的出现乃至版面改革增设各类经济、文化、外交专栏等方面，都印证了我国新闻生产能力的显著进步。同时，报业间的激烈竞争使各类媒体的信息获取能力、对国内外重要事件的关注度、时效性都显著增强，一般大型日报通常每天要刊登30条左右的新闻，多则达50条以上[①]；报刊新闻生产的专业化、内容种类的多样化和系统化保证了国外大型活动、经贸文化交流等信息传播的预期效果，在提升我国的国内外经贸交流活跃度、引进西方先进科技与管理理念，以及整体的经济结构和社会的近代化转型方面都提供了有力支持。尤其值得一提的是，各大商业报刊的国货专版或专刊十分注重宣传我国产品的国际竞争力，大力推动中国展品走进世博会，媒体机构自身也积极参与到世博会筹备过程中，极力促成民国阶段形成两次博览会热潮；因"科学化运动"产生的各种技术、文化类专业刊物也全面及时地引介、传播来自西方的先进科技，尤其关注是世博会上展示的最新科技文化动态。

（二）国内报刊在社会转型需求下对世博会的内容生产动力

从世博会近代报道量的增长趋势上看，国内报刊媒体不但越来越积极地进行世博会话题的新闻生产，而且越来越深度地介入到它在国内的筹备工作当中。这种媒介呈现不仅仅向国人及时传递了其筹备动态，而且在国际制度的引介和具体的实践工作中也担当了越来越重要的角色。以民国时期的世博会报道为例，国内报刊不但充分宣传其进步意义，做好"旁观者"；还更深度地介入到它的筹备工作进程当中，转向具体实践的"推动者"。这种媒介身份的转换反映了该时期的新闻生产逻辑更具有主动性，

①　沈毅.中国经济新闻史[M].北京：北京大学出版社，2008：95.

而这是由当时国内制度环境的变迁和社会转型的需求驱动的:

首先,在政治体制方面,中华民国政府的成立标志着我国成为亚洲第一个资产阶级共和国,建立在传统农业经济基础上的封建政体被倡导工商业化的资本主义政体取代,封建保守的制度束缚被解除,近代博览会所生长的制度环境发生了根本性的改善,实业救国观念业已全国性普及。如当时赴美赛会监督陈琪就在1914年创刊于上海、由商务印书馆发行的《中国实业杂志》所刊登的筹备参加美国巴拿马博览会报告中总结了工商业者的社会价值:"人言地质最富者莫如中国,能致富者莫如工商。世界强大之国每以工商立国,工商者,一国之基础也。"①此外,从参加世博会的政治和外交诉求上看,民国政府也试图通过参加世博会这样的大型国际性交往活动展示新政权的形象。在这种利好条件下,早在美国巴拿马世博会的两年前即1913年6月,北京政府就专门成立了筹备巴拿马赛会事务局,1914年6—7月赛会事务局统一组织在广东、上海、天津、汉口四大城市举办联合展览会,浙江、四川、河南等11省还自行举办展览会,1915年北京政府通令各省成立出品协会、各市成立物产会来加快筹备进度,这一系列的举措使中国全面迎来了第二次博览会热潮。在这一过程中,大众媒体也不遗余力地宣传世博会对发展实业的种种益处,使广大民众尤其是民族资产阶级等社会中坚力量普遍认识到近代博览会所带来的现实利益,如这一时期报道量排名第4的《中国实业杂志》在评论中国参加美国巴拿马世博会时就刊载的《论赴美赛会与我国前途之关系》一文称:"实为力致富强之机会,前途之希望无穷,对于内政外交,悉有莫大之关系。"②

其次,在经济基础方面,近代博览会所需的以各类工业制成品为主的展品和技术获得了长足发展,使中国参加世博会的展品内容得到了进一步充实;同时,利用博览会促进对外经贸和国内科技创新的行动也被政府列为重要议程。1914—1920年,是民国经济的"黄金岁月":中国在工业技术水平上缩短了与欧美的差距,第一架飞机(1912)、第一家机床制造厂(1915)、第一台万能铣床(1918)皆出自民间企业。这些工业制成品不仅充实了世博会的中国展品名单,也从另一个侧面折射出日益成长的国内工商业者群体希望借助世博会满足扩大对外经贸联络、学习西方先进科技的现实需求。我国筹办参加1915年巴拿马博览会的工作主要是由农商部组织全国各工商协会开展的,共征集了10万余件展品,有1800箱,2000多

---

① 阙名.中国赴美赛会监督处第一期报告目录[J].中国实业杂志,1915(9/10):1-77.

② 阙名.论赴美赛会与我国前途之关系[J].民国经世文编,1914(实业):4574.

吨,在展品的数量和种类上远超清末参加的历届世博会;工商资产阶级在筹备参展的过程中担当了主力,筹集的展品也代表了当时中国实业发展的最高水平,如江苏省选送的 16 000 余件展品中,机械 4 件、采矿冶金 41 件、机械和交通出品 10 件①,虽然这些工业制品所占比重微小,但填补了以往基本以传统农业、矿产和手工艺制品为主的展品项目缺失。另一方面,政府在工商业阶层建言献策的促动下,高度重视国际博览会对拓展外经贸交流、提升科技创新能力的促进作用,鼓励实业界精英借机走出国门、赴欧美学习。如农商部在全国农、工、商各行业选择成绩卓著的二三十人组成了"中国实业代表团"赴美考察。国内媒体对中国工商团体此次走出国门给予了跟踪报道,普遍持积极态度。如报道量排名第一的《申报》此时就刊登《游美实业团之行踪》一文称:"赴美必能增益许多见闻,将来回国不但有益于中国,且必能使中美两国实业界发生极亲密之关系"②。

第二节 世博会文化传播的时代启示: 中国语境下的仪式模式创新

一、世博会仪式模式的现代性与创新性

仪式是复杂的象征表达和组织化的互动行为。它具有结构性特征,人类学家特纳认为仪式的整体结构即是象征的本体关联,结构的最小构成单位是仪式所使用的符号象征意义:他在研究恩登布人(Ndembu)部落仪式时就发现了"象征构成了 Ndembu 仪式的特殊结构中的最小单位。……一言以蔽之,仪式就是象征,作为一种社会系统的象征性表达。"③具体可以表现在传统仪式具有规范化的组织流程、系统化的象征表达方式以及符号的意义浓缩性等方面,在此基础上形成了一整套相对固定的仪式行为及传播模式。可见,仪式象征意义的符号化生成与制度化的表述过程就是仪式模式的主要内容;而它借助媒介载体的表意、互动过程则是仪式模式的外在表征,这种仪式内容与价值理念的符号化、结构化的特征对社会结构和

---

① 江苏筹办巴拿马赛会出品协会.江苏筹办巴拿马赛会出品协会报告书[M].南京:江苏筹办巴拿马赛会出品协会,1914:2.

② 佚名.游美实业团之行踪[N].申报,1915－05－18(6).

③ 转引自:彭兆荣.人类学的理论与实践[M].北京:民族出版社,2007:245.

文化生态都有着现实的影响。

基于前述仪式象征结构内部的三个层次以及各要素之间的符号互动关系,我们可以将世博会的仪式传播过程界定为一套表达全球化与工业化的文化主旨,通过制度化的、周期性重复的组织化方式进行象征表述的行为。但是,这种仪式结构的内核已经剥离了传统的宗教色彩,取而代之的是一种以彰显人类理性文明成果和炫耀人类自身创造力的"拜物教"。譬如首届伦敦世博会大获成功后,法国不甘落后,于1855年承办巴黎世界工农业与艺术博览会,展示最新科技成果的背后实际上就是为了争夺工业与艺术上的霸主。历届世博会的真正主题一直是围绕着理性方式的和平竞争而非蒙昧时代的迷信盲从的人本主义精神内核,以此为基础,世博会现代意义上的象征结构生成了它所特有的仪式模式,该模式具有如下的现代性与创新性:

首先,世博仪式模式的参与主体资格具有严格的限定,是现代意义上的国家主体;但参与的观众身份则强调普适性,面向不特定的普通民众。在世博会这一特殊事件的仪式中,它通过借用国家和民族的概念来制造出一种"想象的共同体",参博团队和普通观众都能够意识到他们作为国家仪式的表演者和见证人参与其中,受到了国家身份感的一次激励和教育,这是传统仪式无法赋予的一种全新体验,最大范围地实现了世博会仪式追求文化认同、推动全球化整合的诉求目标。世博会的整个事件可以被看作为一次完整的仪式表演过程,使参与者和观众都在行为过程中强化了一种全球化的价值认同和信仰建构。对仪式的这种功能机制格尔兹把它称作是一种"表演文化",并从仪式的表演解释了仪式塑造信仰的实质,他认为对仪式参与者来说,仪式的宗教表演是"对宗教观点的展示、形象化和实现,即它不仅是对信仰内容的模型,也是对信仰内容的信仰建立的模型,在这些模型的戏剧中,人们在塑造他们的信仰时,也就获得他们的信仰。"①

其次,世博仪式模式的文化内核是非宗教的、非传统式的,而是一种现代工业文明环境下的完全意义上的创新行为。一方面体现在内容创新上,历届世博会均根据创新原则,以科学进步为主线、配合科学运用于工业领域的种种发展为形式的展出思路,展出了近170多年来几乎所有重大创造发明;另一方面,在更高层次的文化行为方式创新上,世博会将传统仪式注重组织的严密性与文化传承的保守型行为方式转变为提倡创新、鼓励竞

---

① 薛艺兵.对仪式现象的人类学解释[J].广西民族研究,2003(2):24-27.

争、强调和平共赢的开放式行为方式。这种全新的文化行为方式正如霍布斯鲍姆所诠释的，是一种"传统的发明"和"发明的传统"，世博会的仪式形态创新是从传统仪式的宗教色彩向现代仪式的人本色彩的一次蜕变，仪式文化由传统向现代的跨越在此问题上得以最鲜明地彰显。

再次，世博仪式模式更加强调一种开放式的参与互动，利用现代媒体将价值理念传播得更远，符号信息交流进行得更充分。世博会的诞生与发展是同现代大众媒体及其塑造的更加自由平等的文化环境同步的，这种得天独厚的文化传播条件给予了世博会广阔的仪式形态进化空间，为其仪式的组织者、参与者和观众提供了更大的信息赋权和选择赋权。世博会的参展、参观行为都是相当自由的，选择展出哪些展品、观看哪些区域、走进哪些展馆都是参展者和观众的自主行为；此外，高密度的媒体报道也将仪式活动的情境和现场细节面向全球发布，围绕着世博会仪式的各种话题也在报刊上热烈展开讨论。可以说，现场的开放式世博园区与非现场的媒体报道结合生成的文化场域实际上构成了世博会的巨大仪式空间，这个空间前所未有地扩展到世界范围，也扩展到传统仪式的参与者无法亲身达到的虚拟边界。

第四，世博仪式模式的现代性特征预示着未来仪式形态的演进趋向。总体上现代仪式体现了一种节日狂欢化的倾向，这种狂欢化意味着参与主体之间自由平等的关系以及更大的开放与交互性。去宗教色彩的狂欢化具有现代人本主义的精神内核，这是现代仪式活动最鲜明的文化特质，"狂欢代表着文化的离心力量，与中心话语的向心力量互相抗衡。狂欢代表的是多元、非中心和众声喧哗，而不是要建立新的一元中心和神话。""狂欢节的生活打破了等级森严的社会结构以及与之相关的恐惧、敬畏、虔诚和礼节。"①世博仪式有意地强调全球化时代意识形态色彩的国家情怀，通过引导观众对于所在地域的身份认同来实现一种仪式化的意义，这种地球村的理念首先突破了封闭式的地方宗族仪式的藩篱；并逐渐向倡导俗世家庭的现代生活模式倾斜，例如世博展品中日常生活产品的比重逐渐增加，而且从圣路易斯世博会的大道乐园开始，世博会愈发鲜明地强调日常生活化、娱乐化，逐渐冲淡了传统国际化活动中严肃的政治象征意义。它从根本上逐渐扭转了传统国际化仪式中严肃保守的价值导向，孕育了奥运会、世界杯等以竞技式娱乐为诉求的现代大型仪式事件，这样的改观恰恰反映了一种以去中心化、更平民的姿态代表着现代社会话语空间中新崛起的文

---

①　巴赫金.巴赫金全集：第六卷［M］.钱中文，译.石家庄：河北教育出版社,1998：8.

化沟通诉求。文化不仅标记了一个人的意识层面特征，更体现了他所在的族群的集体思维方式和行为特征，因此，文化从本质上将是一种信息集合及其组织方式。

二、中国文化转型进程中的历史借鉴与路径创新

世博会对西方工业文明理念的仪式化传播模式无疑是成功的：这种文化制度化层面上的内容与形式的多重创新对中国的文化转型产生了显著的社会效果和深远的历史影响。首先，它借助大众媒体的广泛宣传动员引发了至少三次全国规模的博览会热潮，强化了士商阶层的"商战"竞争意识；其次，通过报刊媒体构建的强效文化场域、在社会公共空间中直接启蒙了当时作为社会精英和主要创新推动者的士商阶层的"文化自觉"，在世博会竞技仪式的氛围主题下进一步刺激了"实业救国"与"师夷长技"、科教强国的现代意识；再次，通过"媒介事件"化的形式引起国内舆论广泛关注，普遍性地引起了民众国家意识和全球化世界观的觉醒。

当然，实现这些传播效果是充满重重阻隔，并非一蹴而就的：文化语境的不同导致了在差异巨大的文化环境中生成仪式观念，必然需要经历一个漫长的冲突与融合过程。中国作为东亚儒教文明圈的核心，在东方仪式观念中崇敬神灵、尊卑有序的保守意识更加浓重；因而在面对西方舶来的、以人性崇拜为核心、提倡平等竞争理念的世博会时，这种新型文化传播方式并不那么容易被我们接受和驾驭。但世博会通过国家意识的启蒙、国民形象的展示与竞技，以及经贸利益、科技文化创新的驱动等手段，最终将中国纳入了其仪式交往空间，激发并促进了国人的观念转型与实践探索。可以说，世博会在近代中国走向现代化、融入国际社会的社会转型进程中有效地发挥出了推动作用。

这些历史经验对于今天的中国同样适用：当下我们仍处于向后工业化社会转型的历史进程中，东西方的文化冲突和交融更加频繁地上演，可以说，面向全球化时代的文化转型一直是"进行时"。如何吸取世博会的成功经验，持久地、广泛地面向世界传播含有中国"文化基因"的价值理念，对于我们当代的文化走向世界、适应时代发展和文化产业全球化具有非凡意义。首先，审视历史，美国成为近代创办、参与世博会最积极的国家，利用这种既有的仪式空间最大限度地展示自身实力、争取国际话语权，使美国阻力较小地、更经济地获得了国际认可，成功地跻身世界强国之列。可见，只有积极地看待并融入已有的国际仪式空间、运用国际通行规则来展

示自我、文明竞技,才能在多元文化并存的世界之林中相对容易地获得认同与国际认可。其次,放眼未来,如何继承与发扬世博会仪式模式中的创新性、开放性等现代文化基因,更好地发掘适用于中国语境的文化组织方式和媒介化传播的优势,对于推进"一带一路"的中华文化国际化传播、构建"人类文明共同体"等重大战略,重塑我们的"文化自信",真正实现中华民族伟大复兴的"中国梦"来讲,都是一个极有现实意义和研究价值的课题,也是我们研究文化制度化的组织行为、探索有效的现代交往模式的根本目的。

基于上述历史与现实的考量,中国传统文化的基因中本身就具有强调合作共赢、和谐共享的观念,"以和为贵"、开放包容一直我国对外文化交往的重要原则,因此它与世博仪式注重开放性和多元性的文化特质是相吻合的,今天的"一带一路"战略也是以推动东西方的经贸文化交融互通、参与各方平等互补为目标所提出的组织规划。事实上,世博会这样的大型国家仪式背后,蕴含着谁将成为工业文明时代的国际体系以及经济、文化等领域之领导者的竞争。在过去近170年的博览会发展中,先是英国、继之法国,最终是美国通过世博舞台上的创新展示与竞技成为世界的领导者。随着工业文明支撑下的创新成果和创新理念在世界范围内的传播扩散,无论是具体到某个国家还是在世界范围内,国际交往方式和文化交流的制度化逐步建立了系统的体系和规则。中国作为后起拥有文化资源最丰富的国家,既面临如何改变非西方文明在当下话语体系被边缘化的责任,也应承担起推动世界文化走向融入更多元的东方智慧及其包容理念,更加注重公平、开放、共赢,继续保持现代创新精神的使命。鉴于中西文化存在的巨大理念差异,中国如何有效利用世博会等仪式平台来凝聚基于多元化思维的东西方智慧加速交融的文化共识,事实上就是对现有西方主导的规则的一种挑战,隐含着中国以多元化、包容性的文化理念解构以西方文化为中心的等级观念之"霸权"的挑战过程。因此,国际仪式的文化场域内是一种制度化的不同文化主体之间的博弈和较量,对中国来说,积极融入并努力改变旧有的仪式观念和组织规制,或尝试创办此类新型的文化交往仪式平台,既是中国发挥文化大国影响力的国际化责任,也是中国通过制度、内容创新推动文化产业转型升级的发展路径,更是中国文化引领世界的发展机会与历史机遇。

可见,深刻理解并充分发掘仪式化的文化潜力和组织、传播优势,善用国际化的规则扩大对外文化交往渠道,构建新型的文化交往方式,是适应社会发展需求的一条有效路径。从具体的实践成果来看,2010 年成功举办的上海世博会,以及 2008 年备受赞誉的北京奥运会、2016 年杭州 G20 峰会等都是我们在各个领域深刻理解并全力参与此类国际性仪式、提升国际化交往水平的成就,也是我们在探索适合中国语境、有利于自身价值理念的普适化、推进中国文化全球化道路上所迈出的坚实一步。但成功的仪式化交往形式也面临着时代的转型和文化需求的变迁,世博会仪式的创新内容和组织方式的吸引力也时常面临挑战和质疑。如何充分发挥事件"媒介化"的文化吸引力和社会参与度,成为当前大众媒体环境下的有效扩大受众影响的必然路径。在文化制度化的创新方面,中国尝试在一些新的国际文化交往领域进行仪式化、制度化的创新,如中国主办的国际互联网大会、邀请各国参加的纪念抗战胜利 70 周年仪式、地区性的亚洲博鳌论坛等各类国际性展会或节庆仪式,甚至是组织化交往的常设机构上合组织、亚投行等,都是提升国际话语权、引领制度化交往的新平台、新方向上的成功实践。总的来说,由工业社会向后工业时代转型的历史境遇下,我们有必要深入到世博会庞杂的历史经验细节之中,探寻转型语境下那些具有创新意义指向的行为符号与互动规则,解读其独具特色的符号象征结构的生成机制,从而对现代形态的仪式模式如何适应并推动时代转型形成更系统化、清晰的认知,才能真正在此基础之上继续创建和发掘适合于中国语境的仪式行为与文化传播模式。

第三节　历史局限性:西方中心主义文化霸权 与工具理性主义的缺陷

葛兰西的文化霸权主义批判了西方工业国家在近代殖民扩张过程中的一种沙文主义思想,它们将欧洲文明以外的、尚未完成工业化的国家均视为处于未开化或半开化的文明阶段,而将殖民侵略视为文明世界对蛮荒地域的征服。近代世博会创办的目标之一就是用所谓的西方先进文明去开化那些落后的种族,一种天然的文明优越感隐含在它所倡导的"尊重多样性文化"的表层之下。近代博览会常以炫耀殖民地征服成果为主题召开(如 1883 年荷兰阿姆斯特丹世博会、1878 年法国殖民世博会、1915 年巴拿马太平洋世博会等),以此表达西方列强对世界的文化控制与话语霸权;中国参博历史上频现的"辱华展品"也是在该思维定式下满足西方观众一种猎奇落后文化风俗的自然流露。因此，可以说近代世博会的展示思想基本是以线性的"进化论"思维定式来主导的，将东西方文明置于象征先进与代表落后的两端展开叙事。这种思路的局限性是未能从真正尊重多元文明的包容性角度来理解世博会之所以成功的文化内涵。作为一种以文化整合为目标的仪式化交往方式，世博会如何在仪式阈限所营造的文化场域内真正贯彻平等与共享的文化观念，这将最终决定该仪式化的交往能否最大限度地发挥其促进认同的整合效能。

相比之下，传统仪式的文化场域内，无论新老成员均在过渡仪式的身份混沌状态或是转化进行时的仪式阈限内真正地享有平等地位，这样才能有利于互动的充分展开，使吸纳的新成员更易于达成认同，从而顺利完成集体共享仪式传承下来的价值信仰的过程，并更有效地实现族群整合的目标。但出于西方中心主义的思维定式，世博会在近代创办之初很难摆脱这种历史局限性，直到二战以后经过战火的洗礼以及人类对强权竞技恶果的反思，才开始重拾尊重文化多样性、倡导多元主义、和谐共处的现代文明理念。

此外，虽然世博会仪式文化的内核已经剥离了传统的宗教色彩，取而代之的是一种反映人类文明进步和时代价值的技术性成果；但近代世博会也走向了"祛魅"的另一个极端，即完全转向崇尚理性至上的"拜物教"。近代社会的主流思潮是一种理性工具主义，极力炫耀人类征服自然的能力，这种相对极端的思想倾向则导致了人们日益忽视与自然保持和谐关系的重要性。相比现代世博会重归人本主义、更加注重生态文明、和谐共处的文化主题，近代世博会的价值导向存在这一方面的明显历史缺陷。这种过分关注"器物文明"的思维局限使世博会在中国的文化传播受到了更大的阻力，工具理性与人文关怀的割裂和对立也降低了世博会在多元文明的世界，尤其是更注重"天人合一"传统的农耕文明社会发挥文化整合的效能。

虽然近代世博会有其历史局限性，但从进步的视角来看，它能够出于多元文明的认同来组织这场全球性的展示行为本身，相当程度上具有时代进步意义。因此，一方面我们应该明确以西方观念为中心的近代世博会作为当时国家争霸工具和推行西方中心主义的负面影响；另一方面也应客观地承认它有利于革除蒙昧，促进了观念相对落后的国内媒体和民众适应全球化过程，为推广科学观念和理性精神做出了不可磨灭的贡献。

第八章　结论与展望

第一节　研究结论

基于本书对国内世博会报道的新闻现象梳理,结合世博会自身的活动内容与组织方式等特点,本书视世博会为一种"媒介事件",其报刊传播过程从本体与表征的关系上可概括为:以展示、交往与竞技为主的大型活动在大众报刊的助力下转化为媒介仪式的文化传播过程,从而生成了一个更具时空延展性的文化场域和符号象征系统,为多元文明的国际交往提供了更充分的对话载体与博弈空间,实现了其文化传播的目标。世博会在近代中国经报刊为主的文化传播具有如下的基本表征与规律:

首先,世博会在近代中国主要通过同步兴起的报刊媒介渠道进行大范围的文化传播,报刊报道在世博会召开前后有数量上的显著增长,媒体来源范围逐渐增多,营造了较为显著的舆论关注度和传播时空"阈限",从而为世博会在中国的"媒介事件化"和"仪式化"的文化场域建构提供了重要支撑;对世博会的仪式功能理解主要基于国家形象层面,这种观念最早由亲身参博的极少数精英人士所认知,鼓励政府和民众更多参与这一国际交往平台;后来自1904年美国圣路易斯世博会伊始,由官方主导、大规模派团地频繁参加世博会。当时主要是出于借助其联络邦交、维护国体的宣传与竞技的目的,这一官方主导的行动受到国内媒体的普遍报道,进而引发举国关注。从其渐进的文化认知过程可以推断:该活动是通过仪式化的组织方式,并借助大众媒体的"媒介事件"化过程才得以为国人逐渐理解与认可的。文化制度化的组织方式和媒介化的手段是世博会在近代中国成功进行文化传播的重要原因;基于文化转型的现实需求是背后的关键动力和历史语境。

其次,世博会的新闻报道呈现了两次数量高峰,均出现在民国时期。这与中国的组织参展权1905年从海关洋员收回有关,从此以后国内媒体的关注度明显发生转变,世博会在近代中国社会的文化传播进入了普及和全面提升的阶段,在民国达到了历史的高峰;其中最多的年份、届次分别是1933年的美国芝加哥世博会和美国旧金山1915年举办的"巴拿马太平洋国际博览会"前后。这种时间上的发展趋势反映出随着封建政治制度的解体,民国时期的文化制度化水平有了显著提升,营造了更加自由进取的文化环境和转向追求国际化的、更开放的国民心态,从而有利于世博会的现代文明理念在社会公众中的进一步认可与传播;而报道来源中,大型商业报刊的报道量最大,尤以城市化、商业化程度最高的上海地区报纸如《申报》为主,则反映出上海依托近代中国经贸、传媒中心的地位成为世博会文化传播重镇的地域化特征。

再次,国内媒体对美国举办世博会的关注度最高,其中1915年"巴拿马太平洋国际博览会"报道数量,反映出中美近代交往中世博会扮演了重要的中介角色;对美国、比利时、意大利等非英法传统欧洲列强举办世博会时的积极关注态度,表现在这些相关届次的世博会报道量更高,这也是近代中外各国间亲疏关系的一种呈现,主要是出于中国官方更少的戒备心理以及希望认真借机学习、加深往来的国家态度;同时,官方的积极态度也往往带来大众媒体的持续关注,从而更有效地引发公众的舆论热情,从另一个侧面也印证了官方的宣传导向在助推世博会文化传播中的重要引领作用。

第四,从世博报道的内容分析中,我们发现主要以参加世博会能促进经贸、振兴实业为利益诉求和主要的新闻视角,且报道中的舆论主流态度是持肯定意见的,标题关键词以"赛会"、"博览会"为主,强调"竞技"、增长见识。这一方面呈现了国人注重实利的思维方式和参博需求;另一方面也从反映出国内官、商阶层作为近代舆论空间的主导力量、从背后掌控报刊新闻话语权的一种集体呼声;而主导中国文化转型进程的社会精英群体,在经济利益、科技文化创新的驱动下,通过报刊空间的舆论造势,客观上助推了世博会促进中国现代化的历史进程。

最后,具体的世博新闻内容中含有大量关注中国参加世博会进程的主题,并以简讯、公告形式为主要的新闻体裁,这一方面反映出国内媒体重视本土新闻的报道习惯以及注重新闻时效性的观念,更重要的是体现了大众媒体在世博会筹备过程中所做的大量宣传工作和实践参与行动;而这也正是近代报刊积极发挥媒体喉舌职能的重要体现,当它与国家意识结合以后,就成为推动国家进步、社会转型和接轨国际的现实力量。

基于上述世博会的报刊传播现象分析,本书视之为依托现代仪式形态、与大众媒介力量相融合的文化传播过程,其事件本体与媒介表征的关系可概括为：以展示、交往与竞技为主的国际性仪式活动在大众传媒的助力下升格为举世瞩目的媒介事件的文化传播过程；它是人类进入工业文明时代的国际交往与文化传播领域的一种机制创新；其时代进步性与同步兴起的大众报刊紧密融合，形成了一种"媒介仪式化"的传播模式，这种历史上的文化创新为中国文化转型与国际化战略提供了经验借鉴：

一方面，在文化传播的内在动力上，这一过程彰显了文化"传承"与"发展"的永恒主题。其传播驱动首先来自于西方资本主义强国努力将工业文明面向全世界进行普及推广与系统地建构，借以实现争夺霸权、改造自身和世界、构建以西方为中心的话语体系等利益诉求。而透过现实利益的表象，从文化自身发展的原动力来看，一种文化形态的诞生与发展往往以能否最终为本族群乃至其他族群认同、更大范围地推广并流传下去作为衡量成败的标准。不同文明及其文化行为模式在与时间的博弈当中，如何延续自身的文明印记及其表征、更好地适应外在社会环境的考验和变化，是其努力"传承"与"发展"的根本目标。从历史发展的宏观维度审视，遍布人类社会各处的多元文化形态不断生长或消亡，我们能从这一现象感受到不同文化及其依托的族群之间的竞争、交往与融合过程。因此，在近代工业文明加速全球化的背景下，世博会的文化传播与扩张同传统农业文明时代的中国推广非商业化的外夷"朝贡"制度具有相似之处：非暴力性的文化系统建构以及全球地位的追求是其根本目标。而且，近代伊始的大众媒体发展，使得不同文化行为模式和内在理念获得了更为高效的传播载体，近代报刊在世博会筹备与展览期间的深度介入和新闻生产都大大加速了文化竞争与融合的过程，使得文化竞争的时间量度从代际缩减为更短的数年甚至数月；同时，世博会开放式、全景式的媒介呈现也赋予了人们在面对不同文化理念和内容时获得了更多的选择权，从而进一步刺激了文化的竞争与创新扩散的过程。直至今天，世博会高举的进步与发展的文化主题仍然弦歌不辍。克罗齐说过，一切历史都是当代史。世博会的近代文化传播史无疑更加贴近这一论断。不仅在于这一历史更加晚近，而更关键的是因为世博会的文化理念具有开创现代史的积极意义。

另一方面，从世博会在近代中国文化传播史来看，它更多地体现了一种先进与落后文明之间的协商式解码过程，借助仪式化的符号展示载体与意义象征系统赋予了传受双方更多的互动机会与博弈空间。近代不同文化形态间的竞争随着人类活动范围的全球化拓展与经贸交往的日益频繁而渐趋激烈，甚至从亨廷顿的悲观视角看来是一场"文明的冲突"过程，这些合作与竞争在世博会身上都能找到对应的多元文明相互交流、博弈的印记,主要可概括为一种基于展示符号的沟通模式和内在观念的协商式解码过程:从文化合作的角度来看,各国积极参与世博会的历史正是一种国际合作的表现,这种沟通与合作即是文化交往行为模式化与制度化的结果;而仪式与习俗就是这种模式化和制度化的最有效和最持久的载体。从文化博弈的角度来看,在各国参与世博会的过程中,来自异质文明的多元文化主体在世博会的场域内展开围绕展品、展馆的科技、经济、文化的全方位竞争,并通过世博会奖励体系对优胜者进行嘉奖。这种奖励式的制度设计与当时民众的现实文化需求、社会环境的变迁有着极为密切的关系。对于在政治、军事实力上极为落后的近代中国而言,"弱国无外交"的中国却往往在世博会上收获颇丰,屡屡斩获国际大奖,这就充分反映出世博会在制度设计上的开放性和相对的宽容性。可以说,它以具象的展品、展馆符号和世博园区、报刊媒体呈现的文化场域建构,为来自异质文化背景的参与国和观众提供了一个双方能够相互协商、同场竞技、相互交流的沟通平台;而这种符号互动中的协商式解码正是世博会文化传播模式得以成功、也最具生命力的制度化成果所在。

因此,可以毫不夸张地说,崇尚全球化交往、创新、竞赛的世博会是工业文明时代背景下催生的一种新型文化交往方式和制度化形态。直到今天,世博会所体现的西方文化理念对中国传统文化的重构与转型发挥着重要的"触媒"作用,认知它的发展规律和未来趋向仍具有较强的现实意义。

第二节 研究展望

习近平总书记说:"综合国力的竞争说到底是创新的竞争。"[①]而世博会正是这样一种强调以创新为驱动的文化交往与传播机制,对于推进中国文化复兴和"一带一路"战略,构建"人类文明共同体"等都具有积极意义和时代价值。我们可以从其成功的文化传播过程中发掘有效接轨国际、适应时代发展需求的历史经验和内在机制,进而利用和创建各类文化交往平台,增进理解、学习规则、寻求复兴之路。世博会的启示意义可归纳如下:

首先,世博会作为依托具象的展品展开叙事、内涵丰富的符号象征系统,以及西方国家主导的文化交往模式,在面对迥异的东方文化时,能够通

---

① 人民网. 习近平:综合国力竞争说到底是创新的竞争[EB/OL]. [2015 – 05 – 29]. http://finance. people. com. cn/n/2015/0529/c1004 – 27075056. html

过文化尊重与多元化诉求有效地被理解和接受,这种文化适应性源于其符号象征系统的创新性和开放性,反映出一种强势的"文化基因"成功传播与发展的模式。

其次,虽然近代国人对世博会的感知与理解更多地借助媒体报道等间接的文化传播途径,但报刊媒体使其跨越了传统仪式的现场传播之时空局限,文化场域拓展至非现场的广大读者受众,这是一种新形态的现代类型的仪式传播,该强效的文化传播模式产生于加速全球化的近代社会,因受大众媒体的关注而转换为"媒介事件"是其大规模文化传播的必要条件。

再次,世博会的展示符号、技术围绕着"进步与创新"的时代主题,是一种以创新为驱动的文化交往和国力竞技机制。习近平总书记说:"创新始终是推动一个国家、一个民族向前发展的重要力量。"①近代伊始,这种西方先进文化的传播与扩张模式仍在继续,它在近代中国的历史经验证明了日益国际化、多元化的世界,中国文化要想走出国门、实现复兴,同样须创建适合时代发展需求、展现东方文化的特色,又具有创新、开放等精神内核的国际交往模式及其文化载体。

综上所述,继续深化世博会的文化传播研究并不局限于其现象本身的历史价值,近代世博会的成功经验对仍处于转型中的中国文化发展具有现实的启示意义:审视这一历史过程如何发生及内在的驱动与功能机制,无疑会加深我们对中国文化语境下国人如何面对和适应西方文化事件纷至沓来的理解,使我们能够从文化行为制度化、媒介化的战略层面,对今天文化竞争日趋激烈的形势下,如何积极参与、建构各类国际性大型活动有更加清晰地研判,也是我国学习、掌握多元文化交往与竞技方式,争取国际话语权,实现中华文化复兴有必要借鉴与反思的。

---

① 人民网. 谭树森:以习近平"创新论"引领经济新常态[EB/OL]. [2015 - 09 - 27]. http:// finance. people. com. cn/n/2015/0917/c1004-27597093. html.

主要参考文献

1. 张敏. 中国会展研究30年文选[M]. 上海：上海交通大学出版社,2009.

2. 吴建中. 世博文化解读：进步创新交流[M]. 上海：上海大学出版社,2009.

3. 马敏. 博览会与近代中国[M]. 武汉：华中师范大学出版社,2010.

4. 李良荣. 当代世界新闻事业[M]. 北京：中国人民大学出版社,2002.

5. 戴元光. 传播学原理与应用[M]. 兰州：兰州大学出版社,1988.

6. 陈力丹,钱婕. 外国新闻传播史[M]. 北京：中国人民大学出版社,2012.

7. 郭于华. 仪式与社会变迁[M]. 北京：社会科学文献出版社,2000.

8. 彭兆荣. 人类学仪式的理论与实践[M]. 北京：民族出版社,2007.

9. 李允俊. 晚清经济史事编年[M]. 上海：上海古籍出版社,2000.

10. 侯钧生. 西方社会学理论教程[M]. 天津：南开大学出版社,2001.

11. 罗荣渠. 现代化新论[M]. 北京：北京大学出版社,1998.

12. 钱穆. 中国文化史导论[M]. 北京：商务印书馆,1994.

13. 龚书铎. 社会变革与文化趋向——中国近代文化研究[M]. 北京：北京师范大学出版社,2005.

14. 查灿长. 现代广告与城市文化[M]. 上海：三联书店,2014.

15. 杨海军. 中外广告史新编[M]. 上海：复旦大学出版社,2009.

16. 丁长清. 中国与世博会三部曲[M]. 北京：清华大学出版社,2009.

17. 赵晓兰,吴潮. 传教士中文报刊史[M]. 上海：复旦大学出版社,2011.

18. 沈毅. 中国经济新闻史[M]. 北京：北京大学出版社,2008.

19. 虞和平. 商会与中国早期现代化[M]. 上海：上海人民出版社,1993.

20. 加洛潘. 20世纪世界博览会与国际展览局[M]. 钱培鑫,译. 上海：上海科学技术文献出版社,2005.

21. 海勒. 文明的进程——世博会的发展与思考[M]. 吴惠族,译. 上海：上海科学技术文献出版社,2003.

22. 康恩. 博物馆与美国的智识生活：1876—1926[M]. 王宇田,译. 上海：上海三联书店,2012.

23. 戴扬,卡茨. 媒介事件：历史的现场直播[M]. 麻争旗,译. 北京：北京广播学院出版社,2000.

24. 凯瑞. 作为文化的传播[M]. 丁未,译. 北京:华夏出版社,2005.

25. 格尔茨. 文化的解释[M]. 韩莉,译. 南京:译林出版社,2008.

26. 特纳. 象征之林——恩登布人仪式散论[M]. 赵玉燕,欧阳敏,徐洪峰,译. 北京:商务印书馆,2006.

26. 弗雷泽. 金枝[M]. 赵昍,译. 西安:陕西师范大学出版社,2006.

27. 霍布斯鲍姆,兰格. 传统的发明[M]. 顾杭,译. 南京:译林出版社,2004.

28. 柯林斯. 互动仪式链[M]. 林聚任,译. 北京:商务印书馆,2009.

29. 韦伯. 经济与历史,支配的类型[M]. 康乐,译. 桂林:广西师范大学出版社,2010.

30. 安德森. 想象的共同体——民族主义的起源与散布[M]. 吴叡人,译. 上海:上海世纪出版集团,2005.

31. 涂尔干. 宗教生活的基本形式[M]. 渠东,汲喆,译. 上海:上海人民出版社,2006.

32. 汤因比. 历史研究[M]. 郭小凌,王皖强,译. 上海:上海人民出版社,2005.

33. 亨廷顿. 变化社会中的政治秩序[M]. 王冠化,译. 北京:三联书店,1989.

34. 费正清,刘广京. 剑桥中国晚清史:下卷[M]. 北京:中国社会科学出版社,1993.

35. ROTHENBUHLER E W. Ritual communication:from everyday conversation to mediated ceremony[M]. Los Angeles:Sage Publications Inc, 1998.

36. DAYAN D. Beyond media events:disenchantment, derailment, disruption[M]//PRICE M, DAYAN D. Owning the Olympics:narratives of the new China. Ann Arbor, MI:The University of Michigan Press. 2008:391 – 402.

37. MACALOON J J. Cultural performances,cultural theory[M]//MACALOON J J. Festival,spectacle:rehearsals toward a theory of cultural performance. Philadelphia:Institute for the Study of Human issues,1984.

38. BOURDIEU P,WACQUART L D. An invitation to reflexive sociology[M]. Chicago:The University of Chicago Press,1992.

39. BENEDICT B. The anthropology of world's fairs:San Francisco's Panama Pacific international exposition of 1915[J]. Winterthur Portfolio,1983,64(1).

40. GRIMES R L. Rite out of place:ritual, media, and the arts[M]. Oxford:Oxford University Press,2006.

41. COULDRY N, HEPP A, KROTZ F. Media events in a global age[M]. London:Routledge, 2009.

后　记

光阴荏苒，岁月如梭。当书稿付梓之时，距我踏上会展研究之路已有十载。2011年秋，正在中国计量大学从教的我有幸师从上海大学张敏教授门下，开始攻读会展研究方向的传播学博士，同时在上海会展研究院兼任调研工作。求学期间，得益于身处上海加速建设全球会展之都的大环境，以及同门们团结奋斗、蒸蒸日上的研究氛围，使我在这个全新专业领域的学习与探索过程中充满了欣喜与充实感。本部拙作正是我在筹备博士论文开题过程中的一个阶段性成果，虽然最终的博士学位论文另辟新径，但专注此选题已近五年，每每回想起来我也颇感欣慰。

学术研究的过程必然是荆棘丛生：从最初40万字的草稿再到24万字、18万字的反复推敲与自我否定，历经十余稿的淬炼，这部书稿承载的是我寒窗数载的温暖记忆。同时，愧于才学不佳、笔力不足，我还是希望借此敬谢导师在花甲之年仍为会展学科、服务大国方略而不懈奋战的执着与期盼！当然，还要感谢上海大学博士研究生导师戴元光、查灿长等诸位教授的谆谆教诲，以及未曾谋面的专家与同行们，包括我从教于中国计量大学的领导和同事们的鼎力相助。

最后谨以此书献给我的母亲、父亲、妻子和可爱顽皮的垚垚，寒窗十载，我已亏欠家人太多太多，潜心治学与岁月静好离不开他们的负重前行！这场学术求索的人生苦旅应有他们大半的功劳！

2020，未来已来，唯有在感恩中砥砺前行，不负重托……

魏殿林

庚子岁于杭州西湖